THE BIG SHORT
Inside the Doomsday Machine

大空头

Michael Lewis
［美］迈克尔·刘易斯◎著
何正云◎译

中信出版集团 | 北京

图书在版编目（CIP）数据

大空头 /（美）刘易斯著；何正云译 . —2 版 . —北京：中信出版社，2015.5（2025.3 重印）
书名原文：The Big Short
ISBN 978–7–5086–5111–8
I. 大… II. ①刘… ②何… III. 证券投资–经验–美国 IV. F837.125
中国版本图书馆 CIP 数据核字（2015）第 068189 号

大空头

著　　者：[美] 迈克尔 · 刘易斯
译　　者：何正云
策划推广：中信出版社（China CITIC Press）
出版发行：中信出版集团股份有限公司
（北京市朝阳区东三环北路 27 号嘉铭中心　邮编　100020）
（CITIC Publishing Group）
承 印 者：三河市中晟雅豪印务有限公司

开　　本：880mm × 1230mm 1/32　　印　　张：11　　字　　数：236 千字
版　　次：2015 年 5 月第 2 版　　印　　次：2025 年 3 月第 32 次印刷
京权图字：01–2010–3136
书　　号：ISBN 978–7–5086–5111–8 / F · 3358
定　　价：49.00 元

如果一个人还没有形成任何成见，就算他再笨，他也能够理解最困难的问题。但是，如果一个人坚信，那些摆在他面前的问题他早已了然于胸，没有任何的疑虑，那么，就算他再聪明，他也无法理解最简单的事情。

——列夫·托尔斯泰，1897 年

推荐序　金融市场大洗牌时期的反思 // IX
序　　　敲门的小鬼 // XIII

第一章　末日机器的引擎
天才型人物 // 3
天生的导师 // 7
将负债变成产品销售 // 10
审计的黑箱 // 14
末日机器的引擎 // 17
真实的金融界 // 21
坏事随时会发生 // 26
开辟债券市场 // 30

第二章 寻找市场的漏洞

无法卖空的次贷债券 // 37
对赌次贷 // 41
孤僻的金融专家 // 44
新的百万富翁诞生了 // 53
大获成功 // 56
价值投资法 // 61
与一个体系对赌 // 64
疯狂地下注 // 68
和投资人论战 // 72
与华尔街做交易 // 76

第三章 关于次贷的赌注

市场的暗箱操作 // 81
风险吞食者 // 89
被掩盖了的风险 // 93
空头设下的赌局 // 100

第四章 华尔街的金矿

无知会带来怎样的回报 // 109
寻找更多人来下注 // 115
最诱人的做空对象 // 122
评级制度的盲点 // 124
发现惊人的藏宝图 // 127

第五章　意外的资本家
面对风险的态度 // 133
两个门外汉的雄心 // 138
充满想象力的赚钱策略 // 142
成为华尔街大公司的客户 // 146
二等公民 // 150
德意志银行的机构客户 // 156
担保债务权证欺诈 // 160
揭开垃圾债券的真相 // 163
复杂产品的交易 // 166

第六章　金融市场中的蜘蛛侠
什么时候才能赢利 // 173
与对手正面交锋 // 177
自欺欺人的专业机构 // 183
毫无经济意义的资本机器 // 189
虚构出来的庞氏骗局 // 195

第七章　财富狩猎大行动
市场裂缝开始出现 // 203
亏损和破产 // 207
脱离现实的市场走势 // 211
隐藏的次贷危机 // 216

第八章 **灾难发生前夕**

偏执的追求 // 227

巨额赌注 // 233

意外的风险 // 237

市场反转 // 245

第九章 **书写结尾的时刻**

开发信用违约掉期产品 // 253

摩根士丹利的新交易团队 // 257

“这些交易没有风险” // 260

从赢利 10 亿美元到亏损 27 亿美元 // 263

最大的单一交易亏损 // 268

最后的时刻 // 273

第十章 **投行业的黑暗面**

末日对决 // 286

一溃千里 // 288

危机大爆发 // 296

摧毁华尔街 // 304

孤独的胜利 // 307

“毁灭它是正义的行为” // 312

尾　声　万事万物皆关联 // 317

致　谢 // 331

推荐序 || THE BIG SHORT ||

金融市场大洗牌时期的反思

资本市场大幅动荡的时期，是一般的公募基金等机构投资者忧心忡忡的日子，同时，也是卖空者经历漫长的等待之后将一展威力的时期。在不少伙伴被清洗出市场的时候，卖空者往往正处于职业生涯的巅峰时期。中国读者熟知的卖空投资人吉姆·查诺斯（Jim Chanos）就是其中极有代表性的一位，电影《华尔街 2》中也可以找到多位卖空者的身影。本书作者迈克尔·刘易斯则从债券市场的角度，为我们描述了一位冷静思考者的观察结果。

全球金融危机爆发以来，虽然各国积极联手应对，但是到目前为止，全球经济依然在危机的冲击下步履蹒跚，复苏艰难。不过，这也给了金融界一个难得的反思与总结的机会，特别是一些有大量一线市场操作经验的思考者，他们的总结与反思更是具有独特的价值。

迈克尔·刘易斯曾任所罗门兄弟公司的债券交易员，他的成名之作《说谎者的扑克牌》一度被金融市场公认为描写20世纪80年代华尔街文化的经典名作之一，成为许多商学院推荐的必读书目。在《大空头》中，作者充分发挥专业特长，将美国次级抵押贷款债券及其衍生品的起源、发展直至演变为金融危机的过程融入有趣的故事当中，将次贷担保债务权证、夹层担保债务权证 、信用违约掉期等产品的操作技巧和手段娓娓道来。同时，作者也全景式地描绘了一个行业和其中形形色色的人物与故事，次贷市场的金融机构、评级机构、投资者等为了自身利益，形成了混乱的交易网，从一个角度揭示了危机的原因和真相。然而，正如书中和电影中所揭示的，深知这其中蕴藏巨大风险的人却往往在市场的狂热时期被视为精神病患者，不得不接受心理医生的治疗。

始于格林斯潘时代的低利率、高流动性和资产价格保护政策，现在看来是此轮危机的根源。低利率引来了美国的一批新借款人，他们在房贷中介的怂恿下开始买房自住，由此，巨额资金涌入次级房贷市场，流向信誉不良的借款人。在《大空头》中，年收入14 000美元的采摘草莓的墨西哥人，在身无分文的情况下购买了一套价值72.4万美元的房子。

与此同时，金融市场的反监管动机催生了新的银行业务模式，即从“借出和持有”的模式转变为“发起和销售”的模式，商业银行发放贷款，随后将其转售给其他机构，如对冲基金和结构型投资工具机构，所有华尔街的大银行都深陷于次级贷款的游戏之中。2007 年年末全球的衍生品金额高达 596 万亿美元，是同期全球 GDP（国内生产总值）的 12 倍。这种交汇不仅产生了空前的资产泡沫，而且最致命的是，这些利用结构化投资载体创造的按揭贷款证券化产品是表外业务且不受监管，它通过银行中介市场将这些泡沫向全世界扩散。

在这样一个风险迅速积累和传播的过程中，诚如《大空头》所描述的，银行、投资者、中央银行以及相关金融监管部门中的多数都低估了动态衍生市场的复杂性，而沉迷于这个市场表面上的低波动性。几乎所有的美国人都相信房价会持续走高，次级抵押贷款市场的崩溃是不可能的，因为这个灾难太大了。

大空头在这样狂热的市场氛围下，显得多么偏执、孤独，并且承担了多么巨大的压力。

故事还在继续演绎，盛宴还在进行，越来越多的机构参与进来，似乎可以一直持续下去。

但是，泡沫终究会破灭，在市场迅速逆转的时期，市场一方面以十分惨烈的方式清洗狂热的参与者，同时也以极高的回报来奖励那些如秃鹰般已等候多时的卖空者。

一旦风险开始显现，《大空头》将金融机构规避风险比作甩鞭子游戏，那些了解更多信息的金融机构想尽办法将衍生品转让给市场中不太了解这些产品的其他机构。本书将华尔街上尔虞我诈、弱肉强食的特性展现得淋漓尽致。

尽管凯恩斯认为投资如同选美，需要考虑多数人是如何判断的，但是，在市场的转折时期，以遗世独立的勇气站在市场大多数人对面的，一定是屈指可数的少数参与者。这就是金融市场的魅力所在。

因此，在众多反思金融危机的著作之中，《大空头》确实有其独特的价值，特此推荐。

巴曙松

研究员

国务院发展研究中心金融研究所副所长

博士生导师

中国银行业协会首席经济学家

哥伦比亚大学高级访问学者

序 ||| THE BIG SHORT |||

敲门的小鬼

一直到今天，我都没有搞明白，为什么华尔街的投资银行居然愿意付给我几十万美元，让我给那些成年人提供投资建议。当时我24岁，对于猜测哪些股票和债券价格会涨、哪些价格会跌没有任何经验，也没有特别的兴趣。华尔街的核心工作在于配置资本：决定把钱给谁和不给谁。请相信我，当我为投资者提供那些建议的时候，我并没有第一手的信息。我从来没有学习过财务课程，也从来没有经营过一个企业，甚至从来没有一笔可以自己管理的存款。我在1985年莫名其妙地进入所罗门兄弟公司并得到了一份工作，1998年又莫名其妙地揣着大把的钱离开了，而且，尽管我就这段经历写了一本书，但整个事件直到今天在我看来仍然荒谬绝伦——这也是我能够轻而易举地摆脱金钱诱惑的一个原因。我当时想，这种局面是无法持续下去的。很快，人们就会把我以及很多与我类似的人看成骗子。很快，"大清算"就会到来，当华尔街醒悟过来的时候，数百名——如果没有数千人的话——像我一样拿别人的钱去豪赌，或者说服其他人进行那样的豪赌的年轻人，就会被驱逐出金融界。

当我坐下来写那本记述我自己经历的书《说谎者的扑克牌》时，我还处于一种在收入不错的状况下认为应该急流勇退的年轻人的精神状态。我只是草草地写下几句话，然后把它塞进一个瓶子里，留给那些很久以后将经过这里的人。除非某些内部人士把发生的一切记录在案，否则，我想，未来谁也不会相信这样的事情居然曾经发生过。

在那个时候，几乎所有关于华尔街的文字都与股票市场有关。从华尔街出现伊始，股票市场就是华尔街的衣食父母。我的书主要是讲债券市场的，因为华尔街正围绕着美国不断增长的债务进行更大范围的资产包装、销售和组合。关于这方面的业务，我认为也是不可能持续发展的。我认为，我正处在一个伟大国家丧失了金融理智的时期，有义务为它撰写一部有关20世纪80年代的时代风貌的作品。我期望未来的读者在读到所罗门兄弟公司的首席执行官约翰·古特弗罗因德（John Gutfreund）在1986年搞垮一个企业的同时，却拿到了310万美元的时候，会有一种惊讶的感觉。我期望他们在读到所罗门兄弟公司的抵押债券交易员豪威·鲁宾（Howie Rubin）跳槽到美林公司后立刻使公司亏损了2.5亿美元的时候会瞠目结舌。我期望他们在知道华尔街曾经有过这种事情的时候会感到震惊：首席执行官们对债券交易员们正在操作的债券所具有的复杂风险，居然仅有一点点模糊的认识。

我能够想到的只有这些了，我从来没有想过的是，未来的读者有可能回想这些事件中的任何一个，或者回想我的奇异经历，并且表示“太离奇了”。多么天真的想法。我从未怀疑过20世纪80年代的金融状况将持续20年以上，也从未怀疑过华尔街与普通经济生活的差异会从程度上的不同发展为性质上的区别。一个普普通通的债券交易员每年居然能够拿到4 700万美元，而且居然还有一种被欺骗了的感觉。在所罗门兄弟公司的交易大厅中出现的抵押债券市场——这在当时似乎是一个绝佳的创意——居然导致了历史上最彻底的金融性经济灾难。就在豪威·鲁宾因为亏损2.5亿美元而成为一个令人生厌的名字的20年之后，摩根士丹利公司的一位也叫豪威的抵押债券交易员居然仅在一笔抵押债券交易中就亏损了90亿美元，而且这件事被捂得密不透风，除了摩根士丹利内部很小的一个圈子之外，根本没有其他人听说过他做了什么，以及为什么这样做。

在坐下来写第一本书的时候，我并没有什么大的抱负，只是想为读者讲述一个不寻常的故事。如果你灌了我两杯酒，然后问我这本书可能会对世界产生什么影响，我或许会以这样的话来敷衍你：“我希望那些正在思索自己今后人生道路的大学生能够读一读这本书，并且认识到贪慕虚荣是很愚蠢的，从而放弃成为金融界人士的热情，甚至是那一点点的兴趣。”我希望，俄亥俄州立大学的那些真正想成为海洋学家的聪明孩子能够读一读我的书，而后把来自高盛的工作邀请函扔进垃圾篓里，扬帆出海。

然而，这一信息基本上被忽略了。在《说谎者的扑克牌》一书出版 6 个月后，我收到了无数来自俄亥俄州立大学学生的信件，他们都想知道，我是否能与他们分享有关华尔街的其他秘密。他们把我的书当成引导大家进入华尔街的指南了。

在我离开 20 年之后，我在等着看华尔街的大结局，这个结局是我早已料到的。天文数字般的红利，看不到尽头的流氓交易员队伍，击垮了德雷克塞尔·伯纳姆（Drexel Burnham）的丑闻，毁掉约翰·古特弗罗因德并终结了所罗门兄弟公司的丑闻，紧随我的老东家约翰·梅里韦瑟（John Meriwether）的长期资本管理公司的崩溃而出现的危机，以及互联网泡沫，一次又一次，金融体系以一种目光短浅的方式让自己名誉扫地。然而，处于问题中心的华尔街大银行却仍然保持着增长势头，同时增长的还有它们支付给那些从事着没有任何社会效益的工作的 26 岁年轻人的薪水。美国年轻人反金钱文化的叛逆一直没有出现，当你能够轻易地将自己所拥有的那部分变现时，为什么还要费心去推翻你父母的世界？

从某种角度说，我不能再等下去了。我猜想，可能还没有大到足以摧毁这个体系的丑闻或者逆转存在。

随后，迈瑞迪斯·惠特尼（Meredith Whitney）出现了，而且新闻不断。惠特尼是一个名不见经传的金融行业分析师，为一家不知名的金融公司工作，这家公司叫作奥本海默公司（Oppenheimer and Co.），而从 2007 年 10 月 31 日起，她不再默默无闻了。那一天，她预测说，花旗集团由于对其业务管理不当，可能需要削减其红利，或者面临破产。很难说清楚在某一个具体的日子里，造成股票市场内部变化的原因是什么，但是，有一点非常清楚：2007 年 10 月 31 日，是迈瑞迪斯·惠特尼造成了股票市场上金融股的崩溃。到当天收盘时，一个以前根本没有人听说过的，或许随时可能被解雇的女人，让花旗集团的股票价格下跌了 8%，让美国股票市场的总市值蒸发了 3 900 亿美元。4 天之后，花旗集团首席执行官查克·普林斯（Chuck Prince）辞职。两周之后，花旗集团削减了它的红利。

从那一刻开始，迈瑞迪斯·惠特尼成了 E. F. 赫顿（E.F. Hutton）第二，当她开口的时候，大家都会仔细倾听。她的意思非常明确：如果你想知道这些华尔街公司的真正价值，只需要对这些公司所持有的那些举债购入的毫无价值的资产进行认真冷静的研究，然后再想想它们从抛售这些资产中能够拿回什么，就一清二楚了。在她的眼里，这些大公司中那一大群拿着高薪的人几乎一文不值。在整个 2008 年，她都紧盯着那些银行家或者经纪人的各种声明，他们用各种减值或增资来掩盖自己的问题，但是她一针见血地指出：你们错了。你们仍然没有正视由于你们管理不善所造成的严重问题。你们还是没有承认在次级抵押债券上数十亿美元的亏损。你们的债券价值与你们的人生价值一样虚无。竞争对手指责惠特尼被高估了，博主们则讥笑她太幸运。总体上说，她是对的。但是，不可否认的是，在一定程度上她是猜测的，她根本没有任何途径去了解这些华尔街公司内部的情况，更不要说它们在次级抵押贷款市场中亏损的程度了——这一点，连首席执行官们自己都不知道。"如果不是这样，他们就都是骗子，"她说，"但是我认为他们对此真的一无所知。"

现在看来，显而易见的是，迈瑞迪斯·惠特尼没有挫败华尔街。她只是非常清楚而且非常大声地表达了自己的观点，对社会来说，这个做法要比纽约总检察长针对华尔街腐败案所采取的各种行动更具有煽动性。要是单靠丑闻就能击垮华尔街的投资银行的话，这些银行早在很多年以前就不复存在了。这个女人并没有说华尔街的银行家腐败，而是说他们愚蠢。这些以配置资本为本职工作的人显然连怎么管理好自己的事情都不知道。

我承认，有时候我会想，要是我一直坚持做下去，某种灾难就有可能由我造成。处于花旗集团旋涡中心的那些人，与我在所罗门兄弟公司共事过的那些人是完全一样的；其中有几个还是我在所罗门兄弟公司培训班的同学。有时候，我无法控制自己：我给迈瑞迪斯·惠特尼打了电话。这要回溯到2008年3月，正好在贝尔斯登公司破产前，当时经济形势还不是非常明朗。我想，如果她是对的，现在就应该是金融世界退回到它在20世纪80年代初摆脱的那个“盒子”里去的时刻。我非常好奇地想知道，她说得是否有道理，而且我也想知道，这个用自己的预测击毁了股票市场的年轻女人是从哪里冒出来的。

她在1994年来到华尔街，毕业于布朗大学英文系。“我到了纽约，当时我甚至不知道有研究员这种职业。”她说。她最终在奥本海默公司得到了一份工作，她的运气好得令人难以置信：培训她的那个人不仅帮她建立了事业的基础，还帮助她形成了自己的世界观。那个人的名字，她说，是史蒂夫·艾斯曼（Steve Eisman）。“在我发表了有关花旗集团的声明之后，”她说，“所发生的最美妙的事情之一是艾斯曼打来了电话，而且告诉我，他为我感到非常骄傲。”因为以前从来没有听说过史蒂夫·艾斯曼这个名字，所以我对此并没有多想。

但是，随后我读到了这样一则新闻，名不见经传的纽约对冲基金经理约翰·保尔森（John Paulson）为他的投资者赚了大约200亿美元，他自己则赚了将近40亿美元。在华尔街，还从未有人在如此短的时间内赚到如此高昂的利润。另外，他是通过对赌拖垮花旗集团以及其他所有华尔街大型投资银行的次级抵押贷款债券而赚到这些钱的。华尔街的投资银行就像拉斯韦加斯的赌场一样，它们也设定赔率。跟它们玩零和游戏的客户有时会赢，但是绝不会是系统性的，而且永远也不可能让赌场破产。然而，约翰·保尔森曾经是华尔街的客户，这完全就是同样不自量力的迈瑞迪斯·惠特尼的故事的翻版。赌场做出了错误的判断并设定了错误的赔率，这个错误非常严重，而且至少有一个人已经发现了。我再一次给惠特尼打了电话，问她是否知道有人预知了次级抵押贷款灾难，因而提前做好了准备，并从中赚取了财富。在赌博流行起来之前，还有谁注意到轮盘赌的结果其实是可以预测的？在现代金融业的黑箱内部，还有谁掌握了这部机器的缺陷？

随后就到了2008年年末。这时，出现了一长串而且还在不断加长的专家名单，他们都声称自己早就预测到了灾难的发生，但是真正做到的人其实很少。这些人中，有勇气按照自己的想法去下注的更是少之又少。要在众人皆醉的时候保持清醒而又不显得幼稚，并不是一件容易的事情，你必须确信金融新闻中所说的绝大多数内容都是错误的，确信那些重量级的人物不是在撒谎就是在诱哄。惠特尼飞快地说出了十几个人的名字，主要是由她亲自提供咨询服务的投资人。约翰·保尔森赫然在列，而在名单最前面的则是史蒂夫·艾斯曼。

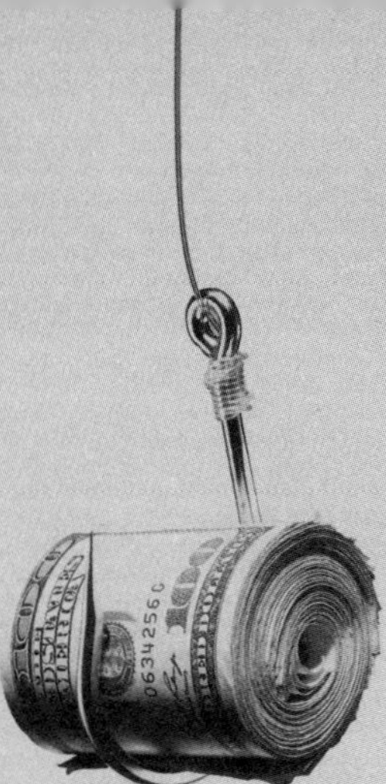

THE BIG SHORT

第一章

末日机器的引擎

天才型人物

艾斯曼进入金融界的时间刚好是我离开的时间。他在纽约市长大，上的是犹太人的中学，先后以优异的成绩从宾夕法尼亚大学和哈佛法学院毕业。1991 年，他 30 岁，是一名企业律师，一直困惑于自己为什么选择了律师这个职业。“我恨这个职业，”他说，“我讨厌当一名律师。我的父母在奥本海默公司证券部门做经纪人，他们想办法在那里给我找了一份工作。这很不光彩，但事实就是这样。”

奥本海默公司是华尔街硕果仅存的几家沿用传统合伙人制的公司之一，靠高盛和摩根士丹利的残羹冷炙苟延残喘。与其说它是一家公司，不如说它是一个家族式企业。从 20 世纪 60 年代初开始，莉莲 · 艾斯曼（Lillian Eisman）和艾略特 · 艾斯曼（Elliot Eisman）就一直代表奥本海默公司为个人投资者提供金融咨询服务。（莉莲在奥本海默公司内部开创了经纪业务。艾略特原本是一名刑事律师，由于经常遭到客户中黑手党中层人士的恐吓，就转行跟她一起干了。）由于得到了同事和客户一致的喜爱和尊敬，他们可以雇用任何他们喜欢的人。在把他们的儿子从他的法律事业中拯救出来之前，他们已经把儿子的保姆安置在了奥本海默公司的交易大厅里。在艾斯曼去向他的父母做汇报的途中，他要从这位曾经给他换过尿布的女人面前经过。然而，对于裙带关系，奥本海默公司有一条规定：如果莉莲和艾略特要雇用他们的儿子，那他第一年的薪酬必须由他们自己支付，在此期间，其他人可以评定他是否有资格领取薪酬。

艾斯曼的父母是传统的价值投资者，他们总是告诉他，要想学到华尔街的精髓，最好的方式是当一名股票分析师。他从股票分析入手，开始了自己的金融生涯，为那些左右着上市公司舆论的人士服务。奥本海默公司雇用了大约 25 名分析师，他们所做的分析绝大部分并没有引起华尔街其他人的注意。“在奥本海默公司当分析师，要想赚到钱，唯一的办法就是做对的事情，并且制造出足够大的声音，让人们注意到它。”爱丽丝·施罗德（Alice Schroeder）如是说。她曾经在奥本海默公司负责保险公司的咨询业务，后来跳槽到了摩根士丹利，最后以沃伦·巴菲特的传记作家的身份结束了自己的职业生涯。她补充说：“在奥本海默公司有一种反主流文化的因子。坐在大公司里面的那些人获得酬劳，就是为了达成一致意见。”

艾斯曼在制造声音以及打破一致意见方面恰好拥有一种特殊的才

能。他开始的时候只是初级股票分析员，替别人打打下手，没有人想问他的意见。这种情况在 1991 年 12 月改变了，当时他做这份新工作还不到一年。一家叫作阿艾梅斯金融公司（Aames Financial）的次级抵押贷款公司上市，对于这个事件，奥本海默公司没有人特别关注，也没有人想发表看法。奥本海默公司的一位银行经理一直希望拓展与阿艾梅斯公司的业务，此时他在研究部里急得直跺脚，迫切希望找到一个对抵押贷款业务知道哪怕一点儿皮毛的人。“我是一名初级分析员，而且我还没有决定我的研究方向，”艾斯曼说，“但是我告诉他，在当律师的时候，我曾经负责过资金商店公司（Money Store）的一个项目。”他随即被任命为负责阿艾梅斯金融公司业务的首席分析师。“我没有告诉他的是，当时我的工作只是审读文件，而我对那些狗屁问题一窍不通。”

阿艾梅斯金融公司与资金商店公司一样，属于一种新型的企业，专门为缺乏现金的美国人提供贷款，这种类型被委婉地叫作“特别金融业”。这种类型的企业不包括高盛集团和 J · P · 摩根，但是包括了很多在 20 世纪 90 年代初经济繁荣期间卷入次级抵押贷款业务的名不见经传的企业。阿艾梅斯是首家上市的次级抵押贷款公司。第二家由艾斯曼负责的公司叫作洛玛斯金融公司（Lomas Financial Corp.），该公司当时刚从破产的阴影中走出来。“我做出了卖出的评级，因为这个公司就是一堆狗屎。我知道你们并不主张对公司给予卖出的评级。我认为有三个选项——买入、持有、卖出，而你有权选择你认为自己应该选的选项。”他受到了来自公司的压力，要求他多一些乐观的精神，但是对于史蒂夫·艾斯曼来说，乐观是不会自然而然产生的。他可以假装乐观，而且有时候他也这样做了，但是如果能够不受干扰，他会更高兴。“我可以听到他在大厅里对着电话大吼大叫，”他过去的一名同事说，“激情四溢地对他所负责的那些公司的股票进行着猛烈的抨击。无论他心里是怎么想的，他都会直截了当地说出来。”

艾斯曼坚持他对洛玛斯金融公司的卖出评级，甚至在洛玛斯金融公司公告中称，投资者不需要担心公司的财务状况，因为公司已经对冲了它的市场风险。“我作为一名分析师所写过的最有意义的分析报告，”艾斯曼说，“就是在洛玛斯金融公司说他们进行了对冲之后。”他凭着记忆复述了这句话：“‘洛玛斯金融公司是一家很完美地进行了风险对冲的金融机构，它在每一种可以想到的利率环境下都在亏损。’我非常享受写下这句话时的感觉，我所写过的其他任何句子带给我的愉悦都无法与这句话相比。”在他发表这一分析报告几个月后，洛玛斯金融公司再次回到了破产保护的状态。

艾斯曼很快成为奥本海默公司为数不多的几个能够影响市场的分析师之一。“对我来说，好像重新回到了学校，”他说，“我要学习了解一个行业，还要去写有关这个行业的文章。”华尔街的人们开始把他看作一个天才型的人物。他的穿着有点儿奇怪，就好像某个人特意给他买了漂亮的新衣裳，却没有详细地告诉他应该怎么穿。他那头金色的短发，看上去就像他自己剪的一样。他那柔和、表情丰富、友善的脸上最引人注意的部位是他的嘴，因为他的嘴总是张开的，至少是半开的，甚至在吃饭的时候也这样。他似乎在担心无法把脑子里一闪而过的想法在下一个想法出现之前迅速说出来，因而要一直保持通道畅通。他的其他面部特征全都中规中矩，堪称忠厚。这张脸完全是“扑克牌脸”（面无表情）的反面。

天生的导师

在他与外部世界的交往中，一种模式逐渐形成了。在为史蒂夫·艾斯曼工作的人中，爱他或者至少觉得他有趣的人不断增加，他在对财富和学识的认识上，时刻保持着清醒的头脑，这种能力让他们深感敬佩。“他天生就是一位导师，”一名曾经为他工作过的女士这样说，“而且他对女士有一种强烈的保护意愿。”他同情小人物和失败者，虽然自己从来没有真正体会过失败的感觉。那些希望看到艾斯曼流露出顺从和尊敬表情的大人物的如意算盘总是落空，反而常常在与他的交锋中收获打击和震怒。“很多人都不了解艾斯曼，”迈瑞迪斯·惠特尼曾经这样告诉我，“但是了解他的人都很喜爱他。”

在不了解他的人中有一位是一家大型经纪公司的头儿，在一次午餐会上他亲耳听到艾斯曼面对着几十名投资者解释为什么他——这位经纪公司的领导人——对自己的业务一无所知，随后目瞪口呆地看着他扬长而去，再也没有回来。（“我必须去趟卫生间，”艾斯曼说，“我不知道为什么我再也没有回去。”）午餐结束之后，这家伙宣布，他永远不会再与史蒂夫·艾斯曼出现在同一个房间。一家大型日本房地产企业的首席执行官是另外一个倒霉蛋，他把自己公司的财务报表交给艾斯曼，随后带着翻译去争取艾斯曼的投资。“你甚至没有持有你自己公司的股票。”艾斯曼听了这位日本商人的详细介绍之后说。翻译与这位首席执行官进行了商议。

“在日本，管理层通常不拥有股份。”这位首席执行官最后说。

艾斯曼注意到，这个家伙的财务报表没有披露有关他的公司的任何真正重要的细节。但是，艾斯曼没有直接这样说，而是把这份报表拎起来，就像捏着一堆不干净的东西。“这……这就是厕纸，”他说，“把这句话翻译给他听。”

“那个日本佬摘下了眼镜，”当时在场的一位旁观者回忆道，“他的嘴唇颤抖着，第三次世界大战一触即发。‘厕纸？厕纸？’”

一名把艾斯曼当作朋友的基金经理准备向我介绍他的情况，但是说了不到一分钟就停下来了——在他描述艾斯曼揭穿各种不同的大人物不是谎话连篇就是信口雌黄之后，并且开始狂笑不止。“从某个角度说，他锋芒毕露，但是他很聪明，也很诚实，而且无所畏惧。”

“即便在华尔街，人们也认为他粗俗、令人讨厌，而且总是一副咄咄逼人的样子。”艾斯曼的妻子瓦莱丽·费根（Valerie Feigen）说。她曾经在J·P·摩根供职，后来辞职开了一家女装店，兼顾照顾他们的孩子。“他对打理自己的仪容仪表没有任何兴趣。相信我，我已经尝试过很多次了，都没有任何结果。”在她第一次把他带回家之后，她的母亲就说过：“嗯，我们无法命令他，但是我们肯定可以在犹太人联合募捐会上把他拍卖了。”艾斯曼天生具有一种得罪人的能力。“他的粗野并不是一种刻意为之的策略，”他的妻子解释说，“他的粗野带着率性而为的坦诚。他知道大家都把他当成大人物，但他自己不这样看。艾斯曼活在他自己的世界里。”

当被问到有何苦恼时，艾斯曼看上去很困惑，甚至有一点儿受伤。“我有时候会把自己给忘了。”他耸耸肩膀说。

下面是有关艾斯曼的众多说法中的第一条：他对自己头脑中那些不安分的想法的兴趣，远远超过对眼前任何事物的兴趣。这个理论对于那些了解艾斯曼的人来说是不完整的。他的母亲莉莲为我们提供了第二个说法。“艾斯曼确实具有双重人格。”她很小心地说。艾斯曼小时候，他的母亲送给他一辆他梦寐以求的崭新的自行车，他把这辆车骑到中央公园，借给了一个他从来没有见过的孩子，然后看着它在自己的视线里消失。第三个说法是，他立志研究《塔木德》(*Talmud*)，不是因为他对上帝有什么兴趣，而是因为他对书中的自相矛盾之处感到好奇。他的母亲曾经被任命为纽约市犹太人教育理事会的理事长，而艾斯曼却在认真梳理《塔木德》中前后矛盾的地方。“有谁会为了发现书里的错误而去研究《塔木德》？”他的母亲问道。后来，在艾斯曼变得非常富有之后，他不得不考虑怎样处理这些钱，他找到了一个名为“脚步”的组织，致力于帮助哈西德派犹太人脱离他们的信仰。他甚至在处理自己的金钱的时候，都会引发一场战争。

将负债变成产品销售

几乎在每个人的眼里，艾斯曼都是一个怪人。他是在一个奇特阶段开始之初进入华尔街的。10 年之前抵押债券市场的创立，使华尔街扩展为一个前所未有的地方，此处能集中处理普通美国人的债务。开始时，新的债券市场只关注美国人中有偿债能力的那些。现在，随着抵押债券市场覆盖了信用较差的美国人，它在偿债能力较差的那些美国人中也找到了动力。

抵押贷款债券与过去的企业债券和政府债券在很多方面具有非常显著的差异。抵押贷款债券不是单一的有明确固定条款的巨额贷款。抵押贷款债券是一种对来自一个由数千笔单独的住房抵押贷款组成的池子里的现金流的追索权。这些现金流很容易出问题，因为借款人有权在任何时候清偿债务。这也是债券投资者开始时不愿意投资住房抵押贷款的主要原因：抵押贷款借款人通常只在利率下跌的时候才会清偿他们的贷款，从而以更低的价格重新融资，这让抵押贷款债券持有者拥有了大量的现金，并只能以较低的利率进行投资。住房抵押贷款投资者不知道他的投资将持续多久，因为只有在他最不想要的时候，他才会收回他的投资。为了控制这种不确定性，我在所罗门兄弟公司工作时的那些同事创立了抵押债券市场，找到了一个聪明的解决方案。他们利用巨大的住房贷款池，将住房所有人的还款分割成几块，称之为“部分”。第一个部分的买家就像泡在洪水中的底楼的所有者，面临着抵押贷款提前还款的第一波冲击。作为交换，他们得到了最高的利率。第二个部分的买家——处在摩天大楼的第二层——接受提前还款的下一波巨浪的冲击，作为交换，他们获得了次高的利率，依此类推。处于大楼顶层的投资者得到的是最低的利率，但是拥有最高的保障，他们的投资在其想收回之前不会终止。

20 世纪 80 年代的抵押债券投资者最大的担心是他可能会过早收回款项，而不是可能拿不回钱来。支撑抵押债券的贷款池在它们的规模以及借款人的信用级别方面都符合由几个政府机构——房地美、房利美和吉利美所制定的标准。事实上，贷款所承诺的是政府的保证：如果住房所有者违约，政府将负责偿付他们的债务。当史蒂夫·艾斯曼跌跌撞撞闯入这个新兴的快速成长的特别金融业时，抵押债券正准备投入新的用途：发放达不到政府担保要求的贷款。这样做的目的是将信贷延伸到信用度非常低的住房所有者那里，不是为了让他们买得起住房，而是为了让他们将自己在已经拥有的住房上的全部利益都变现。

以次级住房贷款为基础的抵押贷款债券将解决提前还款问题的办法延伸至那些根本不存在还款问题的贷款上。第一层或者第一部分的投资者将面临的不是提前还款，而是实际的亏损。他们承受着第一波损失，直到他们的投资完全消失，然后亏损的巨浪将袭击第二层的投资者，依此类推。

在 20 世纪 90 年代初，只有少数几个华尔街的分析师致力于研究将信贷扩展到低信用人士的后果。史蒂夫·艾斯曼就是其中之一，另外一个是塞·雅各布（Sy Jacobs）。雅各布跟我一起参加过所罗门兄弟公司的同一个培训项目，现在为一家名叫亚历克斯·布朗（Alex Brown）的投资银行工作。“我端坐在所罗门兄弟公司培训课程的课堂上，倾听刘易斯·拉涅里（Lewis Ranieri）创建的这个伟大的新证券化模型将怎样运行。”他回忆道。（拉涅里是可以被称为“抵押贷款债券市场之父”的人。）将住房抵押贷款转变为债券具有凡人无法想象的巨大意义。一个人的负债就是另外一个人的资产，但是现在越来越多的负债变成了一堆纸片，你可以向任何人销售。一转眼的工夫，所罗门兄弟公司的交易大厅里诞生了由各种奇怪的东西所支撑的债券市场：信用卡应收账款、飞机租赁、汽车贷款、健身俱乐部会费。只需要找到新的资产进行典当，就可以创造一个新市场。在美国，最显而易见的尚未被充分利用的资产仍然是住房。首批抵押贷款人拥有了巨额的被套牢在他们住房上的权益，为什么这些尚未被利用的权益不能债券化？雅各布说：“次级债思维的出现是由于针对第二层抵押贷款借款人的社会污名，而这本来是能够避免的。仅仅因为你的信用评级差一点儿，你就要支付更高的价格，而且是远高于你应该支付的价格。如果我们能够将债券推向大众市场，就可以将成本降低到借款人能够接受的水平，他们可以用利率较低的抵押贷款债务替换高利率的信用卡债务。而且这将成为一个自我实现的预言。”

美国的下层中产阶级中，高融资者的比例不断增大，据称这对下层中产阶级美国人是有好处的。这种资本市场上的新效率，会使下层中产阶级美国人需要为他们的债务支付的利率越来越低。20 世纪 90 年代初，首批次级抵押贷款放款人——资金商店公司、绿树、阿艾梅斯——向公众出售股份，以促进自身的成长。到20世纪90年代中期，每年进入市场的小型消费贷款公司达数十家。次级贷款公司分化了，放款人将他们贷款中的很大一部分以抵押贷款债券的形式出售给其他的投资者，因此，这个行业也隐藏着道德风险。“这是一个快速成长的行业，”雅各布说，“任何一个只要销售产品就能从中赚钱，而不用担心产品效益的行业，都能够吸引肮脏的商人。这是这个天才想法的不足之处。艾斯曼和我两个人都相信这个天才的想法，而且我们两人也都遇到过某些真正肮脏的人。我们的工作是确定这些人中的哪一些是实施这些天才想法的合适人选。”

次级抵押贷款在美国信贷市场中仍然只占很小的份额，每年的贷款不过几百亿美元，但是它的存在意义重大，甚至对史蒂夫·艾斯曼来说也是如此。“我认为部分原因是人们对不断加剧的收入不均所做出的一种反应，”他说，“美国的收入分配出现了偏差，而且偏离正常状态越来越严重，其结果就是你拥有了更多的次级客户。”当然，艾斯曼是拿着工资来研究次级贷款的意义的。奥本海默很快成为这个新行业中的主要银行之一，这在很大程度上是因为艾斯曼是它的主要支持者。“我把很多次级债公司都推上市了，”艾斯曼说，“他们喜欢讲的话是‘我们在帮助客户，因为我们将他们从高利率的信用卡债务中拯救出来，让他们进入利率较低的抵押贷款债务中’。而我对这个说法深信不疑。”随后，有些事情改变了。

审计的黑箱

文森特·丹尼尔（Vincent Daniel）在皇后区长大，没有史蒂夫·艾斯曼所拥有的任何怪癖。然而，如果你遇到他们，你或许会猜想，文尼[1]是在位于公园大道的高级社区长大的，而艾斯曼则生活在 82 街的小公寓里。艾斯曼粗俗、浮夸，而且粗枝大叶。文尼谨慎、细心，而且很注重细节。文尼年轻，身材很好，有着浓密乌黑的头发和英俊的外表，但是他的容貌被他专注的神情所掩盖——嘴唇总是抿着，眉毛好像随时都会上扬。他没有什么可失去的，但似乎永远都在担心有什么重要的东西会被他人夺走。在他很小的时候，他的父亲就被谋杀了——尽管从来没有人对他说过这件事，他的母亲在一家商品贸易公司找到了一份图书管理员的工作，她独自一人把文尼和他的弟弟拉扯大。或许是因为生活在皇后区，或许是因为他父亲的遭遇，或许是因为受到过刺激，文森特·丹尼尔总是对周围的同事持强烈的猜

① 文尼（Vinny），文森特·丹尼尔的昵称。——译者注

疑态度。史蒂夫·艾斯曼与文尼惺惺相惜，但他说："文尼很阴险。"

艾斯曼是一个上层中产阶级家庭的孩子，当他从宾夕法尼亚大学而不是耶鲁大学毕业的时候，他略微有些失落。文尼是一个在下层中产阶级家庭长大的孩子，他进入任何一所大学，他的母亲都会为他感到骄傲。更让她骄傲的是，在文尼 1994 年从纽约州立大学宾汉姆顿分校毕业后，他在曼哈顿得到了一个为阿瑟·安德森（Arthur Anderson）工作的机会，这家财务公司几年后在安然丑闻中被摧毁。"从小在皇后区长大，你能够很快发现钱在哪里，"文尼说，"钱就在曼哈顿。"作为一名初级会计师，他在曼哈顿的第一项任务是审计所罗门兄弟公司，他很快就被投资银行账簿的高深莫测深深吸引住了。在他的会计师同事中，没有谁能够讲清楚交易员为什么要做他们所做的那些事情。"我不知道我在干什么，"文尼说，"但令人恐惧的是，我的经理也一无所知。我询问了一些基础性的问题，比如，他们为什么要持有这些抵押贷款债券？他们只是在打赌，还是它是某个更大战略的一部分？我需要知道这些。如果你无法把这些点连起来，就很难对一家公司进行审计。"

他得出的结论是，对于一名被分派去审计华尔街大公司的会计师来说，根本没有办法知道这家公司是在赚钱还是在赔钱。它们是巨大的黑箱，其中暗藏的齿轮永远都在转动。审计了几个月之后，文尼的经理对他的问题已经非常厌倦。"他无法向我解释清楚。他说，'文尼，那不是你的工作。我雇你来做 XYZ，你就做 XYZ，并且闭上你的嘴。'我走出了他的办公室，并且说，'我现在就走。'"

文尼开始寻找另外一份工作。他的一位老校友在奥本海默公司工作，他将文尼的简历交给人力资源部，这份简历到了史蒂夫·艾斯曼的手里，他当时正好在找人帮他分析那些次级抵押贷款发起人所使用的越来越晦涩的账目。"我不擅长计算，"艾斯曼说，"我是用故事来思考的。我需要有人在数字方面帮助我。"文尼听说过艾斯曼很难相处，但是当他们碰面的时候，他非常吃惊，艾斯曼似乎只对他们是否能够相处感兴趣。"他似乎只是在找一只好鸡蛋。"文尼说。当艾斯曼出其不意地给他打电话的时候，他们还只见过两次面。文尼猜想，他大约要得到一份新工作了。但是，他们刚开始谈话不久，艾斯曼就接到了另一个紧急电话，他让文尼等着。文尼拿着话筒默默地等了15分钟，而艾斯曼没有再回到线上。

两个月之后，艾斯曼的电话打过来了，问文尼什么时候可以去上班。

艾斯曼对他让文尼在电话那头等着，而他自己没有再拿起听筒这件事没有任何印象，就像他想不起来为什么他在与那些首席执行官共进午餐的中途去洗手间，然后就再也没有回去一样。文尼很快就找到了答案：当艾斯曼接通另外一个电话的时候，他得到的消息是，他的第一个孩子——刚出生的儿子麦克斯——夭折了。瓦莱丽患了感冒，她在睡梦中被一名护士叫醒，护士告诉她，夜班护士在睡梦中压到了婴儿，导致他窒息死亡。10天之后，与艾斯曼最亲近的人把这件事描绘成了一个改变他与周围世界关系的大事件。"艾斯曼总是认为有天使在他的肩膀上，”瓦莱丽说，“他从来没有遭遇过什么坏事。他总是受到保护，一直都很安全。在麦克斯的事情之后，他肩膀上的天使出事了。任何事情都可能在任何时候发生在任何人的身上。”从那一刻起，她在她丈夫身上看到了很多变化，有大有小，而且艾斯曼本人也不否认。“从宇宙发展史的观点来看，麦克斯的死不是什么大事，”艾斯曼说，“但这是我个人的大事。”

文尼和艾斯曼从来没有谈起过当时发生的事情。文尼所知道的是，他为其工作的那个艾斯曼显然不太像他几个月前遇到的那个艾斯曼。文尼在面试时见过的艾斯曼，按照华尔街分析师的标准来看，他是诚实的，并不是完全不合作的人。奥本海默公司在次级抵押贷款业务方面完全可以与大银行比肩。但是，如果艾斯曼这位影响力最大的分析师不愿意为他们说好话的话，他们永远不可能得到银行的业务。尽管他很喜欢抨击那些不太可能维持下去的企业，但他也同意次级贷款行业是对美国经济的有益补充这样的说法。他对这些次级债发起人中的少数几个进行了直率的指责，这在某种程度上说是有益的，增加了他对其他公司进行推荐时的可信度。

末日机器的引擎

在艾斯曼的老板看来，艾斯曼现在的做法在经济上起到的是反作用，他越来越多地显露出将做出负面评级的倾向。“看上去他好像嗅到了什么味道，”文尼说，“而他需要我帮助他找出他嗅到的是什么。”艾斯曼想写一份或多或少会震动整个行业的报告，但是他必须比平时更加小心。“你可以旗帜鲜明地站在卖方一边，哪怕错了也没关系。”文尼说，“但如果你的评级是负面的，一旦出错，你就会被辞退。”引发麻烦的弹药几个月之前刚从穆迪公司运来：评级机构现在拥有各种新的关于次级抵押贷款的信息，并且给出了卖出的建议。穆迪公司的数据库不允许查看具体的单笔贷款，它只提供了有关支持单笔抵押贷款债券的贷款池的总体图景：有多少是浮动利率，有多少贷款买入的房子是自住的。最重要的是，有多少是断供的。“这就是数据库，”艾斯曼言简意赅地说，“进入那个房间，在你搞明白它的意思之前不要出门。”文尼有一种感觉，他觉得艾斯曼其实已经知道这些东西意味着什么了。

文尼只能靠自己。“我 26 岁了，”他说，“而且我还没有真正搞清楚抵押贷款债券是什么东西。”艾斯曼对此同样一无所知——他只做股票市场，而且奥本海默公司当时连债券部门都没有。文尼必须自学。当他搞清楚之后，他对艾斯曼已经察觉到的源自次级抵押贷款行业的那种四处弥漫、令人不舒服的味道给出了自己的解释。这些公司披露了它们不断增长的收益，但是其他方面的信息不多。它们没有披露的众多事项中的一个，是它们所持有的住房贷款的断供率。当艾斯曼向它们提出这些问题的时候，它们辩称这些都是不相关的事情，因为它们已经把这些贷款全部卖给了那些把它们打包成抵押贷款债券的人，所以这些风险已经不再是它们的了。这种说法是不对的。所有的公司都保留着一小部分它们自己发起的贷款，公司可以按照这些贷款未来的预期价值将它们记为利润。会计规则允许它们把贷款视为可收回的，而且不会提前还款。这些假设成了它们的末日机器的引擎。

首先吸引文尼目光的，是“预制房屋”行业很高的提前还款率。（“预制房屋”要比“移动住房”好听。）移动住房与普通住房不同，它们的价值从离开商店的那一刻起就开始下降了，就像汽车。移动住房的购买者不像普通住房的购买者，他们不可能期望在两年之内再融资，把钱拿回来。“他们还款的速度为什么这么快？”文尼这样问自己，“这让我百思不得其解。然后，我看到，提前还款率之所以如此高，是因为他们是非自愿的。”“非自愿提前还款”听起来要比“拖欠还款”好一些。移动住房购买者如果拖欠还贷，他们的移动住房将被收回，而贷款给他们的人将按照贷款的比例得到他们应得的部分。“最终，我看到，在整个次级贷款领域，要么提前还款，要么贷款缺额就以一个难以想象的比例成为坏账，”文尼说，“我非常吃惊地看到在这些贷款池里出现的高比例断供现象。”贷款利率并没有高到足以抵消将这些钱借给美国大众中这一特定群体的风险。这就像一般的金融规则为应对社会问题而被暂停执行了。一个想法浮上了他的心头：在工资不增长的情况下，怎么能让穷人感觉富有？答案是：向他们提供低廉的贷款。

他花了 6 个月的时间仔细筛查每一个次级抵押贷款的贷款池，然后把情况告诉了艾斯曼。这些次级贷款公司的成长非常迅速，它们使用的会计方法非常复杂，从而掩盖了“它们没有真实收益，一切表象都是通过财务做账做出来的”这个事实。它们全都具有庞氏骗局的基本特征：为了维持赢利的假象，它们需要更多的资金来创造越来越多的次级贷款。“我确实不敢百分之百地肯定我是对的，”文尼说，“但是我找到艾斯曼，对他说，‘这看起来真的不妙。’这就是他需要知道的。我想，他所需要的是调低股票评级的证据。”

艾斯曼撰写的报告抨击了所有的次级贷款发起人，一家接着一家，他曝光了数十家企业的欺骗行径。他说：“它们提交给你们的数字与真实数字之间有着天壤之别。”次级贷款公司根本不感激他的这些努力。“他引发了一场轩然大波，”文尼说，“所有次级贷款公司的人都对着他声嘶力竭地大喊大叫：你错了，你的数据错了。他对着他们吼回去：‘这是你们的数据！’”艾斯曼的报告之所以引发如此巨大的风波，是因为他没有给他冒犯的这些公司合理的警告。他坏了华尔街的规矩。“艾斯曼知道这样的做法会引起轩然大波，”文尼说，“他想要的就是这种局面，他不希望有人来说服他。如果他事先警告，所有这些人都会千方百计地来说服他。”

“以前我们一直没能评估这些贷款，因为我们一直没有数据，”艾斯曼后来说，“我的名字已经深深地嵌入了这个行业。我的整个名声都建立在研究这些股票上面。如果我错了，这可能就是史蒂夫·艾斯曼事业的终结。”

艾斯曼在1997年9月发表了他的报告，当时正处于美国历史上最大的一个经济繁荣期。之后不到一年，俄罗斯出现断供潮，长期资本管理公司也倒闭了。在随后奋力上岸的过程中，早期的次级贷款放款人无法收回资金，很快成批地宣布破产。它们的失败是由于它们会计实践中的不道德行为，即在利润实现之前就记入了收益。按照文尼自己的说法，除了文尼，没有人真正明白这些贷款中的猫腻。“发现这个市场上居然有这种无效率的情况存在，真的让我感觉很棒。”他说，“因为如果市场掌控了一切，那么我或许做错了。看着这些艰深晦涩的东西，你还能说什么呢，为什么要去浪费那些精力呢？但是，据我所知，除了我，没有任何人研究那些即将在一场前所未有的经济繁荣中破产的企业。我看到了这一切是怎么发生的，事情真的很蹊跷。”

真实的金融界

就在这一刻，人们首次知道了艾斯曼并不只是有一点儿愤世嫉俗。他的脑海里有一幅金融界的图景，这幅图景与金融界的自画像有着天壤之别，而且要比后者更接近于真实。几年之后，他辞去工作，进入了一家对冲基金公司——奇尔顿投资公司（Chilton Investment）。他对告诉别人把他们的钱投到哪里已经失去了兴趣。他想，如果他自己管理资金，而且按照自己的判断投资的话，他或许还能够维持自己的兴趣。在雇用艾斯曼之后，奇尔顿投资公司也有了新的想法。“说到艾斯曼，”奇尔顿公司的一名同事说，“是的，他是一个很聪明的人。但是他会选股吗？”奇尔顿公司最终认为他不会选股，因而重新调整了他的工作，让他重拾他的老本行，为那些真正做出投资决策的人提供服务。艾斯曼讨厌这个工作，但他还是做了，而且在这个过程中，他学到的东西让他为即将发生的危机做好了准备——他了解到消费贷款市场内部正在发生的一切。

时间到了 2002 年。在美国，公开上市的次级贷款公司无一幸存。然而，有一家历史悠久的消费贷款巨人——家庭金融公司（Household Finance Corporation）成立于 19 世纪 70 年代——长期以来一直是这个领域的领导者。艾斯曼一直认为他对这家公司非常了解，直到有一天，他忽然意识到，他其实并不了解这家公司。2002 年年初，他拿到了家庭金融公司新的住房权益贷款业务的销售文件。该公司的首席执行官比尔·奥尔丁格（Bill Aldinger）在竞争对手纷纷破产的情况下，仍在大力发展家庭金融公司。正在消化互联网泡沫破灭苦果的美国人，似乎应该没有勇气借入新的债务，然而，家庭金融公司的放贷速度却空前加快。它的一个重要增长来源是第二抵押贷款。文件上提供的是一份 15 年期的固定利率贷款，但是它被伪装成了 30 年期的贷款。它将住房拥有人在 15 年间需要偿还的金额假设性地分摊到 30 年间，而且发问：如果你原本应该在 15 年内偿付的款项分成 30 年来偿付，你的“有效利率”是多少？这是离奇而不诚实的销售宣传。借款人听到的是“7% 的有效利率”，而事实上利率为 12.5%。“这是无耻的欺骗，”艾斯曼说，“这些人在愚弄他们的客户。”

艾斯曼很快从借款人中找到了投诉者，他们说出了自己身上刚刚发生的事情。艾斯曼寻遍了全美各地的所有小报，在华盛顿州的贝林哈姆镇找到了一个名叫约翰·史塔克（John Stark）的记者，他为《贝林哈姆新闻》写稿。在艾斯曼突然找到他之前，史塔克写了一篇关于 4 个认为自己受到了家庭金融公司欺骗的当地人的故事。这 4 个人找了一名代理律师，想起诉这家公司，希望判决抵押合同无效。“一开始我还有点儿怀疑，”史塔克说，“我以为又是几个借钱借得太多的人，只不过聘请了一名律师，所以我并没有太在意。”这篇文章一见报，就吸引了很多读者：贝林哈姆周边的数百人拿起了报纸，发现他们原本以为利率是 7% 的抵押贷款，事实上利率是 12.5%。“这些人不知道从哪里冒了出来，”史塔克说，“他们愤怒了。他们中的很多人以前完全没有意识到他们身上到底发生了什么。”

无论艾斯曼这样做的动机是什么，他都把问题推向了另一个极端，他的工作变成了全力对抗家庭金融公司。他提醒报社的记者们，他动员杂志撰稿人，他友好地对待“推动改革社区组织协会”，这样的情况还是第一次，一个来自华尔街的家伙对一家致力于保障穷人利益的组织表现出兴趣。他曾多次拜访华盛顿州总检察长，他听说总检察长已经调查了家庭金融公司，满腹狐疑，但一名州法官禁止他公布调查结果。艾斯曼弄到了调查结果的副本，其内容证实了他的猜想。

“我想对总检察长办公室的那些人说，‘你们为什么不抓人？’他们可能会说，‘这是家有实力的大公司。如果这家公司走了，还有谁会在华盛顿州推出次级贷款？’我就说，‘相信我，将会有一列火车驶进来，满载着赶来放款的人。’”

确实，这是一个联邦层面的问题。家庭金融公司在全美范围内兜售它的那些骗人的抵押贷款，然而，联邦政府却没有做出应有的回应。相反，2002 年年末，家庭金融公司采用庭外和解的方式平息了一场集体诉讼，同意向 12 个州支付总计 4.84 亿美元的赔款。次年，这家公司把自己以及巨额的次级贷款组合，以 155 亿美元的价格卖给了一家英国的金融集团——汇丰集团。

艾斯曼感到十分震惊。“我从来没有想过这种情况居然能够发生，”他说，“这不仅是一个公司的问题。它是迄今为止从事次级抵押贷款业务的最大的公司，而它却参与了这种明目张胆的欺诈。这家公司的人应该把首席执行官赶出去，可是他们却把公司卖了，让首席执行官赚到了上亿美元。天哪！事情没有按照它应有的方式结束。”艾斯曼面对极端复杂的金融交易模式所表现出来的悲观情绪，沾染了政治理想的色彩。“就是在这个时候，我开始注意到了社会影响。”他说，“如果要从零开始着手建立监管机构，那么最好把这个机构设计成保护中低收入者的模式，因为他们被欺骗的概率太高了。但事实上，我们所拥有的是一个只保护极少数人的政权。”

艾斯曼每个星期三的中午都会去纽约最大的漫画书店看最新上架

的漫画。在成年人中间，他应该算是对各类超级英雄的生活了如指掌的人。比如，他能把《绿灯侠》中的誓言倒背如流，对蝙蝠侠的私生活比蝙蝠侠自己还要了解。在他的儿子夭折之前，艾斯曼已经像个孩子一样，看完了所有这些漫画的成人版本，其中《蜘蛛侠》是他的最爱。现在，他只看最阴暗的成人漫画，偏爱那些取材于耳熟能详的童话故事，在不改变情节的基础上进行重新编排，从而有别于童话故事的漫画作品。按照他的说法就是："讲一个与过去发生过的事情有联系的故事，然而，故事的发展却是完全不同的。这会让你从不同的角度去看待那些老故事。"他喜欢让白雪公主和小矮人的关系多一些悬念。现在，在金融市场，一个童话故事又重新出现在他的眼前。"我开始更加近距离地审视次级抵押贷款的所有问题，"他说，"次级汽车贷款从某些方面看是诚实的，因为它有一个固定的利率。它会向你收取很高的费用，撕碎你的心，但至少你清楚这一点。次级抵押贷款却是一个骗局，从根本上说，它吸引人的手段就是告诉他们，'只要申请了这项贷款，你就可以还清所有其他贷款——信用卡债务、汽车贷款等。而且，看看它的利率是多么低廉啊！'但是，这个低利率并不是实际利率，而是诱惑利率。"

在关注家庭金融公司的同时，艾斯曼参加了一个由一家华尔街大企业组织的午餐会。到会发言的嘉宾是一位名叫赫伯·桑德勒（Herb Sandler）的首席执行官，来自一家从事存贷款业务的巨型企业，名字叫作金色西部金融公司（Golden West Financial Corporation）。"有人问他是否认同免费支票账户的模式，”艾斯曼回忆道，“他说，‘关掉你的录音机。’所有人都关掉了手里的录音机。他解释说，他们不碰免费支票业务，因为这真的是对穷人征税——以支票账户透支罚款的形式。开展这种业务的银行，其实只是为了更多地盘剥穷人，使他们付出比正常使用支票更高的费用。”

艾斯曼问：“有监管者对此表示出兴趣吗？”

“没有。”桑德勒说。

“就在那个时候，我确信这个体系真的是在‘剥削穷人’。”

坏事随时会发生

艾斯曼年轻时是一名极端的共和党人。他加入右翼组织，两次投票给罗纳德·里根（Ronald Reagan），甚至热爱罗伯特·博克（Robert Bork）。但是，自从进入华尔街之后，他的政治立场奇怪地向左转了。他把自己政治立场转变的原因归结为冷战的终结，“我不是右翼，因为没有太多成为右翼分子的理由”。家庭金融公司的首席执行官比尔·奥尔丁格拿到1亿美元的时候，艾斯曼正走在成为金融市场上第一位社会主义者的道路上。“作为一名保守的共和党人，你永远想不到人们正在通过剥削其他人赚钱。”他说。他的思想现在已经完全对这种可能性开放了，“我现在意识到，社会上存在着一个完整的产业，叫作消费金融，从根本上说，它的存在就是为了剥削人”。

在管理对冲基金的机会被他的公司老板剥夺以后，艾斯曼辞掉了工作，并且尝试着创办自己的对冲基金。一家名叫前点合伙公司（FrontPoint Partner）的企业旗下拥有一批对冲基金，这家企业不久便被摩根士丹利完全控股。2004 年年初，摩根士丹利同意让艾斯曼建立一只基金，这只基金紧盯金融公司：华尔街的银行、房屋建筑公司、抵押贷款发起人、像通用电气这样拥有大型金融服务部门的公司，以及任何涉及美国金融领域的公司。摩根士丹利按基金净值收取费用，并且给他提供了办公场所、家具以及后勤人员。唯一没有给他提供的东西就是资金，摩根士丹利希望艾斯曼自己解决这个问题。艾斯曼飞遍了全世界，拜会了数百名一流的投资者。“我们原本试图募集资金，但是没有做到。”他说，“大家都说，‘很高兴见到你，给我们讲一下你是怎么运作这些基金的。’”

到 2004 年春，艾斯曼陷入了迷茫。他一直没有募集到资金，不知道接下来该怎么办，他甚至不知道自己是否还能继续做下去。他当然不认为世界是公平的，也不奢望事情总是朝着好的方向发展，或者自己能够得到某种免遭人生意外打击的特殊庇护。他在凌晨 4 点醒来，浑身是汗，他甚至接受了心理治疗。然而，他还是艾斯曼，因此，这种治疗不是常规意义上的心理治疗，这种治疗叫作“工作小组”治疗。十几名专家以及一名受过训练的心理治疗师在一个安全的环境里分享他们的烦恼，在会谈临近尾声的时候，艾斯曼会发作起来，将那些困扰他的问题和盘托出，随后在其他人说出自己的麻烦之前就匆匆离开。他这样做了几次之后，治疗师提醒了他，但是他没有听进去。于是治疗师给艾斯曼的妻子打了电话，让她跟她丈夫谈谈。这个方法也没有奏效。“他什么时候去做过治疗我都会知道，”瓦莱丽说，“因为治疗师老是给我电话，说‘他又那样了！’”

瓦莱丽显然对这种激烈的竞争非常担心。她告诉艾斯曼，如果这项最新的华尔街事业开展得不成功，他们可以考虑离开纽约去罗得岛，在那里开一家提供早餐的简易旅馆。瓦莱丽找了很多地方，并且多次提出他们应该花更多时间陪伴他们的那对双胞胎，她甚至想要养鸡。了解艾斯曼的人和艾斯曼本人一样根本无法想象养鸡这样的事情，但是他却同意了。“这个主意对他来说毫无吸引力，”他的妻子说，“他工作更卖力了。”艾斯曼游历了整个欧洲大陆以及美国，寻找愿意给他投资的人，后来还真的找到了一个，有一家保险公司给他投了 5 000 万美元。虽然这还不足以创立一只可以维持运作的股权基金，但这毕竟是个开始。

虽然没有找到投资，但是艾斯曼却吸引了很多人，这些人对世界的看法跟他一样消极。刚刚与人合作完成了一篇名为“没有权益的住房只是负债出租”的报告的文尼就是其中一位。波特 · 柯林斯（Porter Collins）这位参加过两届奥运会划艇比赛的选手，在奇尔顿投资公司时曾经与艾斯曼共事过，他一直不明白，为什么这个聪明的家伙老是郁郁寡欢，他自然也成了其中的一员。后来成为艾斯曼的首席交易员的丹尼 · 摩西（Danny Moses）是第三位。丹尼曾经在奥本海默公司做销售员，他对艾斯曼当年所做的那些卖方分析师很少会干的事情印象非常深刻。比如，在某一个交易日，艾斯曼走上了奥本海默交易大厅的演讲台，要求大家安静，并且宣布“下面8只股票将会归零”，然后说出了8家公司的名称，而这8家公司后来也确实破产了。在佐治亚州长大、父亲是金融教授的丹尼，不像文尼和艾斯曼那样相信宿命，但是他与他们抱有共同的看法，就是坏事随时会发生，特别是在华尔街。当一家华尔街公司向他提供一项各方面都几近完美的交易时，他会跟交易员说：“我很感激这一点，但我想知道一件事情：你们将会怎样盘剥我？”

“嘿嘿，看你说的，我们从来不会这么做。”交易员打开了话匣子。丹尼尽管彬彬有礼，却始终坚持着自己的看法。

“我们俩都很清楚，像这笔交易这样完美的好事不会发生在一家小对冲基金公司和一家华尔街大公司之间。我会接受这笔生意，但是你必须先跟我讲清楚你将会怎么盘剥我，我才会干。”最后，交易员解释了自己将会怎么盘剥他，而丹尼也接受了这笔交易。

他们都对与史蒂夫·艾斯曼共同经营管理资金的想法表现出了极大的兴趣。给艾斯曼打工，你永远也不会感觉到你是在打工，他会教你，但是他不会监督你。艾斯曼也会尖锐地指出他们存在的问题。“艾斯曼喜欢出席所有的华尔街聚会，”文尼说，“他会说‘关于这个问题，请给我做出30种不同的解释’，或者‘你能再解释一下这个问题吗？请用英文’。一旦你这样做了，你就会了解到一些东西。一开始的时候，通过这种做法，你会知道对方对自己所谈论的事情是否真的了解。而大多数时候，他们其实并不了解！”

开辟债券市场

到 2005 年年初，艾斯曼的小团队形成了一个共识，那就是绝大多数在华尔街工作的人都不清楚自己所做的事情。次级抵押贷款这部机器启动了，重新运转起来，就好像从来没有出现过故障一样。如果说次级抵押贷款上演的第一幕是畸形的，那么第二幕就是恐怖的。在 20 世纪 90 年代中期，一年 300 亿美元的交易额对于次级贷款行业来说是一个很大的数字；而到了 2000 年，次级抵押贷款的规模达到了 1 300 亿美元，其中价值 550 亿美元的部分被重新包装为抵押贷款债券。2005 年，次级抵押贷款达到 6 250 亿美元，其中 5 070 亿美元进入了抵押贷款债券。单单一年中就出现了价值 5 000 亿美元的以次级抵押贷款为基础的债券。次级贷款即使在利率上升的时候也呈现出繁荣的局面，这完全是没有道理的。更加让人惊异的是，贷款的期限在变化，成为坏账的可能性不断增加。在 1996 年，65% 的次级贷款利率是固定的，这意味着典型的次级贷款借款人或许会遭遇麻烦，但是至少他们能够确切地知道，在还完贷款本息之前，他们每个月到底欠了多少钱。到 2005 年的时候，75% 的次级贷款是浮动利率贷款，而前两年的利率通常是固定的。

次级债金融家的演出被他们放出去的贷款中的一小部分搞砸了。市场本来应该学到一个简单的教训：不要借钱给那些还不起钱的人。可是相反，它却得到了一个很复杂的教训：你可以继续发放这些贷款，但不要让它们出现在你的账本上。放出贷款，然后将它们卖给华尔街大型投资银行的定息债券部门，这些机构再将贷款包装成债券，出售给投资者。长滩储蓄公司（Long Beach Savings）是目前尚存的首家采用所谓的“发起销售”模式的银行。这导致了一波热潮——华尔街可以购买你的贷款，哪怕你不想卖，后来甚至专门成立了一家名叫 B&C 抵押贷款公司的新公司来做发起销售业务。雷曼兄弟公司认为这是一个伟大的创举，因而毫不犹豫地将 B&C 抵押贷款公司纳入麾下。到 2005 年年初，所有华尔街的大银行都深陷次级贷款的游戏之中。贝尔斯登、美林、高盛以及摩根士丹利都拥有专门为次级贷款产品开辟的“架子”，而且都有一个奇怪的名字，像 HEAT、SAIL 以及 GSAMP，这就使普通的投资者很难想到这些次级债券是由华尔街上这些响当当的大公司承销发行的。

艾斯曼以及他的团队对美国房地产市场和华尔街都有着非常透彻的了解。他们认识绝大多数次级贷款放款人——那些在底层放贷的家伙，他们当中的很多人都是 20 世纪 90 年代末那场危机的始作俑者。艾斯曼就高盛对中低收入美国中产阶级的债务所做的手脚给出了最坏的预期。“你们必须知道，”他说，“是我最先涉足次级贷款的，我最先与狼共舞，这些家伙的谎话是无边无际的。我从那些经历中学到的是，华尔街卖出去的东西什么都不是。”他不理解的是，什么人会买这些伴随第二波次级抵押贷款热潮而来的债券。“在了解这些情况后的第一天，我们说，‘我们借卖空这个东西来赚取巨额财富的时机就要到了。市场将开始膨胀，只是我们还不知道它会以什么方式出现，以及在什么时候出现。’”

艾斯曼所说的“这个东西”指的是那些涉及次级贷款的公司的股票。股票价格会出现各种你能够想象得到的疯狂情况，在贷款开始出现坏账迹象之前，他不想卖空它们。为此，文尼对美国次级抵押贷款借款人的行为进行了严密的监控。在每个月的 25 日，还款记录报告都会及时出现在他的电脑屏幕上，他仔细浏览，对所有违约记录都做上标记。“根据我们追踪的情况来看，”文尼说，“信用质量还算好。至少到 2005 年下半年仍是这样。”

在开始经营自己公司的那 18 个月的迷茫期中，艾斯曼有了一个感悟，他意识到他显然错过了什么。他正在努力找出哪些股票可以买入，可是股票价格对债券的依赖却越来越严重。随着次级抵押贷款市场的增长，每家金融公司都以某种方式暴露在他的面前。“定息债券世界使股权世界相形见绌，”他说，“股权世界与债券市场相比，简直就像一个侏儒。”几乎每家大型的华尔街投资银行都有专门的债券部门，很多公司的首席执行官都曾经是债券交易员，比如雷曼兄弟公司的迪克 · 福尔德（Dick Fuld）、摩根士丹利的约翰 · 麦克（John Mack），以及贝尔斯登的吉米 · 凯恩（Jimmy Cayne）。20 世纪 80 年代，主要的债券公司所罗门兄弟赚到了巨额的利润，使它看起来仿佛身处一个与其他公司完全不同的行业，自那时起，债券市场就成了一个赚大钱的地方。“那是一条黄金规则，”艾斯曼说，“那些持有黄金的人制定的规则。”

大多数人不明白，那些推动了债券市场20年繁荣的东西为什么又毁掉了这一切。艾斯曼过去也不明白，但现在他明白了。他需要学习他所能够学到的有关定息债券的一切。他对债券市场有自己的计划，但他所不知道的是，债券市场也有针对他的计划。债券市场将会呈现出一个似乎为艾斯曼量身打造的漏洞。

THE BIG SHORT

第二章

寻找市场的漏洞

开张支票，以确保谈话中的许诺能兑现。

——沃伦·巴菲特

无法卖空的次贷债券

2004年年初，另一位股票市场投资人迈克尔·巴里（Michael Burry）首次投身债券市场之中，他想了解在美国资金借入借出的所有方式。他没有跟任何人谈论过他的新计划，只是独自坐在办公室里，阅读各种书籍、文章以及金融档案。他最想弄清楚的是，次级抵押贷款债券是怎样运行的。天文数字般的个人贷款堆成了一座塔，位于顶层的人能够首先拿回他们的钱，并从穆迪和标准普尔那里获得最高的评级，当然还有最低的利率。底层的人最后才能拿到钱，却要第一个承担亏损，并得到来自穆迪和标准普尔的最低评级。由于他们要承担更大的风险，因此底层的投资者获得的利率要比顶层的投资者高。购买抵押贷款债券的投资人必须决定在哪一层投资，但迈克尔·巴里并不是在考虑购买抵押贷款债券的问题，他考虑的问题是怎样卖空次级抵押贷款债券。

每一份抵押贷款债券都有一本千篇一律的长达 130 页的说明书。如果仔细阅读这些密密麻麻的小字，你会发现一份债券俨然是一家小企业。巴里在2004年年底和2005年年初浏览了数百份这样的说明书，而真正仔细阅读的只有其中的几十份。可以肯定的是，他是除了起草这些文件的律师之外唯一真正阅读这些东西的人，尽管任何人都可以很方便地以每年 100 美元的价格从网站上下载这些文件。正如他在一封电子邮件中所解释的：

> 所以，你选择像新星这样的公司——一个发起并且销售次级抵押贷款债券的放款人，是当时的一个典型。（债券的）名称可能是 NHEL 2004-1、NHEL 2004-2、NHEL 2004-3、NHEL 2005-1，等等。举例来说，NHEL 2004-1 可能包括了 2004 年前几个月以及 2003 年最后几个月的贷款，而 NHEL 2004-2 包括的可能是 2004 年年中的贷款，NHEL 2004-3 包括的则可能是 2004 年年末的那部分贷款。你可以抽出这些说明书，快速把握发起和销售行业中次级抵押贷款这一部分的脉动，了解正

在发生的情况。你可能会看到，可调整利率抵押 2/28 只付利息贷款 2004 年年初时的利率只有 5.85%，而到 2004 年年末时为 17.48%，2005 年夏末则为 25.34%。然而，以无文件（“说谎者”）贷款百分比与估值相比的 FICO 信用（消费信贷）评分及其他指标却是非常稳定的……问题在于，这些对比总体上保持稳定，但是所发行、包装和销售的抵押贷款债券的总体质量却越来越差，因为对于同样的 FICO 信用评分，或者同样的贷款比值来说，你获得的只是比例较高的只付利息贷款。

早在 2004 年年初，只要观察一下数据，你就能清楚地看到贷款标准的下降。按照巴里的观点，标准不只是下降，而且已经触底。这个“底”甚至还有个名称：只付利息的负摊销可调利率次级抵押贷款。作为住房的购买者，你实际上获得了根本不用还款，而且可以将你欠银行的全部利息转变成更大的本金余额的权利。不难看出哪种类型的人会拥有这种贷款：没有收入的人。巴里不明白的是，那些放款人为什么愿意给这样的贷款延期。“你应该看的是放款人而不是借款人，”他说，“借款人永远希望自己的利益最大化。所以，应该由放款人来说清楚限制条件，当放款人没有这样做的时候，你就要小心了。”到 2003 年，他知道借款人已经迷失了。到 2005 年年初，他发现放款人也迷失了。

很多对冲基金经理花费大量时间向他们的投资人解释各种无关

紧要的琐事，把每周给投资人写信当成例行公事。巴里不喜欢面对面地与人交谈，因而把这些信件看成他所做的让投资人知道他的打算的最重要的事情。在他的季度信函里，他创造了一个短语来描述他认为将要发生的事情：通过票据来延展信贷。也就是说，很多人其实没有能力按照过去的方式偿还他们的抵押贷款，所以，放款人编造出新的票据形式，为发放给他们的新贷款寻找正当的理由。“这是一个非常明显的迹象，放款人已经迷失了，在不断地降低自己的标准，以提高发放贷款的规模。”巴里说。他能够理解放款人为什么要这样做：放款人并不会自己持有这些贷款，而是把这些贷款卖给高盛、摩根士丹利以及富国银行，这些公司再将这些贷款打包成债券对外销售。他认为，次级抵押贷款最终的买家都是些“蠢材”，他也对这些蠢材进行过研究，但那是之后的事儿了。

现在，巴里面临着一个战略性的投资问题。次级抵押贷款债券的所有不同层级，或者说部分，都有一个共同点：无法卖空。要卖空股票和债券，你首先要借入股票和债券，而这些抵押贷款债券是无法借入的。你可以买入或者不买入，但是你无法用它们进行对赌。次级抵押贷款市场根本没有任何空间，让身处其中的人们至少能对它有个模糊的认识。你或许可以确切地知道，整个次级抵押贷款债券市场的末日将至，但是你对此却束手无策。你无法卖空住房，你只能卖空房屋建筑公司的股票，比如普尔特房屋公司（Pulte Homes）或者托尔兄弟公司（Toll Brothers）的股票，但是那种做法代价太高、不直接而且很危险。股票价格持续上涨的时间，可能会远远超过巴里能够保持足够流动性的时间。

对赌次贷

早在前几年，巴里就注意到了信用违约掉期。信用违约掉期不太容易理解，因为它根本就不是真正的掉期产品。它是一份保单，主要针对企业债券，每半年支付一次保费，条款固定。比如说，你可以每年支付 20 万美元，购买对 1 亿美元的通用电气债券的 10 年期信用违约掉期产品。你可能亏损的最大金额是 200 万美元：每年 20 万美元，连续10年。如果通用电气在今后10年内在债务偿还上出现违约情况，导致债券持有人颗粒无收的话，那么你能够得到的最大金额是 1 亿美元。这是一个零和对赌：如果你拿到 1 亿美元，卖给你信用违约掉期产品的那个家伙就会损失 1 亿美元。这也是一个非对称的对赌，就像轮盘赌一样。你可能输掉的是你放在桌面上的筹码，但是如果你押对了，你获得的将会是 30 倍、40 倍甚至 50 倍于资本的收益。“信用违约掉期为我弥合了一个风险敞口，”巴里说，“如果我买入一个信用违约掉期产品，我的下行风险是能够确定的，而我的上行利润却是它的很多倍。”

他当时已经介入企业信用违约掉期市场。2004 年，他开始为他认为可能在房地产市场衰退中遭到打击的公司购买保险：抵押贷款放款人、抵押贷款保险人，诸如此类。但这还不足以令他满意。如果出现房地产市场崩溃，可能会造成这些公司亏损，却还不足以保证这些公司会破产。他希望有一种更直接的工具对赌次级抵押贷款。2005年3月19日，他紧闭办公室的门，独自一个人蜷缩在暮色中，阅读着一本有关信贷衍生产品的教科书。迈克尔·巴里突然想到了一个东西：次级抵押贷款债券的信用违约掉期产品。

这个想法出现在他脑海里的时候，他正在看一本有关美国债券市场的创立与发展的书。书中提到，20世纪90年代中期，在J·P·摩根出现了第一份企业信用违约掉期产品。他还找到了一段解释为什么银行觉得它们需要信用违约掉期产品的话，这段话并没有让他豁然开朗——无论如何，避免通用电气债券违约风险最好的办法就是，不要第一个借钱给通用电气。在开始的时候，信用违约掉期产品曾经是一个保值工具：某家银行因为通用电气的要求，贷给通用电气的款项超出了自身愿意放贷的限额，而如果不放贷，它又担心得罪一个长期客户；而另外一家银行的介入则彻底改变了它对贷款给通用电气的看法。然而，很快地，新的衍生产品成了一种投机的工具，很多人想对通用电气违约的可能性进行对赌。这让巴里眼前一亮：华尔街肯定也会对次级抵押贷款债券做同样的事情。考虑到房地产市场正在发生的事情，同时考虑到次级抵押贷款放款人正在做的事情，很多聪明人最终会豪赌次级抵押贷款债券，而这样做的唯一方式就是购买信用违约掉期产品。

信用违约掉期产品可以解决迈克尔·巴里面临的最大问题，即对时机的把握。他几乎可以肯定，在2005年年初放出的次级抵押贷款将会成为坏账。但是，由于这些贷款的利率都被定得很低，而且在两年内不会调整，因此等这种情况出现可能需要两年的时间。次级抵押贷款的利率几乎都是浮动的，但是其中的绝大多数又都有一个为期两年的固定诱惑利率。2005年年初发放的抵押贷款前两年的“固定”利率是5%，到2007年将会飙升到11%，从而引发一波断供潮。这些贷款中出现的微弱的不和谐音会随着时间的推移而被放大，直到最终很多人像他一样心存疑虑，觉得这些债券都是定时炸弹。一旦这种情况出现，就不会再有人愿意为次级抵押贷款债券提供保险。他需要现在就将自己的筹码摊到桌面上，等着赌场清醒过来，改变游戏的赔率。理论上说，一份针对30年期次级抵押贷款债券的信用违约掉期产品是以持续30年为前提设计的。他认为，大约只需要三年的时间就可以交割了。

唯一的问题在于，市场上还不存在类似的针对次级抵押贷款债券的信用违约掉期产品，而且也看不到出现这种产品的任何迹象。他需要敦促华尔街的大公司开发这种产品，但是，让哪个公司来做呢？如果他是对的，住房市场即将崩溃，这些介入这个市场的公司肯定将遭受巨额的亏损。他甚至没有想过给贝尔斯登和雷曼兄弟打电话，因为他知道这些公司比其他公司承担着更高的抵押债券市场风险。在他的心目中，高盛、摩根士丹利、德意志银行、美国银行、瑞银集团、美林以及花旗集团是最有可能幸免于难的企业。他给所有这些银行都打了电话，其中 5 家对他所说的东西一无所知；有两家回复说，尽管这个市场现在不存在，但是以后可能会有机会。三年之内，针对次级抵押贷款债券的信用违约掉期产品可能会成为一个规模达到数万亿美元的市场，并在华尔街的大企业中导致价值数千亿美元的亏损。然而，当迈克尔 · 巴里在 2005 年年初不断纠缠这些公司的时候，只有德意志银行和高盛有意继续这个谈话。在他能接触到的范围之内，华尔街还没有谁能明白他所预见到的这一切。

孤僻的金融专家

巴里早就意识到自己是与众不同的，虽然他并不明白为什么会这样。两岁的时候，他就患上了一种罕见的癌症，为切除肿瘤所进行的手术让他失去了左眼。一个独眼孩子看到的世界与其他人看到的不一样，但是，很快地，迈克尔 · 巴里就发现他的认知能力更加偏重于形象思维。大人们一直坚持说，他应该看着对方的眼睛，特别是当他跟他们谈话的时候。“盯着某人的眼睛要花费我全部的精力，”他说，“如果我盯着你看，那就表示我知道我不会再听你说话。”他的左眼做不到直视任何他想与之对话的人，当他在社交场合闲聊的时候，与他谈话的人会有规律地向左移动。“我真的不知道怎么制止这种情况，”他说，“人们总是向左移动，直到他们站在我的左边，而我一直试图不再转动我的头。我最后只能用我的右眼，越过鼻子向左看。”

他认为，与别人面对面的交流几乎总是以非常糟糕的情况结束，他的义眼是主要的原因。他发现，要理解人们的非语言信号，对他来说简直困难到令人发狂的地步；而对于接收到的声音信号，他通常是按其字面意思去理解，与人们真正想表达的意思相去甚远。即便他尽了最大的努力，结果通常还是很糟糕。“我的恭维话通常都说不到点子上，”他说，“我很早就知道，如果你说谁的好话，得到的结果总是错的。比如，就你的身材来说，你看上去很棒。这真是一件非常好的衣服，看上去就像手工制作的。”为什么他无法真正融入团队？义眼成了他自己私下里的解释。左眼有分泌物产生，而且时常流泪，需要时刻小心。别的孩子总是下意识地提醒他这些问题。他们说他斗鸡眼，尽管他根本就不是。孩子们总是恳求他将义眼从眼眶中挤出来，但是当他这样做的时候，左眼会感染，伤口会变得非常恶心，让他遭到更加严重的排斥。

从他的义眼里，他找到了对自己那些独特人格的解释。比如，他在公平问题上受到的困扰。当他注意到他喜欢的篮球明星的出场次数远比他不喜欢的明星少的时候，他不是对着裁判吼叫，而是不再观看任何篮球比赛。这种不公平扼杀了他对体育的兴趣，尽管他争强好胜，体格魁梧，非常勇猛，是一名很好的运动员，但是他对团体项目没有兴趣。因为绝大多数团体项目都是球类运动，一个视野的深度和广度都受限的男孩不可能擅长球类运动。他非常努力地尝试过练习橄榄球，但是，如果他撞到别人的时候用力过猛，他的义眼就会蹦出来。

还有，要看到他的身体局限的尽头以及心理局限的起点，对他来说是一件困难的事情——他认为他的义眼处于二者的底部。他无法容忍教练对自己孩子的偏袒，裁判错过了判罚，也会让他发狂。他喜欢游泳，因为游泳不需要社会交往，没有队友，没有模棱两可。你只需要游出你的成绩，要么赢，要么输。

不久之后，巴里发现自己绝大部分时间都在独处，他对此已经不会再觉得吃惊了。到他快 30 岁的时候，他把自己归为没有朋友的那一类人。他曾经就读于圣何塞的圣特蕾莎中学、加利福尼亚大学洛杉矶分校以及范德堡大学医学院，从来没有接触过任何债券。他真正拥有过的友谊是通过电子邮件，在书信交流中形成并且发展起来的；真正被他视为朋友的两个人，与他结识都已经有 20 年的时间，但是实际见面的次数总共只有 8 次。“我的天性不适合交朋友，”他说，“我在自己的精神世界里很快乐。”从某种角度看，他结过两次婚。他的第一任妻子是个美籍朝鲜裔女人，由于他们生活在两个不同的城市，最终分手（“她常常抱怨，说我对婚姻这个概念的喜欢程度要超过对婚姻本身”）。他的现任妻子是一位美籍越南裔女人，他们是通过婚介网站认识的。在他的个人资料中，他坦诚地把自己描述为“医学院毕业，只有一只眼睛，社交能力不佳，尚欠助学贷款 14.5 万美元”。他在个人诚信方面的执着，和他在公平方面的执着不相上下。

偏执是巴里认为自己具有的另外一种特质。他的性格里没有“温带”：他要么痴迷于一件事情，要么对它毫无兴趣。这种性格存在一个明显的缺点，比如，与那些懂得假装对其他人的关注点和爱好有兴趣的人相比，他会面临更多的困难。但是，也有它好的一面，当还是一个小孩子的时候，巴里就具有令人惊异的专注力和学习的能力，而不管有没有老师督促。当与他的兴趣同步的时候，学习对他来说简直易如反掌——容易得令人难以置信：作为一名加利福尼亚大学洛杉矶分校的在校大学生，他既可以在英语和经济学课程中游刃有余，同时还可以参加医学预科培训，并被美国最好的医学院录取。他把自己异乎寻常的专注力归因于他缺乏对人际交往的兴趣，以及人际关系的匮乏……他辩解称，从根本上来说，所发生的一切在某种程度上都是由他的义眼造成的。

工作与专注力几乎使巴里与其他的医学院学生完全隔离开来。1998 年，作为斯坦福大学医院的住院医师，他对他的上司说，在 14 小时的医院轮班的间隙，为了让他的电脑运行得快一点儿，他熬了两个通宵，把他的个人电脑整个拆开又装好。他的上司让他去看精神科医生，医生做出的诊断是，迈克尔·巴里是躁郁症患者。他马上就知道自己被误诊了：如果你从来都不会消沉，或者说，如果你只是在轮班时，以及假装对医学实践感兴趣而反对学习时才会消沉，你怎么可能是躁郁症患者呢？他想当医生不是因为他喜欢医学，而是因为他并不觉得医学院有多难考。另一方面，医学实践让他觉得无聊，而且令他厌烦。至于他在第一次接触解剖学时说："那人将尸体的满是粪便的腿扛到自己肩膀上冲洗，那一幕令我反胃，而且我真的吐了。"关于他对病人的情感，他说："我想帮助别人，但不是现实中的。"

他真正的兴趣与计算机有关，这种兴趣不在于计算机本身，而在于计算机能够服务于他终生痴迷的东西——股票市场的内部运作。还在上小学的时候，有一次他的父亲让他看报纸上的股票行情表，并且告诉他，股票市场是一个凶险的地方，永远不能信任。从此以后，暂且不论股票市场是否可以通过投资获益，单单股市本身就已经非常令他着迷，甚至他还想让这个数字的世界变得有逻辑。他把阅读市场消息当成了一种爱好，没过多久，他就发现那些图表、曲线以及自吹自擂的荐股人的喋喋不休，全都毫无逻辑可言。随后，随着互联网泡沫的膨胀，整个股票市场变得不可理喻。"20 世纪 90 年代末期，我几乎不得不把自己看成一个价值投资者，因为我认为，其他所有人所做的一切都是疯狂的。"巴里说。作为被本杰明·格雷厄姆在大萧条时期具体化了的一种金融市场操作方法，"价值投资"要求投资人不知疲倦地搜寻那些冷门或者没有被正确估值的公司，这些公司的股票可以用低于清算价值的价格买入。在最简单的形式下，价值投资是一个公式，但是它已经有了很多种变形，其中一种是由本杰明·格雷厄姆的学生、最著名的价值投资者沃伦·巴菲特代表践行的。

巴里不相信投资可以被归纳为一个公式，或者可以从任何一个单独的模型中学到。他对巴菲特的研究越深入，就越相信巴菲特不可能被复制。事实上，巴菲特的经验是：要想以一种伟大的方式成功，你就必须做一个伟大的、不同寻常的人。“如果你想成为一个伟大的投资者，你必须找到适合你的方式。”巴里说，“我认识到，尽管沃伦·巴菲特有着得天独厚的条件，师从本杰明·格雷厄姆，但是他并没有复制本杰明·格雷厄姆，而是制定了自己的路线，用他自己的方式、自己的规则管理资金……我马上产生了这样的想法，我认为没有哪所学校能够教会一个人怎样成为一个伟大的投资者。如果真有这样的学校，那么它应该是世界上最受追捧的学校，学费应该高得离谱。所以，这种情况不会是真的。”

投资是需要你以自己独特的方式去学习的一件事情。巴里没有真金白银可以去投资，他只是带着他对股市的痴迷度过了在中学、大学和医学院的时光。一直到他进入斯坦福大学医院，他都从来没有学习过金融或者财务方面的课程，更不要说为任何华尔街公司工作了。他有大约 4 万美元的现金，但是还有 14.5 万美元的学生贷款未偿还。在完成医学院学业的同时，他挤出时间学习，成为一名金融专家。“时间是可变的，”他在 1999 年一个周日的上午在写给他的一位笔友的邮件中说：

> 一个下午可以虚度，也可以有 5 个小时。我卓有成效地填补了被大多数人视为无用时间的那些空档。我对效率的追求，可能让我付出了第一次婚姻的代价，几天之前，几乎又让我失

去了我的女朋友。在我进大学之前，军方曾经有这样的说法："早晨9点之前，我们所做的工作比大多数人一整天做的还要多。"而我当时就经常想，我要比军队做得更多。如你所知，有那么一些人，只要在特定的活动中找到一种动力，就可以忽略其他一切事情。

巴里不是躁郁症患者。他只是孤僻而自我疏离，并没有真正的孤独感或者深层的不快感。他没有把自己看成一个悲剧。他认为，与其他的事情一样，他不寻常的个性使他能够比其他人更好地集中精力。在他的心目中，所有这些都要归于他的义眼所带来的翘曲效应。"这就是为什么我会认为大家觉得我与众不同，"他说，"这也是为什么我会认为自己与众不同。"怀着自己是与众不同的这一想法，当他以同样怪异的方式与华尔街邂逅的时候，他并没有发现在他身上发生了什么特别的事情。

1996年11月的一个深夜，当时他轮职到了田纳西州纳什维尔的圣托马斯医院心脏病科，他登录一台医院的电脑，点击进入了一个名叫硅谷投资者的留言板。他在那里创建了一个叫作价值投资的群。在浏览过留言板上所有有关投资的内容后，他决定多学一点儿有关"在真实世界里投资"的知识。当时人们对互联网股票的狂热席卷了整个市场。在1996年前后的那段时间里，一家为硅谷投资者建立的网站，对于冷静理智的价值投资者来说并不适用。但是，依然有很多人加入，而且每个人都表达了自己的看法。有些人抱怨说，一名医生的投资观点根本没有任何意义。但是，随着时间的推移，巴里逐渐主导了这个群里的讨论。迈克尔·巴里意识到，群里的那些人开始重视他的建议，而且根据他的建议来赚钱。

当他意识到自己已经不能从这个群里学到任何东西时，巴里就退出了这个群，并创建了一个后来被称为“博客”但在当时还很古怪的东西。他在医院里要进行16个小时的轮班，写博客的时间主要是在午夜和凌晨3点之间。在他的博客上，他公开了自己在股票市场中的交易，以及他做这些交易的理由。人们发现了他，正如一家大型价值基金的理财经理所说：“我最疑惑的是，他是在什么时候做这些事情的？这个家伙是一名实习医生。我只看到了他一天中非医生的那个部分，就已经深感敬畏了。他把他的交易展示给人们看，人们在实时地跟着他做。他在做价值投资——在互联网泡沫时期，他购买有价值的股票，这正是我们在做的。但是，我们在亏损，我们的客户在流失。他却忽然之间冲上了巅峰，他赚了50%。这是不可思议的，他是超人。而且，我们不是唯一看着这一切发生的人。”

迈克尔·巴里不可能真切地看到谁在跟随他的操作，但是他知道这些人的IP地址（互联网协议地址）。刚开始的时候，他的读者来自EarthLink（美国一家互联网服务提供商）和美国在线，只是些随机的网友。然而，很快地，情况就改变了。访问他网站的人有来自共同基金的，像富达基金，还有来自华尔街大型投资银行的，像摩根士丹利。一天，他在博客上批评了先锋基金（Vanguard）的指数型基金，没过一会儿，他就接到了先锋基金的律师要求他停止和撤销评论的来函。巴里怀疑，某些认真的投资人或许真的会严格按照他博客上所说的建议来行动，但是他并不清楚他们是谁。“市场找到了他，”费城共同基金的经理说，“他发现了其他人还没有看到的模式。”

到1998年，巴里要去斯坦福大学医院从事神经科住院医生工作时，他在午夜和凌晨3点之间所做的工作已经使他在价值投资领域成为一个微小却很有意义的中心。此时，市场上对互联网股票的狂热已经完全失控，而且已经传染到了斯坦福大学医院。“尤其是这里的医生，以及某些科室的职员，已经被互联网泡沫完全俘虏了，”巴里说，“他们中有少部分人会跟风买入股票而且畅所欲言地讨论它们。宝利通、科亿尔、睿城、Pets.com（一家宠物网站）、TIBCO（一家软件公司）、微软、戴尔、英特尔是我印象特别深的，还有很多网络公司，我的大脑已经自动把它们过滤掉了……我只是紧闭着嘴，不想让那里的任何人知道我在博客上所做的事情。我觉得，如果这里的医生知道我没有全身心地投入医学学习，我就会遇到大麻烦。”

总是担心自己看起来对医学不够投入的人，可能真的是不够投入。在医学领域越深入，巴里就越感觉到自己在与人相处方面存在着问题。他曾经试图埋首于病理学领域，因为在这个领域的人面对死亡时表现得很从容，但是也没有用。（“人死如灯灭。人死得越多，灯灭得越多。我需要更加理性。”）

新的百万富翁诞生了

巴里搬回了圣何塞，办完父亲的后事，再次结婚。当他关闭了他的博客网页，并且宣布他将放弃神经病学的学习，去做一名理财经理的时候，他被专家误诊为躁郁症患者。斯坦福大学神经科学系的主任认为他已经失去了理智，让他用一年的时间来慎重考虑这个决定，但是他已经考虑清楚了。“我发现这件事情很有吸引力，而且似乎是触手可及的。”他说，“只要能管理好一个投资组合，我将获得我生命中的成功，那也就意味着别人认为我是哪一类人并不重要，尽管我自己觉得我是一个好人。”他当时只有 4 万美元的资产，还欠着 14.5 万美元的学生贷款，这就出现了一个很现实的问题：他应该建立一个什么样的投资组合？他的父亲死于一次误诊：一名医生没有发现 X 光片上显示出来的癌变。父亲死后，家里得到了一小笔赔偿金。父亲对股票市场一直持不赞成的态度，但是他的死亡赔偿金却帮助他的儿子进入了股票市场。他母亲得到了 2 万美元，他们三兄弟每人得到了 1 万美元。利用这笔钱，迈克尔·巴里开办了子孙资本公司（Scion Capital）。（在孩提时代，他就喜欢《莎娜拉的子孙》这本书。）他写了一份野心勃勃的备忘录，来吸引那些与他没有血缘关系的人。“投资者的最低净值要求是 1 500 万美元。”他说。有意思的是，他的这个规定不仅把自己，而且把他认识的所有人都排除在外了。

在手忙脚乱地找办公室、买家具、开立经纪账户的时候，他接到了几个令人吃惊的电话。第一个电话来自一个位于纽约市的大型投资基金——戈坦资本公司（Gotham Capital），这家公司由价值投资大师乔尔·格林布拉特（Joel Greenblatt）创办。巴里读过格林布拉特的书《你能成为股市天才》（*You Can Be a Stock Market Genius*）。（“我讨厌书的名字，但是喜欢书的内容。”）格林布拉特的下属告诉他，他们曾经运用他的投资理念赚过钱，而且希望能够继续下去。或许迈克尔·巴里可以考虑允许戈坦资本公司投资他的基金？“乔尔·格林布拉特亲自打电话对巴里说：‘我一直在等着你离开医疗行业。’”

戈坦资本公司出钱让巴里和他的妻子坐飞机到纽约——这可是迈克尔·巴里第一次坐飞机去纽约，也是第一次坐头等舱，他们还为他安排了洲际酒店的一间套房。在去与格林布拉特商谈的路上，巴里很焦虑，备受煎熬，每当要与人进行面对面接触的时候，这种情况总是困扰着他。让他略感放松的是，戈坦资本公司的人似乎已经读过很多他写的东西。“如果你看过我写的东西，然后再跟我谈话，进展就会很顺利。”他说，“我和那些没有读过我写的东西就来见我的人几乎从来都谈得不顺利。他在中学的时候情况就已经是这样了，甚至连老师都是这样。”他就像一个活的盲测实验对象：在你的视线移到他身上之前，你就必须决定你是否认同他。在这个方面，他处于形势非常严峻的劣势地位，因为他还不知道，一名理财经理的外表对于他的工作来说具有多么重要的意义。“他在与我见面的前一天给我打电话，”他的一名网友说，该网友正是一名职业理财经理，“他问我：‘我应该穿什么？’他连条领带都没有。他有一件蓝色的运动外套，是为参加葬礼准备的。”这是迈克尔·巴里的另外一个怪癖。在文章里，他表现得很正经，甚至有一点儿古板，但是在现实生活中他却很随便。在步行去戈坦资本公司的半路上，他慌慌张张地跑进一家领带店，买了一条领带。

去戈坦资本公司的时候，是巴里已度过的人生中穿着最正式的一次，他去见朋友的时候都是穿T恤和短裤的。整个会谈的过程是这样的：

“我们打算投给你100万美元。”

“你说什么？”

“我们打算买入你新建立的对冲基金的25%，出价100万美元。”

“你们真的要买？”

“是的，我们会投资100万美元。”

“必须是税后！”

巴里曾经有过这样一个想法，某一天，他的身价会达到百万美元，而且是税后。无论如何，在他完全弄清楚他们的意思之前，最后的那句话已经脱口而出了。而且，他们竟然同意了！在那一刻，根据他在博客上写的，他从一个债务缠身、资产净值为负10.5万美元的医学院学生，变成了一个有一小笔未到期贷款的百万富翁。巴里不知道，这其实是乔尔·格林布拉特第一次做这样的事情。“他显然是一个极其优秀的家伙，这样的人并不是很多。”格林布拉特说。

在这次奇遇之后不久，巴里又接到了来自保险控股公司白山公司的电话。白山公司由杰克·拜恩（Jack Byrne）管理，他是沃伦·巴菲特朋友圈的成员，而且他们也与戈坦资本公司交流过。“我们不知道你要卖掉你公司的部分股权。”他们说。巴里解释道，直到几天之前，他自己也没有意识到这一点，当时有人为此给出了税后 100 万美元的报价。原来，白山公司也一直在密切关注着迈克尔·巴里。“最让我们好奇的是，他是一名神经科住院医师，”基普·奥伯丁说，他当时在白山供职，“他是在什么时候做这些事情的呢？”巴里用他基金中的很小一部分份额从白山公司拿到了 60 万美元，白山公司还承诺向他投资 1 000 万美元。“确实，”奥伯丁说，“他是唯一一个我们在互联网上发现并且主动给他打电话，还给了他钱的人。”

大获成功

在迈克尔·巴里开展业务的第一年，他与社会上固有的管理资金的习惯做法展开了斗争。“通常情况下，除非你与客户沟通得很好，否则你是筹不到任何资金的。”他说，“一般来说，我不希望一天到晚围着人转。那些跟我交往的人基本都知道这一点。”他参与了一次由美国银行举办的旨在向富有的投资者介绍新基金经理的会议，那些参会的人都清楚这一点。他在会上做了发言，在发言中他指出，他们评估风险的方法非常愚蠢。他们用波动幅度来评估风险，即在过去几年间一只股票或者债券上下波动的情况。真正的风险不是波动，而是愚蠢的投资决策。“总的说来，”他后来说道，“富人中最富的那些人以及他们的代表都认为，绝大多数基金经理都是很平庸的，比较好的那些基金经理能够在低于平均水平的波动情况下，取得平均水平的回报。按照他们的逻辑，第一天 1 美元卖 50 美分，第二天卖 60 美分，第三天卖 40 美分，其价值要低于 1 美元连续三天都卖 50 美分。我想说的是，能够以 40 美分买入 1 美元代表的是机遇而不是风险，而且 1 美元仍然价值 1 美元。”他所得到的回应是一片沉默，以及独自一人吃午餐。他坐在一张大圆桌边，眼巴巴地看着人们围坐在其他桌子旁快乐地交谈。

当他面对活生生的人发言的时候，巴里永远也说不清楚到底是谁在讲话，是讲话的内容本身，还是他这个人。他对沃伦·巴菲特进行过很深入的研究，因为巴菲特不仅取得了极大的成功，而且受到了狂热的追捧。巴菲特过去在与人相处方面也遇到过问题，那时他还年轻。他通过一个戴尔·卡内基的培训课程学会了怎样以更加有益的方式与周围的人相处。迈克尔·巴里出生在一个具有不同的金钱文化的世界中，互联网已经取代了戴尔·卡内基。他不需要去面对人，他可以在网上表达自己的想法，等着投资者来找他。他可以将他内心深处的想法写出来，等着人们来阅读，然后把自己的钱汇给他，让他来打理。“对我来说，巴菲特太受欢迎了，”巴里说，“我永远也不可能拥有那种慈祥的祖父形象。”

这种吸引资金的方式适合迈克尔·巴里，更令人高兴的是，它的实施情况还不错。他以略多于100万美元的资金启动了子孙资本公司，这些钱来自他的母亲、兄弟以及他自己的100万美元。在第一个营业年度，即2001年，标准普尔500指数下跌了11.88%，子孙资本公司的净值上涨了55%。第二年，标准普尔500指数再次下跌，跌幅达22.1%，而子孙资本公司的净值再次上涨16%。2003年，股票市场成功反转，上涨了28.69%，而迈克尔·巴里再次胜出——他的投资组合价值上涨了50%。到2004年年底，迈克尔·巴里已经管理着6亿美元的资金，而且不再接受新的投资。“如果他以将自己所管理资金最大化的方式来进行投资，他现在应该管理着好几十亿美元。”以质疑的态度观察着巴里表现的一名纽约对冲基金经理说，“他按照不适合业务但是适合投资的方式，设计了子孙资本公司。”

“资本的募集或许是一场魅力的比拼，”巴里在写给他的投资者的信中说，或许是为了让他们放心，不管他们是否喜欢或了解他们的理财经理，这些都无关紧要，“而聪明的投资正好是相反的。”

沃伦·巴菲特有一位尖酸刻薄的合伙人查理·芒格，他显然不像巴菲特那样在乎别人是否喜欢他。1995年，芒格在哈佛商学院进行过一次演讲，题目是“人类误判时的心理特征”。芒格说，如果你想预测人们会怎么表现，只需要看他们的动机就足够了。联邦快递的夜班工人总是无法按时完成任务，他们尝试了所有办法来提高投递的速度，但却没有任何效果。直到他们不再按照工时，而是按照班次来给夜班工人发薪水，问题才得以解决。施乐公司开发了一款更好的新机器，但是销售情况始终不如以前那些性能较差的型号，最后他们发现，推销员销售老机型拿到的佣金反而更多。“嗯，你会说，这一点谁都应该知道呀。”芒格说，“我认为，我应该算是我的同龄人中最清楚动机能量的人之一，但是在我的一生之中，我还是低估了动机的作用，而且年复一年，这一点从未改善。”

芒格的说法也清楚地解释了迈克尔·巴里对股票市场以及市场中的这些人所持的看法。“我看了那份讲话稿，我同意他所说的每一个字。”巴里说。他还补充道：“芒格也有一只义眼。”巴里对这个问题有他自己的观点，这源于他的学医经历。即使在面对生死时，医生、护士以及病人也要对坏的动机做出反应。比如，在阑尾切除手术报销比例很高的医院，医生切除的阑尾更多。眼外科的发展是另外一个很好的例子。20 世纪 90 年代，眼科专家靠做白内障手术来登上自己事业的顶峰。他们只需花费大约半个小时甚至更短的时间，医保中心就会为每例手术向他们支付 1 700 美元。20 世纪 90 年代末，医保中心将费用标准下调至每例手术 450 美元，导致眼科专家们的手术收入下降了。在美国，眼科专家们重新发现了一种效果尚不明确而且风险较大的手术，叫作放射状角膜切开术，这种还不成熟的手术作为对隐形眼镜佩戴者的治疗手段而得到推广。“事实上，”巴里说，“手术动机是为了维持他们的高收入，开始时通常是一两百万美元，调整则会紧随其后。于是，这个行业又会马上去寻找危险性较低的治疗手段，准分子激光原位角膜磨镶术应运而生。”

因此，当迈克尔·巴里开始发展自己的事业时，他要确保自己有恰当的动机。他不赞同对冲基金经理们的典型做法。收取基金净值的 2% 作为佣金是绝大多数基金经理的收费标准，这意味着他们只需要把投资人的钱汇聚起来就能够拿到钱。子孙资本公司向投资人收取的只是他真实的支出，基本上不会超过资产的 1%。要让自己赚到钱，巴里必须先让投资者的资金增值。“想想子孙资本公司的起步，”他的一位早期投资者说，“这个家伙并没有钱，但是他却选择放弃其他所有对冲基金经理都会收取的费用。这种情况闻所未闻。”

从一开始，子孙资本公司就以颇具喜剧色彩的方式大获成功。到 2005 年年中，在大盘指数下跌 6.84% 的时候，巴里的基金却增长了 242%，并且停止了申购。对于他那些狂热的追随者来说，股票市场无论是涨是跌似乎都无关紧要；迈克尔·巴里敏锐地找到了投资的地方。他不采用杠杆方式，并且避免卖空股票。除了购买普通股票外，他没有任何其他诀窍，坐在屋里阅读财务报表是他所做的最复杂的工作。他以大约每年 100 美元的价格订阅了 10-K Wizard（一家为美国证券交易委员会提供文件研究与即时服务的供应商）提供的证券交易数据。子孙资本公司的决策平台由一个人组成，那里房门紧闭，他在暮色中思索，紧盯着从公开渠道获得的信息以及 10-K Wizard 提供的数据。他关注法庭裁决、交易记录、政府政策变化，以及任何可能改变公司价值的信息。他经常会出现被他自己称为“ick 投资”的情况。2001 年 10 月，他在信里向投资人解释了这个概念：“ick 投资的意思是，对激发了‘ick’第一反应的股票产生进行特别分析的兴趣。”

价值投资法

先驱公司是一个很好的例子，巴里通过在新闻里搜索“同意”这个关键词找到了这家公司。他知道，在竞争中毫无优势的他需要找出非常规的方式，让胜利的天平倾向他这边，而这通常意味着必须找到其他人还没有意识到的不寻常的形势。“我不想找关于骗局和欺诈的新闻报道，”他说，“那种做法太过保守了，我希望能够有超前意识。我寻找的是那些在法庭上发生的或许能够把我们引向一个投资主题的事情。比如法庭同意了某个论据，同意了某个请求，同意了某项和解。”法庭同意了一家名叫先驱公司的软件公司的请求。先驱公司曾经被起诉从一家竞争对手处偷窃了软件的源代码，并以此作为先驱公司全部业务的基础。该公司拥有 1 亿美元的银行存款，每年能够产生 1 亿美元的自由现金流，而公司的市值只有 2.5 亿美元！迈克尔 · 巴里开始对它进行仔细的研究，在他完成这项研究的时候，地球上没有谁比他更了解先驱公司了。他能够看出来，尽管先驱公司的高管被关进监狱（这是他们应得的），而且支付了罚金（这也是应该的），先驱公司仍然要比当时人们普遍认为的更值钱。它的大多数工程师都是持工作签证的外国公民，在获得绿卡之前，任何人都不会辞职，从而公司不会有因员工离职而造成的风险。然而，要想在先驱公司的股票上赚到钱，必须先承受短期的亏损，因为投资人在对负面消息做出恐慌应对的时候，会大量抛售他们手中的股票。

巴里在 2001 年 6 月以每股 12 美元的价格买入了他的首批先驱公司股票。随后，先驱公司管理层的照片出现在《商业周刊》的封面上，上面的大标题是“犯罪者被惩处了吗”。股价跳水，巴里买入更多。先驱公司的管理层入狱，股价跌得更凶，迈克尔·巴里继续买入。先驱公司的股价一路下跌到了每股 2 美元，巴里成了先驱公司最大的单一股东，他向管理层施压，要求变革。“（前首席执行官）的罪行不再是目前管理层的一个组成部分，”他给新老板写信说，“先驱公司有机会展示它对持股人的关怀。”8 月份，在另外一封电子邮件中，他写道：“先驱公司仍然让我觉得我好像在与一个乡下的荡妇睡觉。无论我的需求得到了多么大的满足，我也不会拿它去向别人炫耀。‘蹑手蹑脚’的原因与经营情况无关。”4 个月之后，先驱公司以每股 22 美元的价格被收购。“这是典型的迈克尔·巴里式做法，”他的一名投资人说，“投资收益最终涨了 10 倍，但是，一开始可能会下跌一半。”

这不是大多数人所喜欢的那种投资类型，但是，巴里认为，这是价值投资的精髓。他的工作就是大声反对大众的看法。如果他对短期的市场波动过分在意，他就无法做到这一点，所以他不允许他的投资人随时提取资金，就像绝大多数对冲基金的做法那样。如果你把钱交给子孙资本公司去投资，你的资金至少要被锁定一年。巴里把他的基金设计得能够吸引那些长期投资股票的人——他们想下注在股价会上涨，而不是股价会下跌上。“从本质上讲，我不是一个空头，”他说，“一般来说，我不会为了做空而去寻找合适的公司。从根本上，我非常希望股价上涨，而不是下跌。”他也不主张冒险卖空股票，因为从理论上讲，这么做的风险是无限的。下跌最多也就到零，而上涨却是无限的。

一般来讲，投资做得好的人，其实是因为他对风险给予了正确的补偿价格。巴里越来越觉得他没有做到这一点，而且问题不局限于具体的某只股票。互联网泡沫已经破灭，但在泡沫中心圣何塞，住房价格仍在上涨。他研究了房屋建筑公司的股票，以及为住房抵押贷款提供保险的公司的股票。他在 2003 年 5 月给他的一个朋友——一名一流的美国东海岸专业投资人——的信中说，房地产泡沫正在被抵押贷款放款人的非理性行为吹得越来越大，他们正在不断放松信贷要求。“你必须仔细观察，即便是前所未有的几乎没有任何限制的信贷，也不可能把（住房）市场推得更高了。”他写道，“我极度悲观，结果很可能是美国住宅地产价格轻而易举地下跌 50%……如果人们相信价格不会再上涨，目前大量在当前价格上产生出来的（住房）需求就会消失，其间接损失可能远比大家想象的情况严重。”

与一个体系对赌

当巴里在2005年年初准备对赌次级抵押贷款债券市场的时候，他遇到的第一个大问题是，有可能卖给他信用违约掉期产品的华尔街投资银行并不和他一样急切。迈克尔·巴里相信，他必须现在押注，在美国住房市场清醒过来并且恢复理智之前动手。“我并不认为相关的抵押贷款池的恶化程度会在今后几年内达到临界水平。”他说，这个时候，诱惑利率应该已经终止，每月的还款金额将直线上升。但是，他认为，市场将不可避免地看到他现在已经发现的这些问题，并做出相应的调整。华尔街的某些人可能会注意到次级抵押贷款的风险出现了异乎寻常增大的情况，并相应提高为其提供保险的价格。“在我启动这个交易前，这个泡沫会越吹越大。”他在一封邮件里这样写道。

由于巴里通过邮件处理他生活中的所有事情，他在不经意间从第一个零售客户的角度保留了一个新市场诞生的记录。回想起来，最令人惊异的事情莫过于华尔街公司转变的超快速度。眨眼之间，它们就从迈克尔·巴里给它们打电话询问针对次级抵押债券的信用违约掉期产品时的一无所知，转变为重新建立它们的业务，让新的金融衍生品牢牢占据业务的中心位置。最初的抵押贷款市场出现时也几乎是以同样的方式，为了极少数金融界高端人士的利益，在一片巧言令色中仓促登场。但是，市场的成熟还是经过了很多年的；而这个新的市场却会在几个月之内迅速扩大、进行商品流通并进行市值达数百亿美元的风险交易。

如果迈克尔·巴里要为一大堆次级抵押贷款债券购买保险，他所需要的第一样东西就是某种被广泛接受的制式合同。卖给他针对次级抵押贷款债券的信用违约掉期产品的人，有一天会欠他一大笔钱，他怀疑对方或许会赖账。一份适当的合同不仅可以防止他们那样做，而且还可以让他很容易地把他买到的东西卖给其他人，并通过市场交易寻找到合理的价格。国际互换与衍生品协会有义务为新的证券业务提供规范条款。该协会已经拥有一整套现成的规则，来管理针对企业债券的信用违约掉期产品。对企业债券的保险相对来说比较简单：市场上存在一种被叫作“违约”的事件，它要么发生，要么不发生。如果公司不能支付利息，你必须帮它解决。保险的购买者或许不能收回所有应该收回的钱，就像债券持有人不会颗粒无收一样，因为公司的资产多少总能值点儿钱。但是，一个独立的法官可以以总体上公平的方式决定到底能够收回多少。如果债券持有人收回 30% 而遭受了 70% 的损失，那么购买信用违约掉期产品的人就能拿到 70%。

以美国住房抵押贷款池为标的来购买保险则更加复杂，因为池子里的贷款不会同时违约，房主们会逐个违约。以德意志银行和高盛为首的交易商找到了一个聪明的解决方案：现收现付信用违约掉期产品。如果整个抵押贷款池崩溃，该掉期产品的购买者——保险的购买者——不是一次性得到赔付，而是按照单个房主违约的情况逐步获得赔付。

华尔街大公司的律师和交易员针对国际互换与衍生品协会提供的合同条款进行了几个月的讨价还价。巴里的律师史蒂夫·德鲁斯金（Steve Druskin）会不时跳出来，代表华尔街的客户发表观点。从历史上看，华尔街的公司总会担心其客户的信用程度，它们的客户通常抱有赌场肯定会付钱给赌赢的人的心态。迈克尔·巴里缺乏信心。“我不是在赌一只债券，”他说，“我是在赌一个体系。”他不想在高盛购买洪灾保险，因为当洪灾来临时，高盛将被冲毁，无法赔给他钱。随着保险合同价值的变化——随着洪水临近，在洪水真正摧毁整座建筑之前，他想让高盛和德意志银行提供担保，以反映他所拥有的资产价值的增加。

2005 年 5 月 19 日，在合同条款最终敲定的一个月前，迈克尔·巴里做成了他的第一笔次级抵押贷款交易。他从德意志银行购买了 6 000 万美元的信用违约掉期产品——针对 6 只不同的债券，每只买了 1 000 万美元——人们称其为“针对债券”。你不用为整个次级抵押贷款债券市场购买保险，而是为一只具体的债券买，巴里致力于寻找出真正适合的那几只债券来押注。他阅读了几十份说明书，粗略浏览的则达数百份之多，寻找风险最高的抵押贷款池，而且在那个时候，他仍然非常肯定（随后更是坚定不移）他是地球上除起草这些文件的律师之外，唯一阅读这些文件的人。同时，他应该也是唯一一个对这些住房贷款进行老式的银行信贷分析的投资人，而这样的分析本该在债券发行之前就已经完成了。然而，他做的是与传统银行家们完全相反的工作。他寻找的不是最好的贷款，而是最坏的贷款，他的目的是对赌这些贷款。

巴里分析了这些住房贷款的贷款与价值比率、针对这些房屋的第二留置权、这些房屋的地理位置、贷款说明以及借款人的收入证明等，以及几十个诸如此类的因素，以评估这些住房贷款成为坏账的可能性。然后，他找到了由这些最差的贷款所支撑的债券。让他非常吃惊的是，德意志银行似乎并不关心他选择用来进行对赌的债券的情况。从银行的观点看，所有的次级抵押贷款债券都是一样的。保险的价格不是由任何独立的分析来决定的，而是由穆迪和标准普尔对债券所做出的评级决定的。如果他想为被认为没有风险的 3A 级债券购买保险，他需要支付 20 个基点（0.2%）；对风险较高的 A 级债券，他要支付 50 个基点（0.5%）；而对更加不安全的 3B 级债券，他需要支付 200 个基点，也就是 2%。（一个基点是一个百分点的百分之一。）3B 级债券，指的是那些如果作为支撑的抵押贷款池遭受 7% 的亏损其价值就可能为零的债券，就是他所追求的。他觉得，这是一场非常保守的赌博，因为他可以通过分析找出更多可以确定的东西来。任何看过这些说明书的人都会发现，在一只 3B 级债券与其他债券之间存在着很多致命的差异，比如，它们的支持性抵押贷款池里所包含的只付利息贷款的比例。巴里开始挑选出自己中意的那些最差的债券，而且还有点儿担心投资银行会知道他对具体的抵押贷款债券的了解程度，从而调整它们的价格。

银行再一次让他大吃一惊，但也让他满心欢喜：高盛通过电子邮件给他发了一长串垃圾抵押债券的名单，供他挑选。“说真的，这真的吓坏我了，”他说，“这些债券的价格都是按照三家大型评级公司中的一家给出的最低评级来定的。”他可以从名单中挑选，而且不会让它们注意到他对次级抵押贷款债券知识的掌握程度。这就像你能够以建在山顶上的房子的投保价格为建在山谷里的房子购买洪灾保险一样。

疯狂地下注

市场还没有做出反应，但是这并没有阻止其他的华尔街公司继续跳进去，部分原因是迈克尔·巴里不停地骚扰它们。他在几周之内不停地拜访美国银行，一直到对方同意卖给他 500 万美元的信用违约掉期产品为止。在发出确认这笔交易的电子邮件 20 分钟后，美国银行又收到了巴里的另外一封电子邮件：“那我们再做一笔？”在几周之内，迈克尔·巴里从近 10 家银行中购买了好几亿美元的信用违约掉期产品，每笔 500 万美元。卖方中没有谁表现出对它们要提供保险的债券有什么特别关注的迹象。他发现了一个抵押贷款池，其中全部都是浮动利率负摊销抵押贷款——借款人可以选择根本不支付任何利息，以至于积累出越来越高额的债务，直到最后出现违约。高盛不只卖给他保险，还给他寄了一张贺卡，祝贺他成为华尔街上以及华尔街以外有史以来第一个为这些东西购买保险的人。“我正在教育这里的专家。”巴里在一封电子邮件里叫嚣道。

他没有浪费太多时间去思考这些所谓的非常精明的投资银行家愿意以如此低廉的价格卖给他保险的原因。他担心别人可能随时清醒过来，使这个机会不复存在。“我会尽可能只做不说，”他说，“对他们装出一副我并不清楚自己在做什么的样子。‘你怎么又这样做呢？’‘哦，我从哪儿能找到这些信息？’或者‘真的吗？’当他们告诉我某些一目了然的事情时，我会给出这样的反应。”这是他与世隔绝多年所获得的额外好处之一：他能够很容易地相信自己是对的，而除他之外的整个世界都是错的。

开展这项新业务的华尔街公司越多，他就越容易下注。在刚开始的几个月，他每次最多只能做空 1 000 万美元。随后，在 2005 年 6 月末，他接到某个人从高盛打来的电话，问他是否愿意把他的交易规模增加到每笔 1 亿美元。“这里需要记下来的是，”他在第二天完成交易后写道，“这是 1 亿美元。这是一笔金额堪称疯狂的资金。而且，它就像是一笔三位数而不是九位数的资金一样，被随意地抛来抛去。”

到 2005 年 7 月底，巴里已经拥有价值 7.5 亿美元的针对次级抵押贷款债券的信用违约掉期产品，而且私下里他得意扬扬。“我相信，在这个星球上还没有别的对冲基金拥有这种类型的投资，投资组合的规模也不可能接近这个程度。”他在给他的一位投资人的邮件中写道。这位投资人隐隐约约地感觉到，这位对冲基金经理好像制定了某种新颖的战略。现在，巴里禁不住想了解，他在这些交易中的对手到底是谁，哪个疯子会卖给他如此大金额的针对那些他精挑细选出来行将毁灭的债券的保险？信用违约掉期是零和游戏。如果迈克尔·巴里在他挑选出来的次级抵押贷款债券出现违约时赚到了1亿美元，就必然有人亏损1亿美元。高盛很清楚地说明了最终的卖家不是高盛，它只是在保险买家和卖家之间赚取差价。

虽然不知愿意卖给他如此巨额的廉价保险的人是谁，但这件事情让迈克尔·巴里产生了另外一个想法：成立一只基金，其他什么也不做，专门用来购买针对次级抵押贷款债券的保险。用本来打算购买股票的6亿美元来做这件事情，他下的赌注堪称大手笔。但是，如果他能够筹集到明确表示将用于这个新途径的资金的话，他还能够多做几十亿美元的交易。8月份，他为一个他命名为“弥尔顿的代表作”的基金写了一份建议书，并寄给了他的投资人。(他们问的第一个问题如出一辙：“弥尔顿的代表作是什么？”他会回答：“是《失乐园》。”但是，这个回答又总是会引出其他问题。)这位选股冠军为什么被这些叫作信用违约掉期的神秘的保险合同弄得神魂颠倒，绝大多数投资人对此仍然不明就里。很多人对此毫不关心，有几个人则开始想，这是否意味着他已经用他们的钱来做这件事了。

巴里不仅没筹到更多的钱来购买针对次级抵押贷款债券的信用违约掉期产品，他连维持已有的资金规模都非常困难。他的投资人很愿意让他代表他们选择股票，但是他们都对他预测宏观经济走势的能力表示怀疑。他们当然不明白，他怎么可能会对几万亿美元的次级抵押贷款债券市场具有特别的洞察力。“弥尔顿的代表作”很快胎死腹中。

2005 年 10 月，在他致投资人的信中，巴里最终做出了彻底的澄清，让他们知道他拥有至少 10 亿美元的针对次级抵押贷款债券的信用违约掉期产品。“有时候，市场出错反而是我们的美妙时刻。”他写道。

> 当有人为美国在线提供现金去购买时代华纳的时候，市场出错了。当他们对赌乔治·索罗斯会保卫英镑的时候，市场出错了。而且，市场现在仍在出错，它对历史上最显而易见的信贷泡沫熟视无睹。机会是难得的，而能把几乎无限的资本投入一个具有巨大回报潜力的项目的机会更是微乎其微。今天，选择性地做空由历史上问题最大的抵押贷款所支撑的证券，就是这样一个千载难逢的机会。

和投资人论战

2005 年第二季度，美国的信用卡犯罪率创下新高，尽管住房市场已经进入了繁荣期。也就是说，虽然有这项资产作为借款担保，但美国人偿还债务的难度还是比以前更大了。美联储提高了利率，但是抵押贷款的利率仍在实质性地下降，因为华尔街正在寻找前所未有的狡猾办法让人们去借钱。巴里现在已经有了 10 亿美元以上的赌注，除非他筹措到更多的资金，否则他无法继续下更大的注。所以，他只能对他的投资人和盘托出：美国抵押贷款债券市场是巨大的，比美国国债市场要大得多。整个经济体运行的前提条件是它的稳定性，而它的稳定性反过来又取决于住房价格的持续上涨。“资产泡沫只有在破灭以后才能被认识到的想法是荒谬的。”他写道，“在泡沫开始膨胀的时期，其实存在很多可以识别它的具体指标。狂热的一个特征就是欺诈发生率和复杂性的快速上升……根据美国联邦调查局的报告，与抵押贷款有关的诈骗案数量自 2000 年以来增加了 5 倍。”不良行为不再只是出现在一个大致健康的经济体的边缘，而是成为其核心特征。“与住房相关的现代欺诈链条的一个突出的特点是，它成为我们国家机构的组成部分。”他补充道。

这与巴里过去两年在给投资人的信件中曾经说过的那些话有着相似之处。2003 年 7 月，他曾经给他们写了一封长信，详细解释了他认为可能出现房市崩溃的原因以及可能造成的后果：“艾伦 · 格林斯潘信誓旦旦地告诉我们，住房价格不会以全国性的规模向泡沫——或者说严重的通货膨胀——靠拢。”他说：“可以肯定地说，这种说法是荒唐的……1933 年，在大萧条的第四个年头，美国发现自己处于住房危机中，住房价格最低的时候只有 1925 年水平的 10%，全部住房抵押贷款中大约有一半出现违约。在整个 20 世纪 30 年代，住房价格在全美范围内下跌了大约 80%。”他在 2004 年再次谈到这一问题，2005 年 1 月又提了一次：“想以每月支付 25 美元的价格借到 100 万美元吗？快速贷款公司正在提供一种只付利息的可调利率抵押贷款，借款人享有 6 个月零月供，利率低至 0.03%，毫无疑问，这是为了支持美国的精英分子——那些短期现金流有问题的买房者。”

当巴里的投资人知道，他们的理财经理确实已经把他们的钱投入了他经常提到的信贷违约掉期产品中时，他们真的不高兴了。按照其中一名投资者的说法：“巴里是最好的选股人，这是大家所公认的。可他在做什么呀？”有些投资人非常苦恼，他们雇来挑选股票的家伙居然擅自选择了垃圾抵押贷款债券；有些人则在思忖，要是投资信用违约掉期产品是如此好的一桩生意，那为什么高盛会愿意出售？有些人质疑这种企图站上 70 年住房价格周期高点的智慧；有些人并不真正理解信用违约掉期的确切含义，也不知道它怎么运作。“我的经验告诉我，很少有人能认同预测到的美国金融市场的末日。”一位投资人在写给巴里的信中说，“在我们职业生涯的大部分时间里，有很多次机会可以预测到美国金融市场的毁灭性灾难，但是我们都没有意识到。”巴里回复说，尽管他的确预见到了金融市场的末日，但是他不想在这上面下注。这就是信用违约掉期产品的美妙之处：只要这些有问题的抵押贷款池中有很小一部分出问题，他就可以赚到大把的钞票。

不期然地，在巴里与他的投资人之间爆发了一场论战，这是他最不喜欢的事情之一。“我不喜欢跟投资人讨论想法，”他说，“因为我在那种时候会为我的想法辩护，而这会影响我的思维过程。”一旦你成为一种思想的辩护者，你就很难改变对这个问题的想法。巴里没有选择，在把钱交给他代为投资的人中，存在一种非常明显的怀疑态度。他们可以理解为什么这个聪明绝顶的人在财务报表里搜寻一番，就能发现那些没有人关注的小企业；但是，他们不明白，对于那些被经常看电视新闻的美国人视为显而易见的趋势和全球力量的变化，为什么他会有着更为深刻的理解。“我听说，白山公司希望我坚持我一如既往的工作，”他恼怒地给他的支持者写信说道，“尽管我并不清楚，白山公司是否能够从历史的角度真正理解我一如既往的工作是什么。”似乎没有人能够明白那些对他来说如此浅显的东西：这些信用违约掉期产品全都是他在全球范围内探寻到的价值的组成部分。“我在寻找价值的过程中，连气都不喘一下，”他在信中这样告诉白山公司，“没有高尔夫球或者其他的爱好来分散我的注意力。发现价值就是我所做的一切。”

在巴里创办子孙资本公司的时候，他告诉过他的潜在投资人，他的业务不同于流行的投资业务，因此他们应该用长期的标准来评价他，比如说 5 年。现在，他被人们以分钟来衡量。“以前人们之所以投资给我，是因为我写的那些信。”他说，“但投资之后，他们就不再读我写的信了。”他令人惊异的成功吸引了大量的新投资人，但是他们对他的企业精神的关注，远远少于对他能够尽快为他们赚到多少钱的关注。每个季度，巴里会告诉他们从他挑选的股票中赚了多少或者赔了多少。现在，他还必须解释，要从这个数字中扣除次级抵押贷款债券的保险费。他的一名身在纽约的投资人给他打电话，不怀好意地说：“你知道吗，很多人都在讨论从你这里撤资的问题。”

由于他们的资金都要按合同约定在子孙资本公司内部锁定一段时间，投资人唯一能做的就是给他发阻挠性的电子邮件，要求他调整投资策略。“人们会为正负 5% 的差异担忧好几年，”巴里在给一名反对这个新投资战略的投资人的回信中说，“但真正的问题是：在 10 年间，谁的业绩能每年提高 0.1 个基点？我坚信，要实现这个目标，我必须正视过去和今后的几年，如果基本面如此，我就必须在面对大家的不满时坚定不移。”在他开始操作这项投资的 5 年内，他的考核标准——标准普尔 500 指数下跌了 6.84%。在同一时期，他告诉他的投资人，子孙资本公司的净值上涨了 242%。他当时认为，他能够赚到上吊用的绳子，但是他错了。“我在建造一座壮观的沙雕城堡，”他写道，“但是没有人能够阻止大浪一次又一次地袭来。”

与华尔街做交易

奇怪的是，尽管迈克尔·巴里的投资人越来越不安，他的华尔街同人们却开始对他所做的一切表现出一种新的满怀嫉妒的兴趣。2005年10月末，高盛公司的一名次级债券交易员给他打电话，问他为什么要买入针对特定次级抵押贷款债券的信用违约掉期产品。这位交易员说漏了嘴，原来有不少对冲基金给高盛打电话，询问“怎么做空子孙资本公司正在做的那种住房交易”。在那些咨询者中，就有巴里曾经游说过的人，那些人已经开始表现出极大的兴趣。“这些人基本上对这项交易一无所知，但希望高盛能够帮助他们复制。”巴里在给他的首席财务官的一封邮件中写道，“我怀疑高盛帮了他们，尽管高盛的人表示否认。”如果不是其他原因，他现在应该明白，为什么他无法为“弥尔顿的代表作”募集到资金了。“如果我把项目描述得到位，听起来令人信服，人们就会觉得他们可以自己干。”他告诉他的一位好友，“如果我描述得不到位，听起来很可怕而且模棱两可，我就筹不到资金。”他缺乏推销才能。

此刻，次级抵押贷款债券市场的状况好像开始明朗起来。很意外地，在11月4日，巴里收到了德意志银行负责次级债券业务的主管格雷格·李普曼的电子邮件。按照德意志银行的说法，在6月份的时候，由于巴里对抵押权的要求过分苛刻，所以德意志银行停止了与迈克尔·巴里的业务关系。现在，这个家伙提出，他想回购子孙资本公司在 5 月份购买的 6 只信用违约掉期产品。由于 6 000 万美元在巴里的投资组合里只占很小的比例，而且他也不想再与德意志银行有什么瓜葛，因此他以一个能赚到利润的价格卖给了他。格雷格 · 李普曼很急切地写了回信，连语法正误都顾不上了："你愿意卖给我们一些别的债券吗？我可以告诉你我们能出什么价。"

德意志银行的格雷格 · 李普曼想买他的 10 亿美元信用违约掉期产品！"谢谢你来询价，李普曼，"巴里回复道，"到目前为止我们的情况还不错。"他长出了一口气，想了想，多奇怪的事情啊。我与德意志银行已经有 5 个月没有业务往来了，格雷格 · 李普曼是怎么知道我拥有这笔巨大的信用违约掉期产品的呢？

三天之后，他接到了一个来自高盛的电话。高盛的推销员韦罗妮卡 · 格林斯坦（Veronica Grinstein）用手机打给他，这是为了避免谈话被录音。（华尔街公司现在对所有从公司办公室打出去的电话都进行录音。）"我希望你特别关照我一下。"她提出。她也想买下巴里所持有的信用违约掉期产品。"管理层很关心。"她说。他们认为交易员卖出了这些保险，却无处回购，她想问迈克尔 · 巴里能否卖给他们 2 500 万美元的次级抵押贷款债券信用违约掉期产品。"你也明白，这只是为了安抚高盛的管理层。"她说。挂断电话后，巴里联系了美国银行，只是想碰碰运气，看看它是否能多卖给他一些信用违约掉期产品。美国银行不答应，它自己也想买。随后是摩根士丹利，这又是一次意外。巴里与摩根士丹利没有太多的业务往来，但是很显然，摩根士丹利也想买他手里的那些产品。至于这些银行为什么忽然都对次级抵押贷款债券信用违约掉期产品这么感兴趣，他不知道确切的原因，但是有一个显而易见的理由：这些贷款会在突然之间以一个惊人的比例成为坏账。之前在 5 月份，迈克尔 · 巴里把赌注押在他的人类行为理论上：从结构上来说，这些贷款都会成为坏账。到了 11 月份，它们真的开始成为坏账了。

次日清晨，巴里打开《华尔街日报》，看到了一篇文章，文章详细解释了可调利率抵押贷款如何在前 9 个月以前所未有的比例出现违约。中下阶层的美国人被排挤出局。文中还有一张图表，向那些没有时间阅读文章的读者进行说明。他想，狐狸的尾巴终于露出来了，这个世界要变天了。放款人将会提高门槛，评级机构将会更加严格地审查，心智正常的人不会再以过去的价格为次级抵押贷款债券提供保险了。巴里说："我在想，灯泡就要爆裂，而某些聪明的信贷人员会说，'离这些交易远点儿。'" 绝大多数华尔街的交易商都可能亏损一大笔钱，或许只有一个人例外。迈克尔 · 巴里刚收到了另外一封电子邮件，来自他的一个投资人，信中提到，德意志银行可能已经受到了他的金融市场观的影响。"德意志银行的（次级抵押贷款）首席交易员格雷格 · 李普曼有一天来到了这里，" 信上说，"他告诉我们，他做空了 10 亿美元的信用违约掉期产品，将会赚得盆满钵满。他那得意忘形之态真的有点儿吓人。"

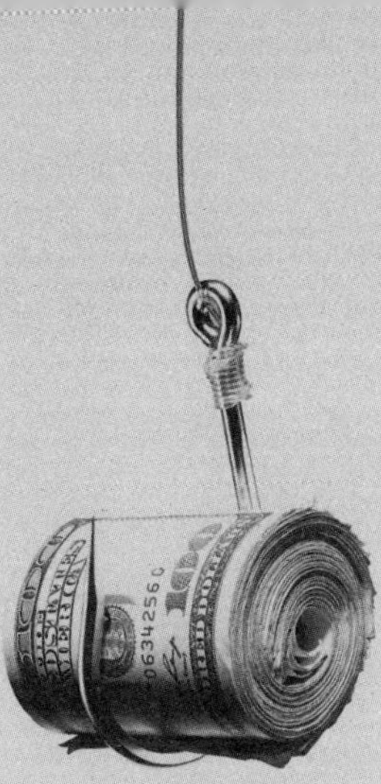

THE BIG SHORT

第三章

关于次贷的赌注

市场的暗箱操作

2006 年 2 月，当格雷格 · 李普曼出现在前点合伙公司会议室的时候，史蒂夫 · 艾斯曼对债券市场的悲观前景已经有了足够的心理准备，文森特 · 丹尼尔也很清楚，永远都不能相信这个市场中的任何人。从股票市场转战债券市场的投资人，就像是一只在没有捕食者的孤岛上长大的小兽转移到了一个遍是巨蟒的深坑里。在股票市场上，你很有可能被华尔街的大公司盘剥，但你必须面对它。整个市场的交易都会在屏幕上显示出来，所以你可以清楚地知道任何公司的股票价格。股票市场不仅透明，而且受到了严格的监管。你不可能期望华尔街的交易员跟你分享他对上市公司的每一种负面想法，但是，你可以期望他不会用赤裸裸的谎言来蒙骗你，或者公然地使用内幕消息来对抗你，因为如果他这样做了，他就存在被抓到的可能。数百万散户的存在，使股票市场成了一个政治问题。它一直都受到法律监管，至少那些交易表面上看起来是公平的。

债券市场主要是由大型机构投资者组成的，因此没有类似的政治压力。虽然债券市场已经让股票市场相形见绌，但它却安然逃过了严格的监管。债券推销员可以随心所欲地做任何事情，而不用担心被举报。债券交易员可以利用内幕消息，而无须担心被抓。债券专家可以设计出任何复杂的债券，而不用担心政府的监管，这就是如此众多的债券衍生品被开发出来的原因。债券市场中规模较大、流动性较强的部分——比如美国国债市场——其交易情况会在屏幕上公开显示，但是大多数情况下，要想知道某个债券交易员报给你的价格是否接近公允价格，唯一的办法就是到处打听，努力找到正在交易那只债券的其他交易员。债券市场的这种暗箱操作和复杂程度，对于大型的华尔街公司来说是一个巨大的优势，却使债券市场的客户永远生活在不了解实际情况的恐惧之中。如果说华尔街债券部门正在逐渐成为华尔街的主要利润来源，部分原因是：在债券市场上，仍然有可能从客户的恐惧和无知中赚到巨额利润。

格雷格·李普曼进入史蒂夫·艾斯曼的办公室时，艾斯曼没有任何特别的表示，李普曼与一面怀疑之墙迎面相撞。“丹尼应该已经走进了这扇门，而且如果他说他来自定息债券，文尼应该不会相信他。”艾斯曼说。

问题是，如果有一队专家着手打造一个人，让他来恐吓华尔街客户，他们设计出来的就应该是像李普曼这样的人。他为德意志银行交易债券，但是，与大多数为德意志银行——或者为瑞士信贷集团、瑞士联合银行或者其他任何涉足美国金融市场的大型外国银行——交易债券的人一样，他也是个美国人。李普曼消瘦而且总是紧绷着脸，语速特别快，没有人能够听清楚他在说什么。他将头发全部梳到后面，就像电影《华尔街》中的主角戈登·盖葛一样，他的鬓角很长，犹如19世纪20年代的浪漫主义作曲家或者20世纪70年代的色情明星的风格。他系着宽领带，说话时语气蛮横，对由此可能产生的后果毫不顾忌。比如，他会在谈话中接二连三地提及他赚了多少钱这样涉及隐私的问题。长期以来，华尔街的人都清楚，他们的分红是他们与华尔街以外的人交谈时最不应该涉及的话题。“他们去年给了我600万美元，”李普曼会这样说，“我不是说他们真的给了我这么多，其实比这个要少，但我不会说具体少多少。”在你做出反应之前他会说：“我有一年遇到过类似的情况，他们想给我不到400万美元，门儿都没有。”接下来，他就让你自己去想象了，也就是说，这笔分红的金额在400万美元到600万美元之间。你可能从谈论纽约市芭蕾舞团打开话匣子，最后以军舰的话题结束。李普曼会一直不断地向你透露军舰的坐标，直到你几乎是在被迫的情况下确定军舰停泊的位置，而这些都是华尔街上的其他人竭力避免的情形。

在不断违反规则的过程中，李普曼很快就让人们知道，他的老板给他的薪水与他带来的价值相比，简直是九牛一毛。“高级管理层的工作就是给人们发钱，”他会说，“如果他们从 100 个人中的每个人身上抠出 10 万美元，他们就多得了 1 000 万美元。人们对工作的态度有四种类型：高兴、满意、不满意、厌烦。如果你高兴，他们就搞砸了，他们永远不想让你高兴。另一方面，他们也不希望你因为太厌烦而辞职。平衡点就在不满意和厌烦之间。”在 1986 年和 2006 年之间的某个时间点上，有份备忘录在华尔街上流传，上面说，如果你想继续靠玩弄纸片赚钱，而毫不顾及显而易见的社会意义，那么你最好藏匿好你作为人的天性。格雷格·李普曼无法掩饰自己或者自己的动机。“我对德意志银行没有任何效忠之意，”他说，“我只是在那里工作。”这并不是什么不同寻常的态度，不同寻常的是李普曼这样说出来了。

有关李普曼最没有争议的说法就是，他是一个有争议的人。他不只是一个好的债券交易员，更是一个伟大的债券交易员。他不残忍，他甚至谈不上粗鲁，至少他不是有意粗鲁，他只是触发了别人的极端情绪。一名与他共事多年的交易员说他是一个“叫作格雷格·李普曼的杂种”。当被问到为什么这样说的时候，该交易员说：“他把所有事情都搞得太极端了。”

“我很喜欢李普曼，”他在德意志银行的一个上司说，“除了他是个神经病之外，我对他没有什么不好的印象。”但是，如果将围绕在李普曼周围的是是非非归纳一下，你会发现，争议集中在两个简单的抱怨上：第一个是他面对别人时那种毫不掩饰的利己主义和自大，第二个是他对别人的利己主义和自大的极端警觉。他具有一种识破阴暗动机的特殊能力。比如你刚向你的母校捐了 2 000 万美元，你感觉自己做出了无私贡献并因此意气风发，而此时李普曼会第一个问你："你之所以捐 2 000 万美元，是因为那是用你的名字给那座建筑物冠名的最低限额，对吧？"

现在，李普曼的这种个性不知道从哪里冒了出来，他要用他对赌次级抵押贷款债券市场的创见来游说史蒂夫·艾斯曼。他将自己的想法呈现在一份长达 42 页的演示材料中：在过去的三年中，住房价格上涨的速度比过去 30 年都要快；住房价格还没有开始下跌，但是已经停止了上涨；尽管如此，在第一年就会出现问题的住房抵押贷款比例正在以惊人的速度增长——从 1% 到 4%。谁会借钱来买栋房子，而后在 12 个月内就违约？他为进一步解释，给艾斯曼看了一张他做的图表，他声称这就是他对这个交易感兴趣的原因。这张图表展示了一个惊人的事实：自 2000 年以来，那些住房价值上涨了 1%~5% 的所有者，与那些住房价值上涨超过 10% 的所有者相比，前者出现房贷违约的概率是后者的 4 倍之多。数百万美国人只有在他们的住房价格急剧上涨，从而使他们能够借到更多钱的情况下，才有可能偿还他们的抵押贷款。

这是显而易见的：住房价格甚至不需要下跌，只要它不再维持过去几年那种令人瞠目的上涨速度，大批的美国人就将无法偿付他们的住房贷款。

“做空住房权益的中间层”，李普曼这样给他的演示材料命名。“做空住房权益的中间层”是描述迈克尔·巴里对赌美国住房贷款想法的一种奇特方式：买入最垃圾的3B级次级抵押贷款债券的信用违约掉期产品。李普曼非常坦率地对一名在德意志银行工作的同事做了更为直接的描述，这位同事把他叫作“小鸡仔”。李普曼说：“你等着我做空你的房子吧。”

信用违约掉期产品的好处是它解决了时机问题，艾斯曼不再需要猜测次级抵押贷款市场崩溃的确切时间，也不再需要提前用现金下注，这使他处于一个赢的赔率几倍于输的赔率的有利位置。最坏的情况是，破产的美国人以某种方式还清了他们的次级抵押贷款，而你必须支付一笔保险费，大约每年2%，期限最长6年——30年期贷款的最长预期年限。

次级贷款借款人欣然偿清所有贷款，是这个繁荣市场让人觉得奇怪的另一面。这与贷款的结构有关，这种贷款在刚开始的两三年内会使用一个人为调整过的较低的诱惑利率，随后才会“转换”为高企的浮动利率。“当它们知道低收入人群不可能承担高利率的时候，它们就为低收入人群设定了一个诱惑利率。”艾斯曼说，“它们这样做，是为了在诱惑利率期结束借款人需要再融资的时候，放款人能够从他们身上榨取更多的钱。”因此，30年期的贷款被设计成须在几年之内全部还清。最糟糕的情况是，如果你为1亿美元的次级抵押贷款债券购买了信用违约掉期产品，你可能会以支付6年保险费（大约1 200万美元）了结。最好的情况则是贷款损失从目前的 4% 上升到 8%，你赚到 1 亿美元。账面上你的赔率大约在 6：1 和 10：1 之间，而实际操作中的赔率更接近 2：1。这一行业的任何一个人都不会坐失这样的机会。

争议的终结者是李普曼唯一的队友，他的名字是尤金·徐，但是那些听过李普曼高论的人一般把他称为“李普曼的中国助手”。尤金是德意志银行聘用的一名分析师，他精通数学，但不怎么会说英语。尤金负责李普曼演示材料中的所有硬数据，就像李普曼说的：“一个连英语都不会说的人，怎么会撒谎呢？”

除此之外，李普曼还在演示材料里面加入了很多引人入胜的细节：美国房主的行为记录；评级机构穆迪和标准普尔的荒唐与腐败，它们对住房抵押贷款池中亏损达到 8% 从而出现问题的次级抵押债券仍授予 3B 评级；抵押贷款市场上盛行的欺诈手段；次级抵押贷款投资人的愚蠢，这些人中有很大一部分好像住在德国的杜塞尔多夫。“无论我们什么时候问他买这些垃圾的人是谁，”文尼说，“他总是说‘杜塞尔多夫’。”不管“杜塞尔多夫”是购买次级抵押贷款债券，还是卖出这些抵押贷款债券的信用违约掉期产品都没有区别，因为他们是在做着同样的事情：他们站在这场对赌的多方这一边。

李普曼浑身散发着李普曼精神。他暗示艾斯曼，做空者可能会从这场交易中获得巨额利润，钱会多到足以买下洛杉矶道奇队。（“我不是说你将能够买下道奇队。”）艾斯曼或许会变得非常富有，连电影明星都会抢着跟他约会。("我不是说你可以与杰西卡·辛普森约会。")一方面，李普曼揭示了这项交易的事实；另一方面，他又敲敲打打，就像一名寻找深藏于艾斯曼性格中的油井的勘探者。

一只眼盯着格雷格·李普曼，另一只眼盯着史蒂夫·艾斯曼，文森特·丹尼尔感觉房间似乎要爆炸了。史蒂夫·艾斯曼对格雷格·李普曼没有任何反感。伟大的人物！艾斯曼只有两个问题：第一个，再跟我讲一遍，信用违约掉期产品是怎么运作的？第二个，你为什么让我去对赌你自己公司开发出来的债券，而且安排那些评级机构做出错误的评级？"在我的一生当中，我还从来没有见过一个处在卖方一边的家伙走进来跟我说，'做空我的市场'。"艾斯曼说。李普曼甚至不是债券推销员，他是一个债券交易员，他本来应该做多这些次级抵押贷款债券的。"我不是不相信他，"艾斯曼说，"我是不能理解他。文尼认为李普曼是来糊弄我们的。"

艾斯曼对于对赌次级抵押贷款债券已经没有任何疑问了。事实上，他想不出还有什么事情能够带给他如此多的快乐，在随后整整 6 年的时间里，一想到他在做空一个逐渐被了解、被鄙视，并且肯定会在某一天崩溃的金融市场，他就会忍不住笑出声来。"当他走进来说，你可以通过做空次级抵押贷款债券来赚钱的时候，就好像把一个全身赤裸的超级模特领到了我的面前。"艾斯曼说，"但我不能理解的是，他为什么会想到让我来做。"这个问题，随着答案逐渐明朗，甚至比艾斯曼的怀疑本身还要有趣。

风险吞食者

次级抵押贷款市场每年新增5 000亿美元的贷款，而那个圈子里对市场风险进行重新评估的人却非常少。当高盛的一名女推销员给迈克尔·巴里打电话，告诉他高盛很乐意卖给他1亿美元的信用违约掉期产品时，巴里猜对了，高盛最终并没有站在他的对立面。高盛当然不会愚蠢到抛出巨额资金，押注在数以百万计的美国人都会偿还他们的住房贷款上。他不清楚是谁，也不知道为什么以及有多少，但是他清楚，某些3A评级的巨型企业正在出售针对次级抵押贷款债券的信用违约掉期产品。只有3A评级的公司才能够承担这样的风险，没有预付款，也没有人表示质疑。巴里对这个问题的判断是对的，但是当他知道真相的时候，已经是三年后了。与他对赌次级抵押贷款债券的另一方是拥有3A评级的美国国际集团，或者也可以说是美国国际集团的一个部门——金融产品部。

美国国际集团金融产品部由来自德崇证券公司债券部的几个“逃亡者”于1987年创办，由一名叫作霍华德·索辛（Howard Sosin）的交易员领导。他声称拥有一个更好的交易模型，并且可对利率掉期进行估值。20世纪80年代的金融创新产生了各种各样的后果，其中之一就是大型金融公司之间交易数量的突飞猛进，因为它们需要相互分担彼此的信贷风险。利率掉期就是此类创新之一，在这种交易中，一方用浮动利率换取另一方的固定利率。很久以前，克莱斯勒公司通过摩根士丹利发行了一组债券，承担信贷风险的唯一一方就是购买克莱斯勒公司债券的投资人。克莱斯勒公司在卖出债券的同时，可能还与摩根士丹利达成了一笔 10 年期的利率掉期交易。就这样，克莱斯勒公司和摩根士丹利把自己暴露给了对方。如果克莱斯勒公司破产，它的债券持有人显然就会亏损；依照利率掉期的性质，以及利率的波动情况，摩根士丹利也会亏损。如果摩根士丹利破产，克莱斯勒公司以及所有和摩根士丹利进行过掉期交易的企业也都会一起遭受损失。金融风险是一种无形的风险，它需要我们诚实地去面对或者隐藏它。

索辛带来了他那所谓的新颖和改良过的利率掉期模型，尽管德崇证券当时还不是利率掉期领域的市场引领者。一家具有最高评级的蓝筹企业站在掉期、长期期权以及其他风险分摊方式创新舞台的中央，是一个自然而然的过程。这个企业所需要具备的特质是，它不能是银行，因为银行需要接受监管，并且需要根据资产风险留存准备金，另外，它必须愿意而且能够将一些特殊的风险掩藏在其资产负债表的背后。比如，它必须能够为 100 亿美元次级抵押贷款提供担保，而不需要向任何人披露它所做的事情。这家公司并不一定是美国国际集团，它可以是任何一家拥有 3A 评级和巨额资产负债表的企业，比如伯克希尔·哈撒韦，或者通用电气。美国国际集团只是第一个站到了那里。

在一个正在快速产生复杂风险的金融体系里，美国国际集团金融产品部成了那些风险的吞食者。早期的情况好比是它收取保费，为那些几乎不可能发生的事件提供保险。它的成功招来了模仿者：苏黎世再保险公司金融产品部、瑞士再保险公司金融产品部、瑞士信贷集团金融产品部、通用再保险公司金融产品部。所有这些机构在后来的20年间都成为问题的制造者，要是没有它们，那些新的风险应该无处躲藏，而完全被置于银行监管者的眼皮底下。当危机到来的时候，所有这些机构都将被金融领域中普遍存在的风险厌恶情绪席卷，但是，在某些时刻，它们的存在对金融世界来说似乎是不可或缺的。美国国际集团金融产品部一度是所有人学习的楷模。

这个部门成立后，在头15年保持了惊人的赢利水平，没有任何亏损，更不可能伤及其规模巨大的母公司。1993年，当霍华德·索辛离职的时候，他拿走了将近2亿美元，这是他从这部令人惊异的造钱机器中得到的红利。1998年，美国国际集团金融产品部进入了新的市场——企业信用违约掉期：它为银行提供保险，以规避大规模的投资级上市公司的违约风险。信用违约掉期由J·P·摩根的银行业者发明，他们随后去寻找一家愿意销售这些产品的3A评级公司，并且找到了美国国际集团金融产品部。按照华尔街的标准，这个市场在一开始的时候其实非常清白。

大批分属不同国家和行业的投资级公司同时出现债务违约的情况，其实不太可能发生。美国国际集团金融产品部销售的为这些贷款池提供保险的信用违约掉期产品，被证明是一桩好生意。到2001年，当时由约瑟夫·卡萨诺（Joe Cassano）负责的美国国际集团金融产品部每年能够产生 3 亿美元的利润，换句话说，这占美国国际集团利润总额的 15%。

随后，21 世纪初，金融市场上演了一场荒诞的偷梁换柱的戏码，这个过程经历了两个阶段。第一阶段，使用一个凭空虚构的公式，将企业信用风险与消费者信贷风险匹配起来。那些通过美国国际集团金融产品部为贷给 IBM（国际商业机器公司）和通用电气的款项提供保险的银行，现在要求美国国际集团提供保险的产品更加琐碎了，包括信用卡债务、学生贷款、汽车贷款、一级抵押贷款、飞机租赁合同等，几乎囊括了任何可能产生现金流的业务。由于有很多不同类别的贷款，面向不同类别的人士，因此适用于企业贷款的逻辑似乎也应该适用于它们：银行对这些产品都进行了充分的多元化配置，它们不太可能一下子都成为坏账。

第二阶段，从 2004 年年底开始，用更大规模的美国次级抵押贷款来替换学生贷款、汽车贷款以及其他所有类型的贷款。正如美国国际集团金融产品部的一名交易员所言："问题是，除了那些与我们过去所做的相同的事情外，还有别的事情。"以高盛为首的华尔街公司要求美国国际集团金融产品部承保的"消费者贷款"包，其中包含的次级抵押贷款的比例从 2% 变为 95%。短短几个月之间，美国国际集团金融产品部通过提供违约保险，事实上购买了 500 亿美元的 3B 级次级抵押贷款债券。然而，没有人对此说过半句话，美国国际集团的首席执行官马丁 · 沙利文（Martin Sullivan）没有，美国国际集团金融产品部的负责人约瑟夫·卡萨诺没有，美国国际集团金融产品部康涅狄格州办公室负责向华尔街大公司出售企业信用违约掉期产品的阿尔·弗罗斯特（Al Frost）也没有。这些交易的所有程序，只是在美国国际集团金融产品部内部使用了橡皮图章，随后又盖上了美国国际集团的铜章。交易所涉及的每个人显然都认为自己只是收取保费，就像他们已经做了近10年的业务一样，只需承担基础性的风险而已。但是他们错了，事实上，他们现在是世界上最大的次级抵押贷款债券的持有者。

被掩盖了的风险

当格雷格·李普曼看到他在高盛的同人卖出针对次级抵押贷款债券的巨额信用违约掉期产品时，他很快就猜出了卖方的身份。在次级抵押贷款债券发起人和交易者这个小圈子中，消息传得很快：美国国际集团金融产品部现在以每年0.12%的价格出售针对3A评级次级债券的信用违约掉期产品。12个基点！李普曼并不知道高盛是如何说服美国国际集团金融产品部为繁荣的次级抵押贷款市场提供这一服务的。他所知道的是，高盛从200亿美元的3B评级次级抵押贷款债券中开发了几十亿美元的交易，并将未来亏损的所有风险都转嫁给了美国国际集团。这的确令人难以置信：为了换取每年的几百万美元，这家保险公司将承担200亿美元可能灰飞烟灭的风险。美国国际集团与高盛的交易在几个月之内就落实了，只需要几个土包子坐在高盛的债券交易桌旁做做样子即可，高盛的推销员安德鲁·戴维尔曼（Andrew Davilman）也很快就因为杰出的工作表现而被提拔为执行董事。高盛的交易员曾经实现了15亿~30亿美元的账面利润，就算以债券市场的标准来看，这也是一个令人喘不过气来的数字。

在这个过程中，高盛开发了一种非常复杂的证券，投资人和评级机构可能永远也搞不明白它的内涵：合成型次级抵押贷款债券支持的担保债务权证。像信用违约掉期一样，发明担保债务权证是用来重新分配公司和政府债券违约的风险的，而现在却被用来掩盖次级抵押贷款的风险。其运作逻辑与原始的抵押贷款债券完全一致。在一只抵押贷款债券中，集中了数千笔贷款，并且，在假定它们同时成为坏账的可能性几乎不存在的前提下，建起了一座债券之塔，在此过程中，风险和收益都随着塔的增高而降低。在一只担保债务权证中，汇聚了100种不同的抵押贷款债券（那种风险最高的债券，在原来的塔中处于较底层），建起了一座全新的债券之塔。无辜的观察者有理由询问，利用一座债券之塔的某几层来创建另一座债券之塔有什么意义？简单的答案是，它们距离地面太近了，更容易遭受洪灾，即最先蒙受损失，因此它们的信用评级较低：3B级。3B评级债券要比处于上层的3A评级债券更难卖出。

完整的答案是，如果你能够用某种手段使它们重获3A评级，降低表面的风险，尽管这种做法非常不诚实，但你可以赚到巨额利润。

这就是高盛所做的事情。高盛解决这个问题的方案简直像变魔术，而且很快就被所有人效仿。这些华尔街公司从 100 座不同的次级抵押贷款高塔集中了 100 个底层（100 只不同的 3B 评级债券），然后说服评级机构这些底层并不是完全一样的，它们是另外一种多元化的资产组合！这有点儿荒谬。这 100 座高塔都处于同一片沙滩上，如果发洪水，它们的底层都会面临同样的危险。但是，不用担心，被高盛以及其他华尔街公司养肥的那些评级机构宣称，新建债券塔中的 80% 都是 3A 级债券。

事实上，担保债务权证是为中低收入者提供的洗清信贷的服务。对于华尔街来说，它就是点石成金的机器。

回溯到 20 世纪 80 年代，抵押贷款债券最初对外宣称是要重新分配与住房抵押贷款相关的风险，从而吸引债券市场投资者支付大部分住房抵押贷款，住房拥有者承担的利率将因此下调。简单地说，创新的目的是为了使金融市场的运作更加有效。现在同样的创新精神被用于相反的方向：通过把风险复杂化来掩盖风险。市场正在因为高盛的债券交易员让市场效率降低而给高盛付钱。停滞的工资水平和繁荣的消费使经济上捉襟见肘的美国大众对贷款有着无限的需求，但是其还钱的能力又令人怀疑。按照华尔街金融工程师的观点，为得到贷款，他们所需要做的，只是对他们的财务状况加以曲解。工程师们假设某一批次级抵押贷款不像其他贷款一样暴露在同样的风险之下，比如，贷款对象主要集中在佛罗里达的次级抵押贷款债券，与贷款对象集中在加利福尼亚的次级抵押贷款债券并不十分相似，从而创造出了一种安全的假象。而美国国际集团金融产品部把假象当成了现实。

那些在高盛抵押贷款债券交易部门工作的人全都是异常聪明的家伙，他们从中学时就表现出众，大学都就读于常春藤盟校。不过，看着财富从 3B 级债券向 3A 级债券转移，并不需要任何天分，需要天分的是从 3B 级债券中找到 200 亿美元来清洗贷款。在贷款的原始之塔——最初的抵押贷款债券中，只有处于最底层的债券会被评为 3B 级。10 亿美元的垃圾住房贷款只能产生大约 2 000 万美元最垃圾的 3B 级债券，也就是说，为了建立主要由 3B 级次级抵押贷款债券组成的 10 亿美元担保债务权证，你需要实际借出 500 亿美元的现金。要做到这一点，需要花费很多的时间和精力。但对于信用违约掉期产品来说，这两者都不需要。

要理解迈克尔·巴里购买 10 亿美元信用违约掉期产品这件事情，可以有很多种方式。第一种方式是把它当作一种简单的，甚至可以说很清白的保险合同。巴里支付半年的保险费，作为回报他得到了针对价值 10 亿美元债券提供的违约保障。他要么什么也拿不到——如果他投保的 3B 级债券最终没有出现问题，要么拿到 10 亿美元——如果那些 3B 级债券出现问题。但是，迈克尔·巴里并不拥有任何 3B 级次级抵押贷款债券，或者任何类似的产品。他也没有任何财产需要“投保”，这就像为某些曾发生火灾的房屋购买火灾保险一样。对于巴里，就像对于史蒂夫·艾斯曼一样，信用违约掉期根本不是保险，而是针对市场的直接投机赌博——这是第二种方式。

还有第三种方式，这种方式更加令人迷惑：将这种新契约作为一种几近完美的次级抵押贷款债券的复制品。迈克尔·巴里所拥有的信用违约掉期产品的现金流复制了它所对应的3B级次级抵押贷款债券的现金流。迈克尔·巴里每年支付的2.5%的保险费模拟了3B级次级抵押贷款债券支付给实际投资者的利率与伦敦银行同业拆借利率之间的价差。卖给迈克尔·巴里信用违约掉期产品的人在债券出问题时将会亏损的10亿美元，则复制了实际债券所有者的潜在亏损。

从表面上看，正在豪赌次级抵押贷款债券会欣欣向荣的市场，似乎就是梦幻橄榄球的金融等价物：在投资活动中有益但又有点儿愚蠢的摹本。然而，在梦幻橄榄球和梦幻金融之间存在着不同之处：当一个梦幻橄榄球的玩家征召佩顿·曼宁（Peyton Manning）进入他的球队时，他没有创造出第二个佩顿·曼宁来。而当迈克尔·巴里买入基于长滩储蓄次级贷款债券的信用违约掉期产品时，他还让高盛开发了另外一种债券，这种债券在各方面几乎都与原始债券一致，除了一点不同：不存在实际的住房贷款或者住房购买者。只有针对这种债券的对赌是真实存在的。

因此，要从3B级次级抵押贷款债券中创造出10亿美元，高盛不需要发起500亿美元的住房贷款，而只需要怂恿迈克尔·巴里或者其他的市场悲观者选择100种不同的3B级债券，针对每种债券购买1 000万美元的信用违约掉期产品。一旦它拥有了这个组合（人们称之为“合成担保债务权证”，这是一个只用于与信用违约掉期进行组合的担保债务权证的专业术语），它就会拿到穆迪和标准普尔去。“评级机构并不真正拥有自己的担保债务权证模型，”一位高盛担保债务权证交易员这样说，“银行会把自己的模型带到穆迪，然后说：‘这个看起来怎么样？’”不管怎样，原本危险的3B级债券中有80%现在看起来就像3A级债券。另外的20%由于评级较低，基本上很难卖出，但是它们可以通过令人难以置信的方法，简单地转移到另一批债券中，经过重新加工，变成接近于3A级债券的债券。这部能够将100%的石头变成含80%黄金的矿石的机器，应该可以再把剩下20%的石头变成含80%黄金的矿石。

细节是纷繁复杂的，但是这部新的造钱机器的关键点并不复杂，它只是把很多危险的贷款变成了一组债券，其中大多数债券是3A级，然后，它又把评级最低的那些债券变成3A级的担保债务权证。然而，因为它无法使住房贷款迅速增长到足以产生足够数量的低评级债券，所以它利用信用违约掉期产品来复制现有债券中非常糟糕的部分，而且复制很多次。高盛站在迈克尔·巴里和美国国际集团之间。巴里付出250个基点（2.5%），获得针对最垃圾的3B级债券的信用违约掉期产品，而美国国际集团只需支付12个基点（0.12%），出售针对同样债券的信用违约掉期产品，通过合成担保债务权证进行过滤，然后让这些产品以3A级债券的面目出现。还有其他一些见不得人的细节，比如某些石头被直接卖给了杜塞尔多夫的德国人。

当尘埃落定的时候，高盛拿走了全部利润的大约 2%，没有承担任何风险。无论是做多还是做空，双方都不需要现金转手。双方可以通过签署几份文件与高盛进行交易。双方用于对赌的原始的住房抵押贷款没有任何其他作用，它们以一种滑稽的方式存在，只是为了让别人能够拿它们的命运来赌博。

进行“合成”的市场，解除了与次级抵押贷款有关的任何规模方面的限制。要押下 10 亿美元的赌注，你不再需要汇聚 10 亿美元的抵押贷款。你所需要做的，就是在市场上找到某个愿意站到赌局另一方的人。

人们丝毫也不用感到奇怪，高盛忽然急切地将 1 亿美元的信用违约掉期产品出售给迈克尔·巴里，而高盛的债券交易员对迈克尔·巴里对赌的次级债券表现出惊人的麻木。迈克尔·巴里购买的保险被塞进了一个合成担保债务权证里，直接转给了美国国际集团。美国国际集团卖给高盛的大约 200 亿美元的信用违约掉期产品，意味着大约 4 亿美元的没有风险的利润，而且每年都有！这项交易持续的时间与作为其基础的债券一致，预期大约为 6 年，由此很容易算出高盛获得的利润为 24 亿美元。

华尔街这种把利润从债券市场中挤出来的最新技术应该会引发几个问题。为什么被认为经验非常老到的美国国际集团金融产品部的交易员会做这笔交易？如果信用违约掉期产品属于保险，那为什么不像监管保险业一样监管它？为什么美国国际集团没有被要求留存相应的准备金来应对风险？出于同样的理由，为什么穆迪和标准普尔愿意对一个 80% 都是高风险抵押贷款的贷款池像对美国国债一样给予 3A 评级？为什么高盛内部没有任何一个人站出来说“这是可耻的。评级机构对所有次级抵押贷款进行风险评估，但它们显然根本就不了解风险，它们的愚蠢正在酝酿一场灾难”？显然，这些问题并没有引起市场内部人士的注意，他们更关心的问题是：我该怎么做高盛刚刚做过的那些事？特别是德意志银行的人，他们觉得是高盛第一个发现了这个富矿，这简直是自己的耻辱。与高盛一样，德意志银行也是抵押贷款衍生品方面的主要市场引领者。“杜塞尔多夫”在新市场中发挥着重要作用，如果有愚蠢的德国人准备买入美国次级抵押贷款衍生品，德意志银行应该能够最先找到他们。

空头设下的赌局

格雷格·李普曼对这一切没有表示出任何显而易见的关切。李普曼并不负责德意志银行的担保债务权证业务，负责这项业务的是迈克尔·拉蒙（Michael Lamont）。李普曼只是一名负责买卖次级抵押贷款债券的交易员，也交易针对次级抵押贷款债券的信用违约掉期产品。但是，由于愿意直接对赌次级抵押贷款债券市场的投资人非常少，李普曼的上司要求李普曼为了公司的利益做出牺牲：事实上，这是让他为迈克尔·巴里做替身，明目张胆地与市场对赌。如果巴里要从德意志银行的担保债务权证部门购买信用违约掉期产品，那么德意志银行也要赶在美国国际集团醒悟过来制止这种做法之前，与美国国际集团完成这些交易。“李普曼被迫去做空担保债务权证，”德意志银行担保债务权证团队的一名前资深成员说，“我说是被迫，但是你不可能真的强迫李普曼去做任何事情。”虽然李普曼与经营公司担保债务权证业务的人有些说不清道不明的关系，但是他仍在略显尴尬地做空次级抵押贷款债券。

李普曼至少有一个理由不去挑起这场生死之战：有一个利润丰厚的市场等待挖掘。金融市场是一个充满争议的地方，市场越是不透明，证券产品越是复杂，华尔街大公司就越有可能赚取更多的钱。对于某些有名的上市公司股票价值的争议，其实并没有太大的意义，因为卖方和买方都能实时看到公平的价格，而且由于竞争的存在，经纪人的佣金也被挤压得所剩无几。针对次级抵押贷款债券的信用违约掉期产品，关于其价值的争议可能成为一个金矿。另外一家在认真做信用违约掉期产品交易的交易商是高盛，所以，在开始的时候，基本上不存在价格竞争。感谢美国国际集团，由于它的存在，从理论上来说产品供给是无限的。问题是需求，即那些想与迈克尔·巴里进行交易的投资人。令人难以置信的是，在这个金融史的关键转折点上（从此以后，很快就出现了很多变化），次级抵押贷款市场上唯一的阻碍竟然是缺乏愿意对赌的人。

要向投资人兜售对赌次级抵押贷款债券的想法，让他们购买他的信用违约掉期产品，格雷格·李普曼需要一个新的论据。这个时候，定量分析师的作用就发挥出来了。李普曼让尤金·徐研究住房价格上涨对次级抵押贷款的影响。为此尤金·徐制作了一份内容详尽的图表，显示出不同住房价格前提下的断供率：住房价格上涨、住房价格持平、住房价格下跌。李普曼目不转睛地盯着这张图表，一遍又一遍地看。这些数字甚至连他自己都觉得吃惊，他们不用等到崩盘，只要住房价格不再继续高速增长就能够达到目的。住房价格仍然在上涨，然而，断供率已经接近4%。只要断供率提高到7%，最低投资级债券，即3B减评级的债券将会一文不值。如果断供率提高到8%，3B级债券的价值也将归零。

在那一刻，也就是2005年11月，格雷格·李普曼意识到，他根本不用担心他所拥有的一大堆针对次级抵押贷款债券的信用违约掉期产品。它们不是保险，它们是赌博，而他对这个赔率很满意。他想做空头。

这是一片全新的天地。格雷格·李普曼从1991年开始交易各种由不同的消费贷款——汽车贷款、信用卡贷款、住房权益贷款——支撑的债券，当时他刚从宾夕法尼亚大学毕业，在瑞士信贷集团找到了一份工作。他以前从来没有机会卖空这些债券，因为它们不可能被借到。他和所有资产支持型债券交易员一样，唯一能够做出的选择就是喜欢它们或者爱它们，而不可能恨它们。现在他可以恨了，而且做到了。但是，这也让他与大家分道扬镳了，对于格雷格·李普曼来说，这还代表着一种新的职业风险。正如他对别人说的，“如果你身处一个你只能做一件事的行业，而这件事又没有办法做，你的老板就很难对你发火。”现在，他有了不止做一件事的可能，但是如果他对赌次级抵押贷款债券，并且最终失败了，他的老板会发现要对他发火很容易。

怀着一种发现了难以忽视的真相的正义感，格雷格·李普曼带着一份名为“做空住房权益的中间层”的报告，勇敢地闯入了机构投资者们的视野。他刚开始研究次级抵押贷款市场时，或许是以华尔街推销员的心态，他要探寻的不是真相，而是听起来令人信服的声音。现在，令人震惊的是，他认为自己拥有了一份独特的计划，可以让客户赚大钱。当然，他会向他们收取高额的费用，但是这些钱与他们赚到的巨额财富相比简直是九牛一毛。他不再是做推销，而是在施予恩惠——拿着，这是我给你的礼物。

机构投资者不知道能从他那里得到什么，至少开始的时候是不知道的。“我想他具有某种病态的自恋人格特质。”一位听了他的讲话但是没有与他交易的理财经理说。“他把我们都吓得不轻，”另一个说，“他走进来，描绘了他的宏伟交易。他说的那些道理都能讲得通，但对于我们来说，风险在于，就算我们做了，也做成了，然后呢，我们怎么退出？他控制着市场，他是我们能够销售的唯一对象。而他说：‘不通过我，你们就游不出这个泳池，当你想要条毛巾的时候，我会把你的眼珠子抠出来。’他确实说过这话，他会把你的眼珠子抠出来。

这个家伙是完全透明的。”

在某种程度上，他们对这项业务感兴趣，但最终还是决定不去体验眼珠子被抠出来的刺激。“对李普曼不利的，”这位基金经理说，“是他那过于直率的性格。”

李普曼面对的是华尔街债券客户回绝债券推销员时常用的说辞：如果真是如此好的交易，你为什么要让给我做？但是，也有其他说辞。买入信用违约掉期产品，意味着在等待美国房主断供的过程当中，你可能需要付出几年的保险费。债券市场的投资人就像债券市场的交易员一样，对任何需要付“门槛费”的交易都有一种本能的抗拒，他们希望找到那种早上一起床就能够拿到钱的业务。（一位债券市场投资大鳄把他的游艇命名为“正利差”。）这种需要先付出 2% 的佣金的交易，对他们来说无异于诅咒。不同类型的机构投资者能够找到不同的回绝理由，“我无法跟我的投资人解释清楚信用违约掉期”是格雷格·李普曼最常听到的回应；或者“我有个表兄在穆迪工作，他说这些东西（次级抵押贷款债券）全都没有问题”；或者“我跟贝尔斯登的人谈过，他们说你疯了”。李普曼与一个做对冲基金的家伙谈了 20 个小时，在快要说服他的时候，这个家伙给他的一位在某房屋建筑公司工作的大学同学打了个电话，随后又改变了主意。

那些听过李普曼的论点的理财经理最常见的反应是：“我同意你的说法，你是对的，但是做空次级债市场不是我的工作。”

“这就是机会存在的原因，”李普曼会这样回复，“现在它还不是任何人的工作。”

它也不是李普曼的工作。他想建立收费站，从那些通过他交易的买方或者卖方身上收取小额的费用。他与市场和老板的关系，现在处于一种前所未有的自以为是的状态。李普曼的空头头寸或许曾经是强加在他头上的，但是到2005年年底，他自愿接受了，并且把它增加到了10亿美元。在德意志银行的华尔街总部大楼里，有几百个收入不菲的员工在购买次级抵押贷款，并把它们包装成债券，再转售出去。另一组员工则把那些债券，以及针对债券的信用违约掉期产品中最垃圾且无法出售的部分包装成担保债务权证。李普曼的空头头寸规模越大，他对这些人以及他们的产业——一个正在快速成为华尔街最赢利业务的产业——的蔑视的表达就越直接。李普曼每年以保险费形式支付的管理成本高达数千万美元，而他的亏损看起来更大。信用违约掉期产品的购买者同意为其基础抵押贷款债券的存续期支付保险费，只要基础债券仍然有效，信用违约掉期产品的卖方和买方就都有义务延长抵押权，以应对它们的价格变动。令人诧异的是，次级抵押贷款债券的价格一直在上涨。在几个月之内，李普曼的信用违约掉期头寸已经减值了3 000万美元。他的上司反复要求他做出解释，为什么要做这些业务。“很多人在怀疑，这是不是对李普曼的时间以及我们的资金的最佳使用方式。”一位一直在静观冲突不断升级的德意志银行高管说。

李普曼不仅没有屈从于压力，反而有了一个化解压力的想法：消灭这个新的市场。美国国际集团几乎是 3A 评级担保债务权证（也就是将 3B 评级次级抵押贷款债券重新包装而成的 3A 级担保债务权证产品）的唯一买家。美国国际集团最终成为迈克尔·巴里在信用违约掉期产品交易中的另一方。如果美国国际集团停止购买债券（更准确地说，停止为它们提供违约保险），整个次级抵押贷款债券市场就可能会崩盘，而李普曼的信用违约掉期产品将会成为天价的财富。2005 年年底，李普曼赶到伦敦，试图让这一切发生。他与汤姆·费文斯（Tom Fewings）见了面，费文斯为美国国际集团金融产品部的负责人约瑟夫·卡萨诺工作。李普曼一直在往他的演示材料里添加新数据，他拿出了当时最新版本的“做空住房权益的中间层”，并向费文斯做出了详细说明。费文斯没有严词拒绝，李普曼离开美国国际集团伦敦办公室时，觉得费文斯好像已经接受了他的说法。可以肯定的是，在李普曼拜访费文斯之后不久，美国国际集团金融产品部就停止了信用违约掉期产品的销售。更好的消息是：美国国际集团金融产品部的人暗示，他们实际上想买入一些信用违约掉期产品。基于能够卖给美国国际集团的预期，李普曼又继续买入了一些信用违约掉期产品。

曾有一个短暂的瞬间，李普曼感觉他已经靠自己的努力改变了世界。他走进了美国国际集团金融产品部，告诉那些人，德意志银行与其他所有的华尔街大公司一起，怎样把他们当作傻瓜玩弄，而且他们终于清醒了。

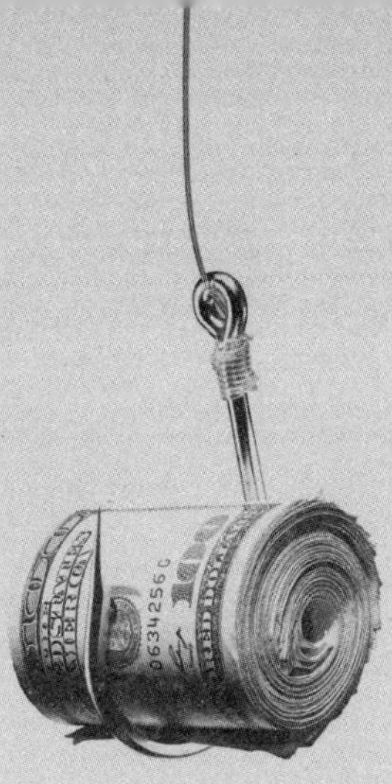

THE BIG SHORT

第四章

华尔街的金矿

无知会带来怎样的回报

他们没有清醒，至少还没有真正清醒。美国国际集团金融产品部里第一个从公司的疯狂行为中清醒过来并拉响警报的，不是汤姆·费文斯——他很快就把与李普曼的谈话丢到了脑后，而是吉恩·帕克（Gene Park）。帕克在美国国际集团金融产品部的康涅狄格办公室工作，而且他的办公桌与信用违约掉期产品交易员们离得很近，因此对他们的工作有大致的了解。

2005 年年中，帕克在《华尔街日报》上读到了一篇有关抵押贷款机构新世纪金融公司的头条新闻。他注意到这家公司的红利非常高，于是开始考虑自己是否应该买入一些该公司的股票。然而，随着他对新世纪金融公司了解的深入，帕克发现，它拥有所有类型的次级抵押贷款，而且这些贷款的质量差得令人吃惊。

就在帕克私下进行了这些调查后不久，他接到一个老同学的电话，这位仁兄身无分文，也没有工作，却刚刚得到了几家银行提供的贷款，买了一套他根本负担不起的房子。那时帕克才恍然大悟，而且他注意到，他的同事阿尔·弗罗斯特宣布与华尔街的大公司做成了一笔新的信用违约掉期交易。

一年之前，弗罗斯特每个月大约能完成10亿美元的交易，现在他能完成200亿美元的交易，全部都是为不同的消费贷款提供保险。“我们与所有华尔街的公司做生意，除了花旗集团。”一位交易员说，“花旗集团想自己承担风险，并把这些风险记到自己的账上。其他的公司，我们全都拿下了。”当交易员们问弗罗斯特，为什么华尔街忽然之间如此急切地想与美国国际集团做生意时，按照其中一人的说法，“他会解释说它喜欢我们，因为我们能够快速行动”。

帕克把这些情况综合起来考虑后，猜到了这些由美国国际集团金融产品部所承保的消费贷款的性质正在发生变化，它们包含了大量的次级抵押贷款，数量之大超出了任何人的想象。如果美国的房主违约数量开始出现急剧增长，美国国际集团将找不到任何渠道弥补这个亏损。帕克在一次会议上提出了这个想法，结果约瑟夫·卡萨诺把他拉到一间没人的办公室里，对他大声咆哮，说他根本不知道自己在说什么。

约瑟夫·卡萨诺是美国国际集团金融产品部的负责人，他是一名警官的儿子，毕业于布鲁克林学院，主修政治学。但是，回想起来，他的表现似乎离他对服从和整体控制的要求相距甚远。他职业生涯中绝大部分时间不是在做债券交易员，而是做支持性的工作，首先在德崇证券，随后转到了美国国际集团金融产品部。在美国国际集团金融产品部，员工们对他的看法非常一致：约瑟夫是一个对金融风险没有任何感觉的人，但是，在恐吓对他持怀疑态度的人方面，他却是一个天才。“美国国际集团金融产品部变成了一个独裁者的王国，”一名伦敦交易员说，“约瑟夫会轮番恐吓周围的人。他会把他们贬得一文不值，然后又试图通过给他们巨额的金钱来与他们和解。”

“有一天，他给我打来电话，就一项亏损的业务大发雷霆，”一名康涅狄格的交易员说，“他说，你赔钱的时候，赔的是我的钱！”

“公司的文化变了，”第三名交易员说，“职员们的恐惧程度非常高，我们在晨会的时候都不敢谈论有可能惹到他的事情。如果你胆敢批评组织，那你就准备下地狱吧。”第四名交易员说：“约瑟夫老是说，‘这是我的公司，你在为我的公司干活儿。’他要是看到你拿了一瓶水，就会走过来说：‘这是我的水。’虽然我们的午餐是免费的，但约瑟夫总会让你感觉是他出的钱。”第五名交易员说：“在约瑟夫的领导下，我们彼此之间的争议和讨论——这些在汤姆（汤姆·萨维奇，前任首席执行官）任职期间再正常不过的事情——都看不到了。对汤姆，我可以像跟你一样说话。但是，与约瑟夫相处，我们只能是听众。”第六名交易员说：“我们与约瑟夫相处的方式，就是在每句话前都加一句，‘约瑟夫，你是对的’。”

即便按照华尔街恶棍的标准，约瑟夫的性格缺陷也已经超出了罪犯的范围，他在大家的口口相传中，成了一个恶魔。“有一天，他走进来，发现有人在健身房的健身器上做过运动，”康涅狄格的一名员工说，“他一个一个地看着我们，试图查明是谁干的。他声嘶力竭地吼道：‘到底是谁在健身器上健身了？到底是谁在健身器上健身了？’”

奇怪的是，约瑟夫的怒火并不仅仅针对那些赚不到钱的交易员，连赚钱不少的交易员也未能幸免，因为他的怒气不是被财务亏损所激发的，而是由最轻微的反抗迹象所引起的。更奇怪的是，他的怒火对被责骂的人的收入没有明显的影响。一名交易员或许一天到晚被老板辱骂，然而，年底的分红又会让他心花怒放。美国国际集团金融产品部的交易员们当中之所以没有谁去揍约瑟夫一顿，就是看在了钱的份儿上。对于一个把忠诚和服从看得比一切人格都重要的人，除了钱，你找不出其他任何手段来支配他。金钱可以作为管理的工具，但是只在一定程度上有效。如果你打算与高盛做生意，你最好弄清楚高盛想要的是什么。美国国际集团金融产品部能够吸引到非常聪明的人，他们一点儿都不逊色于他们在高盛的对手。然而，这些人受到了老板的限制，他们对自己业务的微妙之处并不十分了解，而其判断力又被不安全感蒙蔽了。

2005 年年底，约瑟夫提拔了阿尔·弗罗斯特，然后想找个人来顶替他在华尔街债券交易席位的代表职位。实际上，这个工作就是当华尔街的交易员问他能否为 10 亿美元由消费贷款支撑的债券提供保险时说“能”。出于诸多原因，吉恩·帕克是一个很有希望的人选，所以他决定仔细检查这些由美国国际集团金融产品部提供保险的贷款。结果使他目瞪口呆：这些被认为进行过多元化配置的消费贷款，现在所包含的几乎全部是次级抵押贷款。帕克进行了一次私下的调查。他询问那些与针对消费贷款的信用违约掉期产品直接相关的人，这些贷款中次级抵押贷款所占的比例是多少。他去请教耶鲁大学教授加里·戈顿（Gary Gorton），因为约瑟夫采用戈顿所创立的模型来为信用违约掉期产品定价。戈顿猜测，组合里的次级抵押贷款不会超过10%。帕克又问了一位伦敦的风险分析师，他猜测是20%。“他们谁都不知道这个数字其实是95%，”一名交易员说，“而且我敢肯定，约瑟夫自己也不清楚。”现在回想起来，他们的愚昧似乎令人难以置信，但是，当时的情况是，整个金融体系都以他们的无知作为前提，而且为此给他们回报。

后来，约瑟夫要求吉恩·帕克到伦敦开会，并在会上“提拔”他去制造更多的这种定时炸弹。帕克知道自己不应该成为其中的一分子，他说，如果要强迫他接受这份工作，那他只好辞职了。这惹恼了约瑟夫，他指责帕克懒惰，以及编造理由不想接受这项需要一些复杂的文字工作的任务。面对新的事实，即他的公司实质上做多了价值500亿美元的被包装成多元化的3A级消费贷款池中的3B级次级抵押贷款债券，约瑟夫首先要为此寻找一个说得过去的理由。他过去很明确地认为，他为高评级债券提供违约保险所收取的费用都是意外之财。他现在说，债务违约只有在美国住房价格下跌的情况下才会出现，而约瑟夫不相信住房价格会在全美各地同时下跌。无论如何，穆迪和标准普尔两家评级公司都给这些债券评了 3A 级。

不过，约瑟夫同意去拜访所有的华尔街大公司，与它们探讨交易的逻辑，调查一堆有问题的贷款是如何被转化成了 3A 级债券的。带着吉恩·帕克以及其他几个随从，他与德意志银行、高盛以及其他公司的交易员进行了一系列的会谈，所有人都说住房价格同时下跌的情况是不可能出现的。“他们说的都是同一句话，”一位参加过会谈的交易员说，“他们引用了过去 60 多年的房地产历史数据，并且说，从来就没有出现过全美范围内住房价格同时下跌的情况。”（在他们与高盛的会谈结束两个月之后，美国国际集团金融产品部的一名交易员遇到了高盛集团的人，之前后者也是那么说的，而这一次后者却说，在你和我之间，你是对的，这些东西都会灰飞烟灭。）令美国国际集团金融产品部出席这些会议的交易员感到吃惊的是，几乎没有任何人表现出要加固这部次级抵押贷款机器的意向，大家只是简单地把宝押在住房价格永远不会下跌上面。一旦约瑟夫明白并接受了这一点，他马上就改变了自己的想法。到 2006 年年初，他开始公开支持吉恩·帕克，决定美国国际集团金融产品部不能再为这些贷款提供保险了，当然它还得继续为自身已经承保的那些贷款提供保险。

当时，并没有迹象显示出这个决定会是美国国际集团金融产品部的大事件。这个部门每年产生的利润几乎达到 20 亿美元，即便是在高峰的时候，整个信用违约掉期业务贡献的利润也只有 1.8 亿美元。约瑟夫一直很讨厌帕克，这种情况很难改变，其原因似乎主要在于帕克居然敢当面反驳他。

寻找更多人来下注

那个试图说服美国国际集团金融产品部停止对赌次级抵押贷款债券市场的华尔街交易员，并没有看到这些内部的政治斗争。格雷格·李普曼想当然地认为自己说服了他们，直到最终他才发现其实并没有。他永远也不会明白美国国际集团金融产品部为什么改变了主意，而把自身暴露在如此高的风险之下。美国国际集团金融产品部不再向华尔街公司出售新的信用违约掉期产品，但是也没有对已经售出的价值 500 亿美元的产品进行任何对冲操作。

李普曼认为这些产品已经足以造成市场的崩溃。如果美国国际集团金融产品部拒绝承担这项交易中多方的责任，也没有其他人愿意承担这一责任，那么，次级抵押贷款市场将会关闭。但是，市场不会转瞬即逝，而这就是另外一个惊天秘密的开始。华尔街公司找到了 3A 级次级担保债务权证产品的新买家，来消化这些次级抵押贷款债券中风险最高的 3B 级债券，尽管在很长一段时间内人们并不清楚这些人究竟是谁，甚至连格雷格·李普曼也对此一无所知。

次级抵押贷款机器继续轰鸣，实际的贷款变得越来越垃圾，但奇怪的是，对它们进行保险的产品，即信用违约掉期产品的价格却在下跌。2006 年 4 月，李普曼在德意志银行的上司要他保护好他的那些不切实际的赌博产品。他们希望他坐在这个新市场的中间位置赚钱，就像高盛所做的那样，撮合一下买家和卖家。他们达成了一个协议，只要李普曼能够证明在他必须出手时会有其他投资者愿意接手，李普曼就可以保留他那些昂贵的空头头寸。也就是说，他需要培育一个交易更加活跃的信用违约掉期市场。如果想保住他的赌注，他必须找到其他愿意加入赌局的人。

2006 年夏季，格雷格 · 李普曼想到了一个新的办法：拔河。整个次级抵押贷款机器——包括他的东家德意志银行——拉着绳子的一端，而他则拉住绳子的另一端。他需要有人加入他这一边，他们需要与他同心协力。要想成为他的队友，他们必须向他付费，当然，他们自己也会变得非常富有。

李普曼很快就发现，他本以为最有可能看清次级抵押贷款市场丑陋真相的那些人，也就是那些专门进行抵押贷款债券交易的基金管理人，除了他们早已烂熟于心的东西，对其他任何事情都熟视无睹。现实中存在着一个奇怪但却千真万确的现象：你越接近市场，就越难发现它的愚蠢。意识到这一点以后，李普曼转而去找那些在房地产价格下跌或者房地产股票价格下跌时会面临很大风险的股票投资人，把他的想法作为一种对冲的手段告诉了他们。看看吧，只要这个东西持续上涨，你就会赚上一大笔钱。为什么不花点儿小钱保护自己在崩盘中免受损失？利诱没有效果，他又尝试使用恐吓手段。他拿到了新世纪金融公司的大股东名单，其中最引人瞩目的是前点合伙公司。李普曼给德意志银行负责该项业务的销售员打电话，让他安排一次会议。销售员没有注意到前点合伙公司内部有不止一只对冲基金——它不是单一的对冲基金，而是由几只独立运作的对冲基金组合而成的，其中做多新世纪金融公司股票的那只对冲基金是一个位于美国西海岸的小集团。

当格雷格·李普曼到达史蒂夫·艾斯曼位于曼哈顿中心区的会议室时，艾斯曼的话让他大吃一惊，他说："我们不是做多新世纪股票的前点公司，我们是做空新世纪股票的前点公司。"艾斯曼已经对一些发起次级贷款的公司，比如新世纪金融公司和印地麦克银行，以及一些房屋建设公司，比如托尔兄弟公司的股票下注做空。但是，这些赌注并不能完全令他满意，因为不是押注在公司本身，而是押注在市场对公司的态度上。另外，这些赌注的维护成本也很高。这些公司的红利很高，而且它们的股票借入费用通常都不菲。比如新世纪金融公司，分红高达 20%，要借入它的股票每年需要花费 12%，为了做空 1 亿美元的新世纪金融公司股票，史蒂夫·艾斯曼一年要付出 3 200 万美元。

李普曼原本还打算用他描绘的末日景象来吓唬他找到的股票市场投资人，但是他很幸运，他遇到了一位对次级抵押贷款市场的看法比他还要悲观的股票市场投资人。艾斯曼对市场的了解比李普曼多，他对这个市场的特点和丑恶的了解，甚至超过了李普曼认识的所有人。他想，如果说有谁会对次级贷款押下巨额赌注，那就非艾斯曼莫属了。所以，当知道艾斯曼没有这样做的时候，李普曼有点儿摸不着头脑。几个月之后，艾斯曼的新任首席交易员丹尼·摩西和他的研究员文森特·丹尼尔找到李普曼，要他再对他们讲一遍，这让李普曼更加疑惑了。

与那些显然是自私自利的人相处，最大的问题在于他们的利益范围永远都无法界定。丹尼从第一眼看到李普曼起，就对他很反感。他在给李普曼打过电话后，边走边对文尼说："李普曼在跟你讲话的时候，永远都不用正眼看你。这让我非常不爽。"文尼无法相信，德意志银行居然会让这个家伙随心所欲地在自己的市场里布上鱼雷，除非这符合德意志银行的特殊利益。对于丹尼和文尼来说，格雷格·李普曼就是债券市场的化身，他来到地球的目的就是盘剥客户。

连续好几个月，每个月三次，只要丹尼和文尼打电话，李普曼就会尽快赶到，这个现象增加了他们对他的戒心。他从华尔街跑到中心区不会是为了促进世界和平，那他为什么来这里？每一次，李普曼都口若悬河，而丹尼和文尼都是大眼瞪小眼。他们的会谈具有后现代文学难题的意味：虽然讲故事的人完全不可靠，但是故事听起来却好像是真的。在每一次会谈中，文尼都会不时打断他，问道："李普曼，我一直想不明白，你怎么会在这里。"这是他即将开始用刁钻的问题轰炸李普曼的信号。

如果这真是一个了不起的想法，你为什么不从德意志银行

辞职，建立一只对冲基金，为自己赚钱？

要建立一只对冲基金，我需要6个月的时间。世界或许在下周就会意识到这个疯狂行为，所以我必须继续做好我正在做的这个庄家。

如果它真是这么好的一个想法，那你为什么要拱手送给我们？

我没有失去任何东西。供给是无限的。

但是你为什么要花费口舌来跟我们说？

你们进入和退出我都会收费。我需要付电费呢。

这是零和游戏。对方是谁？谁是那个白痴？

“杜塞尔多夫”，愚蠢的德国人。他们太在意评级机构了，他们对规则深信不疑。

为什么德意志银行允许你破坏这个它可以呼风唤雨的市场？

我对德意志银行没有任何尽忠的义务……我只是在那里打工。

废话，它给你发薪水。我们怎么知道你们那帮负责担保债务权证业务的人不是在利用你对做空你自己的市场的热情来剥削我们？

你见过负责我们的担保债务权证业务的人吗？

有些时候，丹尼和文尼甚至撕下伪装，把他们想了解有关信用违约掉期产品和次级抵押债券的新信息的目的表露无遗。他们希望这个家伙会以某种方式不小心承认他其实就是骗人的华尔街癞皮狗，这也是他们心头一直挥之不去的疑虑。“我们在努力寻找进入这个世界的大门，”文尼说，“我不相信他来找我们是因为他拥有太多这类产品。所以，他这样做的理由是什么？”李普曼觉得自己好像受到质询的证人，而这些家伙想要击溃他。几个月之后，李普曼将他的想法告诉了菲利普·法尔科恩（Phil Falcone），后者管理着一只叫作先驱资本的庞大基金。法尔科恩当即决定购买10亿美元的信用违约掉期产品。对于次级抵押贷款市场，法尔科恩所知道的还不到这些家伙的1/10，但是法尔科恩相信李普曼，而这些家伙则不然。在他们最后的会谈中，文尼终于把这个问题和盘托出了。“李普曼，”他说，“不要再绕弯子了。我就是想弄明白，你打算怎么盘剥我。”

他们没能切实地称出格雷格·李普曼灵魂的重量，他们的努力被两则紧急消息打断了。第一则消息出现在2006年5月，标准普尔宣布将改变用于次级抵押贷款债券评级的模型。公告说，模型变更的时间定在2006年7月1日，但是，在此之前所发行的次级债券将继续使用老评级模型。消息一出，次级债券的发行量急剧上升。“它们甚至堵塞了通道”，文尼说，“很多垃圾债券倾巢而出，以便能用老模型进行评级。”对新的更加准确的评级模型的恐惧说明，华尔街的大公司其实心知肚明，它们发行的债券的评级被高估了。

另一则消息与住房价格有关。艾斯曼经常与瑞士信贷集团的住房市场分析师艾维·泽尔曼（Ivy Zelman）联系。按照泽尔曼的说法，衡量住房价格是否正常的一个简单方法，就是看住房价格的中位数与收入之比。在美国，从历史上看，这个比值大约为 3∶1；到 2004 年年末，这个比值在全美范围内提高到了 4∶1。“所有人都在说，这个比值已经高得离谱了，”泽尔曼说，“但是，4∶1 还不是最高的。在洛杉矶，是 10∶1；在迈阿密，是 8.5∶1。另外，你再看看买房子的人，他们不是真正的买房人，他们是投机者。”待售的房屋从 2005 年年中开始越来越多。2006 年夏天，凯斯·席勒住房价格指数见顶，整个美国的住房价格开始下跌。年内，全美范围内的房价下跌了 2%。

这两则消息中的任意一则都有可能扰乱次级抵押贷款债券市场，造成这些债券的投保价格上涨。但是恰恰相反，针对这些债券的信贷违约掉期产品的价格在下跌。次级抵押贷款债券中最垃圾的 3B 级债券现在每年的保险费率不到 2%。“我们最终跟李普曼做了一笔交易，”艾斯曼说，“然后尽一切可能弄明白我们做的这笔交易。”

在他们做成第一笔交易的那一刻，他们就加入了格雷格·李普曼那长长的而且还在不断增加的电子邮箱联系名单。此后一直到市场崩溃，李普曼都在不遗余力地宣讲住房市场，以及他的客户应该去对赌哪些次级抵押贷款债券。“李普曼每次给我们推荐债券时，文尼和我都会对望一眼，不约而同地说不行。”丹尼·摩西说。他们会采纳李普曼的意见，但是有限度的。他们对华尔街债券部门的人一直都采取不信任的态度。无论怎样，评估具体债券的价值是他们的工作，而不是李普曼的工作。

最诱人的做空对象

迈克尔·巴里比较抽象地关注贷款的结构，把宝押在那些包含很高比例的他确信会出问题的贷款的贷款池上。艾斯曼和他的合伙人则具体地关注借款人和放款人。次级贷款市场利用了正常情况下不会与华尔街发生关系的那一部分美国民众，即信用评级在 15%~29% 之间的人，也就是说，放款人要向信用度比全美国 71% 的人都要低的那部分人发放贷款。这些人拿到他们的钱以后会以什么样的方式去花？住房价格要下跌多少他们的贷款才会出问题？最腐败的抵押贷款发起人是谁？哪些华尔街公司在开发最不诚实的抵押贷款债券？这个国家的哪些地区最没有金融责任感？佐治亚的断供率比佛罗里达高 5 倍，尽管这两个州的就业率是一样的，为什么会这样？印第安纳的断供率为 25%，而加利福尼亚只有 5%，尽管从表面上看，加利福尼亚人的金融责任心要差得多，原因是什么？文尼和丹尼飞到了迈阿密，穿过一片片用次级贷款建造的空置街区，目睹了局势有多糟糕。“他们给我打来电话说，‘哦，天哪，这里是一场灾难。’”艾斯曼回忆道。

总而言之，他们对抵押贷款进行了认真的信用分析，这项工作本来在贷款之前就应该做的。随后，他们开始去寻找骗子和笨蛋。“我第一次意识到事情有多糟糕。”艾斯曼说，“我让李普曼给我一份 2006 年无文件贷款比例较高的交易记录。”艾斯曼早就怀疑市场上存在着欺诈行为，他打算对赌那些没有被要求提供收入证明就得到了贷款的美国人。“我猜想，李普曼给我的交易记录中大约会有 20% 的贷款是没有文件的。然而在他给我的名单中，事实上没有哪一份无文件贷款的比例低于 50%。”

他们给华尔街的交易席位打了电话，要求提供次级抵押贷款债券的清单，以便从中找出问题最大的那些，以最聪明的方式购买保险。最诱人的做空对象——由最有可能违约的抵押贷款支撑的债券——具有几个特征。首先，相关贷款集中于现在被华尔街称为“沙州”的几个州：加利福尼亚、佛罗里达、内华达和亚利桑那。“沙州”地区的住房价格在繁荣期间的上涨速度是最快的，因而在崩溃的时候也可能是下跌最快的。如果这种情况真的出现，那么加利福尼亚的断供率就会上扬。第二，这些贷款是由那些最令人无法放心的抵押贷款放款人所发放的。由华盛顿互惠银行全资拥有的长滩储蓄就是这种金融放纵行为的典型代表。长滩储蓄是首家采用发起–销售模式的企业，现在正拼命把钱拿出来发放给新的住房购买者，却不会向他们提出什么问题。第三，这些贷款池里包含高于平均水平的少文件甚至无文件的贷款，也就是说，贷款欺诈的可能性很高。在艾斯曼和他的伙伴们看来，长滩储蓄通常向信贷记录糟糕而且没有收入证明的住房购买者提供浮动利率抵押贷款——零首付，利息支付只要提出要求就可以推迟。南加利福尼亚的住房博客里，充斥着由这些所谓的 30 年可调利率抵押贷款所造成的金融弊端的故事。在加利福尼亚的贝克斯菲尔德，一名采摘草莓的墨西哥人，年收入 14 000 美元，而且不会说英语，在身无分文的情况下贷款购买了一套价值 72.4 万美元的房子。

艾斯曼等人对单一债券调查得越深入，他们发现的可以为自己带来利润的贷款类型就越多。比如，借出巨额资金给穷困移民。一天，艾斯曼的管家——一位南美妇人过来告诉他，她打算在皇后区买套房子。“价格很荒谬，而且银行打算向她提供零首付可调利率抵押贷款。”艾斯曼说。他建议她采用传统的固定利率抵押贷款，接着，他女儿的保姆给他打来了电话。“她来自牙买加，”艾斯曼说，“她说她和她的妹妹在皇后区拥有 6 套房子。我问，‘科林娜，这是怎么回事？’”原来她们购买了首套房子后，房屋的价格飙升，放款人建议她们再融资，并拿到了 25 万美元，她们用这笔钱又买了另外一套房子。随后，这套房子的价格又上涨，她们又重复了之前的做法。“做完这些之后，她们拥有了其中的 5 套房子，但一旦市场下跌，她们就不可能再供款了。”

评级制度的盲点

艾斯曼的保姆获得贷款资格并不是偶然的，像很多次级抵押贷款借款人和放款人的情况一样，这是由于两家主要的评级机构——穆迪和标准普尔——用于评估次级抵押贷款债券的模型存在着缺陷。

华尔街大公司——贝尔斯登、雷曼兄弟、高盛、花旗集团以及其他公司——与别的生产性企业的目标是一样的：支付的原材料（住房贷款）成本越少越好，而成品（抵押贷款债券）的价格越高越好。成品的价格由穆迪和标准普尔所使用的模型做出的评级决定。这些模型的内部运行情况，用官方的说法，是机密。穆迪和标准普尔声称，它们是做不了手脚的。但是，华尔街的人都知道，使用这些模型的人很容易被人利用。正如一位在高盛工作的由交易员转为对冲基金经理的人所说："在华尔街找不到工作的人，就去为穆迪干活儿。"在评级机构内部，存在另外一个等级制度，甚至比次级抵押贷款债券评级员还不受欢迎。"在评级机构中，负责企业信用评级的人是最优秀的，"一个负责为摩根士丹利设计抵押债券的熟人说，"接下来就是负责评估次级抵押贷款的人。然后是负责资产评估的人，他们基本上没有脑子。华尔街的债券交易席位上，全是每年收入高达 7 位数的人，他们设计哄骗那些一年赚 5 位数的没脑子的家伙，这样就可以使最糟糕的贷款获得最高的评级。他们以常春藤盟校的彻底性和有效性来完成这项工作。他们很快就知道穆迪和标准普尔的人实际上并没有对单笔住房贷款进行评估，或者最多只是瞟上一眼。他们的模型能评估出来的，实际上只是贷款池的一般性特点。"

他们对 FICO 评分的处理就是一个例子。FICO 评分是 20 世纪 50 年代由费埃哲公司发明的，用于测算个人借款人的信用值。最高的 FICO 评分是 850 分，最低的是 300 分，美国的中位数是 723 分。FICO 评分很简单。他们不考虑借款人的收入，而且还有可能做手脚——一名潜在的借款人可以通过先用信用卡取现然后紧接着还款的方式来提高自己的信用评分。但是，FICO 评分本身存在的问题远不如评级机构对它的滥用严重。穆迪和标准普尔要求次级抵押贷款包装者提供的不是所有借款人的FICO评分，而是该贷款池的平均FICO评分。为了满足评级机构的标准——任何指定贷款池中产生的3A级债券的比例最大化，贷款池中借款人的平均FICO评分需要在615分左右。达到这个平均分的途径不止一条，因此，巨大的漏洞就出现了。一个所有借款人的FICO评分都为615分的贷款池遭受巨大损失的可能性，远低于一半借款人的FICO评分为550分而另一半人为680分的池子。一个FICO评分为550分的人，实际上肯定是会断供的，而且从一开始他就不应该得到贷款。但是，评级机构模型所存在的漏洞使这笔贷款能够发放出去，前提便是找到一个评分为680分的人来把平均分提高到615分以上。

到哪里去找拥有高FICO评分的借款人呢？这时，华尔街债券交易席位又利用了评级机构模型的另外一个盲点。显然，评级机构没有理解"薄纸"FICO评分和"厚纸"FICO评分的差别。顾名思义，薄纸FICO评分表明信用历史很短、纸很薄，因为借款人没有借过几次款。从来没有在还债方面发生过违约的移民——因为他们根本就没有获得过贷款——通常都拥有惊人的高薄纸FICO评分。因此，一位来自牙买加的保姆，或者年收入14 000美元的采摘草莓的墨西哥人，只要怀着借款75万美元的愿望，通过穆迪和标准普尔的模型过滤之后，从信用操纵的角度看就变得非常有用。这些人从表面上提高了贷款池的质量，加大了其被给予3A评级的可能性。墨西哥人收获了房子，华尔街收获其 FICO 评分。

评级机构使用的模型出于以上种种原因而变得千疮百孔。各种花招不言自明，举个例子，穆迪和标准普尔偏爱诱惑利率较低的浮动利率抵押贷款，而不是固定利率贷款。或者，它们不在意一笔贷款是产生于一个繁荣的房地产市场还是一个不温不火的房地产市场。或者，它们对无文件贷款的欺诈风险视而不见。或者，它们对二次抵押贷款睁一只眼闭一只眼，这种贷款使房主丧失了对自己住房的所有权，最终只能把钥匙交给银行。评级机构的每一次愚蠢或者疏忽行为，都会让某些聪明的华尔街次级抵押贷款债券包装者发现自己在市场上占尽优势：垃圾贷款池要比不太垃圾的贷款池更便宜。杠铃形状的贷款池（也就是说借款人 FICO 评分不平均，有的极低，有的极高），与借款人 FICO 评分都在 615 分左右的贷款池相比是一桩好买卖，至少在华尔街上的其他人明白过来，发现评级机构的漏洞，并把它们的价格炒高之前是这样。在这种情况被发现时，华尔街公司喜欢进行很任性的垄断。这些公司的人会给发起人打电话说："不要告诉任何人，如果你能够给我一批有高薄纸 FICO 评分的借款人的话，我会付给你比任何人都多的钱。"评级机构的错误越离谱，华尔街交易席位的做空机会就越大。

发现惊人的藏宝图

2006 年夏末，艾斯曼和他的合伙人对此还一无所知，他们所知道的只是华尔街投资银行显然雇用了专门的人来对付评级机构的模型。在一个理性的市场上，由较差的贷款所组成的贷款池所支持的债券，其定价理应低于由更好的贷款支持的债券。所有的次级抵押贷款债券都是按照穆迪对它们的评级来定价的。3A 级债券，全都按一个价格交易，3B 级债券则按照另外一个价格交易，虽然一只 3B 级债券与其他 3B 级债券之间其实存在非常重大的差异。因为债券都是按照穆迪的评级来定价，所以大多数被高估的债券都是被给予了不恰当评级的债券。而被给予了最不恰当评级的债券，正是华尔街公司蒙骗评级机构给予不恰当评级的那些债券。“我无法相信这种情况居然会被允许发生，”艾斯曼说，“这句话我大概说过一千遍了。”

艾斯曼并不是很清楚评级机构是怎么被利用的，他必须学习。于是，他的团队花了数月的时间寻找被高估最严重的债券。在开始这项工作约一个月后，他们向李普曼购买了第一批针对次级抵押贷款债券的信用违约掉期产品，随后文森特·丹尼尔和丹尼·摩西飞到奥兰多，参加了一个关于次级抵押贷款债券的会议。这个会议实际上是为次级抵押贷款产业举办的交易展览会，这个产业涉及的人包括那些发起次级抵押贷款的人、包装出售次级抵押贷款的华尔街企业、专门做次级抵押贷款债券交易的基金经理、对次级抵押贷款债券进行评级的机构，以及无所不为的律师。文尼和丹尼一开始以为他们是在对一个家庭作坊进行礼节性的拜访，结果发现这个作坊其实是座城堡。“这个产业养活了如此多的人。”文尼说，“就是在这个时候，我们意识到经纪公司的定息债券部门是建立在这上面的。”

也正是在这个时候，他们首次与评级机构有了面对面的接触。格雷格·李普曼团队的人在他们保证不提及次级抵押贷款债券的条件下，为他们安排了这次会面。“我们全部的目的，”丹尼说，“应该被理解成‘我们是来这里购买这些债券的’。人们应该想，‘哦，他们想购买这些纸片，因为它们正在变得有吸引力’。”在奥兰多利兹·卡尔顿酒店的一个房间里，他们与穆迪和标准普尔两家机构的人都进行了会谈。文尼和丹尼开始怀疑次级贷款市场将信用分析工作分包给了根本就不做信用分析的人，而他们那天所了解到的情况没有让他们的疑虑减轻哪怕一丁点儿。标准普尔的人很谨慎，但是来自穆迪的那位女士则坦诚得令人觉得不可思议。她告诉他们，虽然她负责次级抵押贷款债券的评级工作，但是她的老板不允许她调低那些她认为需要调低评级的债券。她向上司提交了一份她希望调低评级的债券名单之后，收到了一份允许她调低评级的名单。“她说她提交的名单上面有 100 种债券，而在返回的名单上只剩下了 25 种，并且没有任何解释。”丹尼说。

大多数问题是由文尼以分析师的身份提出的，但是丹尼参与的兴趣越来越浓厚。“文尼有个特点，”丹尼说，“当他兴奋的时候，他会用手托着下巴，将胳膊肘撑在桌子上，说，‘请允许我问你一个有关这个情况的问题……’所以当我看到他把手放到下巴上的时候，我知道文尼发现问题了。”

"有一点我不明白，"文尼说，他的手托着下巴，"你手上有两只似乎一样的债券。如何能让其中的一只被评为3A级，而另一只则评不上？"

"我不是做出这些决策的人。"这位来自穆迪的女士说，她显然有点儿忐忑不安了。

"我还有另外一件事情搞不明白，"文尼说，"你们怎么对完全由3A级次级抵押贷款组成的债券的任何一部分进行评级？"

这个问题问得很好。

文尼赢了。

"她真坦诚，"丹尼说，"因为她还不知道我们的真实目的。"

他们从奥兰多给艾斯曼打了个电话，告诉他，无论他认为这个产业有多肮脏，它真实的情况都会比他想象的更加糟糕。"奥兰多甚至不能算是各路代表的大会，"丹尼说，"奥兰多是一个狼狈为奸的大会。各路代表会齐聚拉斯韦加斯。我们告诉艾斯曼，'你应该到拉斯韦加斯去。去看看这种场面'。"他们真的认为自己发现了一个秘密，从2006年的夏天到初秋，他们仿佛找到了一张惊人的藏宝图，尽管还存在一些未解的谜团。艾斯曼现在每天晚上回到家中，都带着他的妻子已经很久没在他身上看到的那种愉悦。"我很高兴，"瓦莱丽说，"感谢上帝，他终于有地方发泄他满腔的苦恼了。他会说，'我发现了这个东西，这是一个金矿，而其他人对它的情况还都一无所知。'"

THE BIG SHORT

第五章

意外的资本家

面对风险的态度

艾斯曼发现的东西确实是一个金矿，但却不能说完全没有人知道。2006 年秋，格雷格 · 李普曼已经把他的想法私下告诉了 250 名大型投资人，并在德意志银行销售会议上向数百人进行了宣讲。到 2006 年年底，按照 PerTrac 对冲基金数据库研究报告的说法，有 13 675 家对冲基金报告了经营结果，数千家其他类型的机构投资者获得了投资信用违约掉期产品的许可。李普曼的声音以这样或者那样的形式，传到了很多人的耳朵里。然而，仅有 100 家左右的机构稍稍涉足了这个针对次级抵押贷款债券的信用违约掉期产品新市场。大多数购买次级抵押贷款保险的人，不是为了对赌，而是作为他们手上那些与美国不动产相关的股票或者债券组合的对冲手段。有一小部分人利用信用违约掉期对次级抵押贷款债券进行豪赌——买入一份次级抵押贷款债券，同时卖出另外一份。比如，他们会下注，赌那些包含大量在加利福尼亚发放的贷款的债券会输给那些只包含很少加利福尼亚贷款的债券；或者某只 3A 级次级抵押贷款债券会输给 3B 级债券；或者雷曼兄弟或者高盛（两家公司都因包装美国最差住房贷款而臭名昭著）所发行的债券，表现得不如由 J · P · 摩根或者富国银行（这两家公司似乎比较在意债券包含什么样的贷款）包装的债券。

极少数人——多于 10 人，不到 20 人——直接对赌价值几万亿美元的次级抵押贷款市场，从关联度上，也可以说是全球金融体系。这个事件本身就是非同寻常的：这场灾难是可以预见的，然而却只有十几个投资者注意到了。这些投资者包括一家名叫白盒的明尼阿波利斯对冲基金、一家名叫 Baupost 的波士顿对冲基金、一家名叫 Passport 的圣弗朗西斯科对冲基金、一家名叫埃尔姆 · 瑞吉的新泽西对冲基金，以及一批纽约对冲基金：艾略特伙伴（Elliott Associates）、雪松山资本合伙人（Cedar Hill Capital Partners）、QVT 金融，以及菲利普 · 法尔科恩的先驱资本合伙公司。这些投资者的相同之处在于，他们都直接或者间接地听说过格雷格 · 李普曼的观点。

在得克萨斯的达拉斯，一位名叫凯尔 · 巴斯（Kyle Bass）的前贝尔斯登债券销售员在 2006 年年中建立了一只名叫海曼资本的对冲基金，不久后就买入了针对次级抵押贷款债券的信用违约掉期产品。巴斯在新泽西从彭南特资本（Pennant Capital）的艾伦 · 傅尼叶（Alan Fournier）处听到了这个想法，后者则是听说了李普曼的观点。一位名叫杰夫·格林（Jeff Geeene）的地产投资者从纽约的对冲基金经理约翰·保尔森那里听到这个想法后，马上购买了几十亿美元的针对次级抵押贷款债券的信用违约掉期产品。保尔森也是从格雷格·李普曼那里得到消息的，而且，他建立起了大规模的信用违约掉期头寸。一位高盛伦敦的产权交易员听说这位在纽约的德意志银行交易员提出了一个非常有说服力的想法后，飞越大西洋与李普曼见面，回家的时候，他已经拥有了价值10亿美元的针对次级抵押贷款债券的信用违约掉期产品。一位名叫西奥·帕努斯（The Phanos）的对冲基金投资人在亚利桑那州菲尼克斯由德意志银行举办的一次会议上听到了李普曼的说法，马上就把赌注下在了李普曼一边。

如果把这些观点传播的路线连起来，就像是一条病毒传播的路径，大多数路线的终端都指向李普曼。他是零号病人，只有一个病毒携带者能够声称是自己传染了他，而且事实确实如此。然而，这个病毒携带者——迈克尔·巴里，整天窝在加利福尼亚圣何塞的办公室里，没有跟任何人谈起过这件事。

这个以高额赌注对赌次级抵押贷款债券的投资人的小世界中又包含着一个更小的世界：那些沉迷于这项交易的人。极少数投资人察觉到正在发生的事情不仅是针对金融体系，还针对更大范围的社会，他们对赌的是一个如此巨大的体系——相对于他们的资本来说，他们实际上放弃了一个传统的理财经理的角色。约翰·保尔森获得了迄今为止能够动用的规模最大的资金，这是一个最显著的例子。在迈克尔·巴里筹资购买信用违约掉期产品的计划无功而返9个月之后，保尔森成功了，他告诉投资人的，不是一个几乎可以肯定将要发生的灾难，而是针对远期灾难的廉价对冲。

保尔森比巴里年长15岁，在华尔街的名气也要大得多，但在某种意义上，他仍然是华尔街的圈外人士。“我给高盛的人打电话，问他们有关保尔森的事情，”一位保尔森曾在2006年年中向其筹过资的有钱人说，“他们说他是第三等级的对冲基金操作者，根本就不知道自己在说些什么。”保尔森从投资人手上筹集到了几十亿美元，这些投资人把他的基金看作对他们的不动产组合——相关的股票和债券——的一种保险。

保尔森说，在寻找那些可以对赌的被高估债券的过程中，他了解到了抵押贷款债券市场正在发生的情况。“我喜欢做空债券，因为你的亏损风险是有限的，”他告诉我，“这是一种非对称的赌博。”他震惊地发现，购买信用违约掉期产品，比卖空一只真正的债券要容易得多，而且成本低廉，尽管它们所代表的是同样的赌注。“我做了5亿美元。他们说，‘你愿意做10亿美元吗？’而我说，‘我为什么要这么小心翼翼？’花了两三天的时间，我押下了250亿美元。”保尔森还从来没有看到过一个投资人可以卖空价值250亿美元的股票或者债券，却没造成价格波动甚至导致市场崩盘，“而我们可以做500亿美元，如果我们想做的话。”

2006年夏，住房价格开始下跌，有一些人看到了丑陋的现实并采取了应对措施。这些人中的每一个都会跟你说一些有关金融体系状况的事情，口气与那些空难幸存者讲述事故经过时一模一样，还会顺便提到那些从事故中死里逃生的人的状况。他们中几乎所有的人都很古怪，但是他们的古怪又各有各的不同。约翰·保尔森的古怪在于他对对赌那些高风险贷款的兴趣，以及在说服其他人时所具有的说服力；迈克尔·巴里的古怪在于他对公众意见的漠视，他甚至不与人们发生直接的联系，而只关注硬数据以及引导未来人类金融行为的动机；史蒂夫·艾斯曼的古怪在于他深信美国中产阶级的负债是一种腐败，或者是一种正在变成腐败问题的事件，而次级抵押贷款市场则是剥削的引擎，而且最终将是毁灭的引擎。每个人填补了一个洞，每个人提供了一种感悟或者一种面对风险的态度。如果这种态度能够得到更加广泛的认识，或许我们就能防止灾难的发生。但是，至少有一个敞口的洞还没有一流的专业投资人去填补，这个洞最后被查理·莱德利（Charlie Ledley）填补了。

查理·莱德利——充满好奇心、反复无常的查理·莱德利——的古怪在于，他深信在华尔街上最好的赚钱方式就是找出华尔街认为最不可能发生的那些事情，并把宝押在它们会发生上。查理和他的伙伴经常这样做，而且获得了很大的成功，他们清楚，市场发生剧烈变化的可能性被有意识地进行了低估。尽管如此，在 2006 年 9 月，当他翻看一个朋友送来的格雷格·李普曼所做的有关做空次级抵押贷款债券的资料时，莱德利冒出的第一个想法是，这好得简直有点儿不像真的了。他从来没有做过抵押贷款债券业务，对房地产基本上一无所知，对债券市场的术语更是一头雾水，他甚至不确定德意志银行或者其他机构会不会让他购买针对次级抵押贷款债券的信用违约掉期产品，因为这是一个面向机构投资者的市场，而他和他的两个伙伴本·霍克特（Ben Hockett）以及加米·麦（Jamie Mai），无论如何都算不上机构投资者。“但我就是看着它说，‘怎么让它成为可能？’”他随后把这个想法告诉了他的伙伴，并提出了一个问题：为什么那些比我们聪明的家伙不做这件事？

两个门外汉的雄心

每一项新业务在刚开始的时候看起来都是不可能的，在 2003 年年初，加米·麦和查理·莱德利的想法对于一家资金管理公司来说近乎荒谬：这两个 30 岁的人在嘉信理财公司的账户上一共有 11 万美元的资金，他们在加利福尼亚伯克利的一间车库里成立了一家公司，叫作康沃尔资本管理公司。他们俩谁也没有任何理由相信自己拥有投资的才能。两人都只是在为纽约私人股权公司格鲁布伙伴公司（Golub Associates）做些辅助性的工作，还没有做过实际的投资决策。

加米·麦高大英俊，完全符合教科书上的说法，很有领导人的派头，但是只要他一开口，他对一切都缺乏信心的个性就显露无遗了，从明天太阳是否会升起，到人类的未来，都是如此。加米有个习惯，他常常在一句话的中间停顿而且会口吃，似乎他不太确定自己的想法。查理·莱德利更加糟糕，他的脸色苍白得像火葬场的工人一样，做什么事都尽可能地向后拖延，并且没有明确的行动方向。如果被问到一个简单的问题，他会双唇紧闭，望向远方，摇头晃脑，活像一个忘了台词的演员，当他最终开口发出声音的时候，很可能会让你从椅子上跳起来——他居然说话了！

两人都被他们同时代的人评价为性格温和、缺乏条理、好奇心强、聪明但是缺乏方向的人。这种类型的人会在高中毕业 15 周年同学聚会的时候冒出来，留着浓密的络腮胡子，阅尽人世沧桑。查理在读完大学一年级之后离开了阿姆赫斯特学院，为比尔·克林顿的第一次总统竞选做志愿者，他对理想主义的兴趣要比对赚钱的兴趣更浓厚。加米离开杜克大学后的第一份工作是在美国东海岸跑来跑去给有钱人运送帆船，28 岁的时候，他休了 18 个月的长假，带着女朋友周游世界。加米来到伯克利，不是为了赚钱，而是因为女朋友想搬到那里住。查理甚至根本不想来伯克利，他在曼哈顿长大，他搬到伯克利是为了大家要在一起经营基金，而那 11 万美元是加米的，查理现在与加米用来办公司的车库也是加米的。

除了一点儿金钱和远大的理想，他们所拥有的只是关于金融市场的想法，或者可能还有一些勉强和金融沾得上边儿的主意。他们在私人股权行业的历练让他们相信，私人股票市场或许比公共的股票市场更有效率。“在私人交易中，”查理说，“一般情况下，有一个经验老到的顾问为交易双方提供服务，而没有那种根本不知道什么东西值多少钱的人。在公共市场，会有人专注于每季度的收益，而不是业务的核心竞争力，也会有人为了各种疯狂的理由去做莫名其妙的事。”进而，他们相信，公共金融市场缺乏胸怀大志的投资者。美国股票市场上的投资者在美国的股票市场内部做决定，日本债券市场的投资者在日本债券市场内部做决定。“确实有人只在欧洲市场做中型医疗保健债券，”查理说，“我不认为这个问题是专门针对金融的。乡土观念对于现代精神生活来说是一个共性的特征，没有人试图对它加以整合。”在金融市场上，有些人因为具备特定的专业技能而获得了不菲的报酬，另外一部分人的待遇却很差，但如果你要跨市场配置资本的话，这部分人的大局意识和全球观念恰恰是你所需要的。

2003 年年初，康沃尔资本管理公司开业了，这意味着加米和查理要花更多的时间坐在伯克利的车库，也是查理的卧室里，寻找市场上的机会。他们决定，康沃尔资本管理公司不只是寻找市场无效率情况，而且要在全球范围内寻找所有的市场：股票、债券、货币、商品。这已经不能算是一个简单的雄心了，但是他们很快又有了一个雄心，而且是更加不简单的一个。他们遇到了第一个大机会，来自一家名叫第一资本金融（Capital One Financial）的信用卡公司。

第一资本金融公司是一个很好的例子，它代表了那些找到了把钱借给信用评级很差的美国人的办法的企业。它的业务是信用卡，不是住房贷款，但是它面对的那些人的住房贷款几年之后可能会在灾难中结束。在整个20世纪90年代以及刚跨进21世纪的时候，该公司声称，它在分析次级信用卡使用者的信用度，而且它在为借款给他们而进行的风险定价方面，拥有比其他公司更好的工具，市场也相信了这个说法。20世纪90年代末，它度过了这个行业非常困难的一段日子，在这段时间内，它的好几家竞争对手都消失了。随后，在2002年7月，它的股票崩盘——两天之内下跌了60%，原因是第一资本金融公司管理层披露了他们与两家政府监管机构——储蓄机构监管办公室以及美国联邦储备局——在对于他们需要储备多少资本以应对潜在的次级亏损问题上存在分歧。

忽然之间，市场开始担心第一资本金融公司在发放贷款方面并不真的比其他公司聪明，而只是在掩藏亏损方面做得更好。市场怀疑，监管者可能发现了欺诈行为，而且正准备处罚第一资本金融公司。各种证据似乎都指向了这个方向。美国证券交易委员会宣布，它在调查该公司最近刚刚辞职的首席财务官，他涉嫌在公司宣布与监管部门的分歧导致股价下跌前的两个月卖出了他所持的公司股票。

在接下来的6个月内，第一资本金融公司继续以惊人的速度赢利。它声称自己没有做错任何事，监管机构的做法太反复无常，它还公告称它所持有的200亿美元次级贷款组合没有出现任何特别的损失。但是，第一资本金融公司的股票价格仍然没有起色。查理和加米研究了整个事件，他们参加行业会议，致电各种他们并不认识的人，并向这些人寻求信息，包括空头卖家、前第一资本金融公司员工、为该公司提供咨询的管理咨询师，甚至政府监管机构的人。“情况逐渐变得清晰起来。”查理说，“额外的信息数量有限，我们所知道的东西大家都知道。”他们认为，第一资本金融公司或许真的有更好的发放次级贷款的工具。需要解决的问题只有一个：这个公司的管理层是骗子吗？

充满想象力的赚钱策略

对于两个生活在加利福尼亚伯克利的30来岁、自称职业投资人、在嘉信理财账户上一共有11万美元的人来说，查理和加米不认为这是他们应该探究的问题。但事实上，他们去做了。他们去寻找第一资本金融公司首席执行官理查德·费尔班克（Richard Fairbank）的大学同学，了解费尔班克的性格特征。加米查阅了第一资本金融公司的年报，并且努力找出公司内部可以提供情报的合适人选。“如果我们提出要见首席执行官，或许根本见不到。”查理解释说。最后，他们找到了彼得·史诺（Peter Schnall），他是该公司分管次级债务组合的副总裁。“他给我们的印象是很愿意的，‘是谁打电话说想见彼得·史诺？’”查理说，“当我们要求跟他谈谈的时候，他很愿意，说‘好啊’。”他们很庄重地介绍自己来自康沃尔资本管理公司，但是对康沃尔资本管理公司具体是做什么的只字不提。“很有趣，”加米说，“人们并不太愿意问你有多少钱，所以你也不需要告诉他们。”

他们问史诺是否可以去拜访他，在他们进行投资之前问他几个问题。“我们真正想做的，”查理说，“是想看看他是否像个骗子。”他们发现他相当健谈。很有意思的是，他也在买自己公司的股票。他们离开的时候想，第一资本金融公司与监管机构的分歧是无伤大雅的，而且该公司基本上是诚实的。“我们得出的结论是，这家公司的管理层有可能是骗子，”加米说，“但也很有可能不是。”

接下来发生的事情把他们引向了一条通往那个很快让他们变得非常富有的金融市场的康庄大道。在与美联储和储蓄机构监管办公室出现分歧的消息公布之后的 6 个月里，第一资本金融公司的股价在每股 30 美元上下小幅波动。这种稳定性显然掩盖了一种严重的不确定性，对于第一资本金融公司来说，每股 30 美元的价格显然不是“正确”的价格。这个公司要么是欺诈，如果是这样，它的股票将一文不值；要么像查理和加米认为的那样诚实，在这种情况下，它的股价应该在每股 60 美元左右。

加米·麦刚刚读完《你能成为股市天才》这本书，这本书的作者是乔尔·格林布拉特，也就是支持迈克尔·巴里的对冲基金的那个人。格林布拉特在书中讲述了他怎样利用一种被称为长期股票期权的衍生证券赚取巨额财富的故事。这种长期股票期权给它的买家提供了以固定价格在一段确定的时间内购买股票的权利。格林布拉特解释说，有时候，购买一种股票的期权要比购买股票本身更有意义，但这在价值投资的世界里被当作异端邪说中的一种。老式的价值投资者不碰期权，因为期权假定被低估的股票存在一种随时间进行价格运动的能力。格林布拉特的观点是：如果股票的价值会因为某些固定时间（比如兼并日或者开庭日）内一定会发生的事件的影响而出现显而易见的变化，价值投资者就可以使用期权来表达自己的观点。这让加米想到了一个主意：买入第一资本金融公司股票的长期期权。“这是很刺激的事情，我们认为这只股票很有吸引力。但是，看看这些期权的价格！”

以 40 美元的价格在今后两年半中的任何时间购买第一资本金融公司股票的权利，竟然只值 3 美元多一点儿。第一资本金融公司与监管机构的问题在几个月之内就会有结果，要么解决了，要么没有。到那时，股价要么跌到零，要么涨到 60 美元。再仔细观察一下，加米发现，华尔街用来为长期股票期权定价的模型——布莱克·斯科尔斯期权定价模型——存在一些奇怪的假设。比如，它假定未来股票价格呈钟形正态分布。如果第一资本金融公司按每股 30 美元的价格交易，该模型推测，在今后的两年里，股价为每股 35 美元的概率比每股 40 美元的概率大，每股 40 美元的概率比每股 45 美元的概率大，依此类推。这个假设只对那些对公司情况一无所知的人才有意义。在这个例子里，这个模型完全忽略了一个关键因素：当第一资本金融公司股票价格波动的时候，它大幅波动的概率要大于小幅波动的概率。

康沃尔资本管理公司马上买入了 8 000 份长期股票期权。他们潜在的损失被限制在他们为购买股票期权所支付的 26 000 美元内，而他们潜在的收益在理论上却是无限的。不久之后，第一资本金融公司的问题得到了监管机构的澄清，其股票价格飙升，康沃尔资本管理公司 26 000 美元的期权头寸现在价值 52.6 万美元。“我们真是高兴得发疯了。”查理说。

“我们真的不敢相信有人会以如此低的价格把这些长期期权卖给我们，”加米说，“我们将继续寻找更加远期的期权。”

这很快成了一个充满想象力的赚钱策略：从那些看起来很便宜的韩国股票、五花肉、第三世界国家货币等任何可能会出现某种剧烈波动的有价的东西的期权入手，然后再返回到期权允许你买入或者卖出的那个东西上。期权适合查理和加米两人的个性：他们永远也不用对任何事情有确定的想法。两人都具有这样的倾向，觉得人类——也可以扩展到市场——往往对本身并不确定的事情抱有太确定的看法。两人也都觉得，人类——也可以扩展到市场——往往不会对几乎不可能发生的事件计算概率。两人在坚定自己的信念方面都存在问题，但当他们认为别人的信念错误时，他们却非常善于对此做出反应。每当他们打算押下一笔风险很大的赌注时，其中一人就会着手进行案例分析，做出一份详尽的演示材料，并用 PowerPoint 幻灯片来呈现。他们实际上并不需要向谁去报告，他们这样做只是为了在讨论的时候，让对方听听这有多大的说服力。他们只在他们认为某些剧烈的变化即将发生的时候才会进入市场，他们会以很小的赌注投注很大的赔率，这最终可能会让他们赢得很多。他们不知道有关韩国股票或者第三世界国家货币的第一手资料，但是他们并不需要真的知道。如果他们发现可以很便宜地对任何证券的价格变动投注，他们就会雇用一名专家帮助他们找出那些细节问题。“这就是我们的模式，”加米·麦说，“依靠那些知道得比我们多的聪明人进行工作。”

他们在第一资本金融公司股票期权上初战告捷后，又取得了另一个类似的成功，这次是在一家叫作联合泛欧通信公司的欧洲有线电视公司身上，它当时正深陷窘境。这一次，由于拥有了更多的资金，他们购买了 50 万美元的买入期权，行权价格与市场价格差异很大。当联合泛欧通信公司恢复元气的时候，他们赚到了 500 万美元的利润。“我们这次真的太激动了。”加米说。接下来，他们押注在一家为病人提供家用氧气瓶的公司上，20 万美元的赌注很快变成了 300 万美元的利润。“我们现在是三战三捷，”查理说，“我们认为这十分滑稽。这也是我第一次认为自己真的会在一段很长的时间内一直从事这项工作。”

成为华尔街大公司的客户

他们也许是抓住了现代金融市场的严重漏洞，也许是撞进了一场巨大的赌局中。但从特征上分析，他们不可能属于上面两种情况中的任何一种。正如查理所指出的：“真的很难知道我们什么时候是幸运的，什么时候是聪明的。”他们估计，等到他们能够拥有统计学意义上的有效交易记录的时候，他们可能早已作古了，所以，他们无意花费大量的时间来考虑他们到底是幸运还是聪明。无论如何，他们知道他们根本不懂那些他们应该懂的东西，特别是有关期权方面的知识。他们从加利福尼亚大学伯克利分校的统计系雇了一名博士生帮助他们做这些工作，但是当他们要求他研究五花肉未来的市场行情时，他辞职了。“好像他是一名素食主义者，”加米说，“他本来就对资本主义有心结，五花肉则把他推过了那条红线。”他们只好自己慢慢啃那一大堆复杂的金融理论。

“我们花了大量的时间建立起了我们自己的布莱克·斯科尔斯模型，用于预测在变更其中的各种假设后会出现什么情况。”加米说。让他们大吃一惊的是，这个模型允许人们以非常低廉的成本去对那些很可能会以惨烈的方式结束的局面进行投机。如果一只股票在次年将会一文不值，或者每股值 100 美元，那么以 3 美元的价格出售一年期的按每股 50 美元的价格购买股票的期权就是很愚蠢的行为。然而，市场通常都是那样做的。华尔街所使用的为价值上万亿美元的金融衍生品定价的模型，想当然地把世界看成一个有序且连续的过程。但是，世界并不是连续的，它时断时续地发生着变化，而且这些变化通常都是偶然的。

“事件驱动型投资”是他们为自己的所作所为杜撰出来的一个词语，这个词听起来并没有它本身那么有趣。一天，查理被乙醇期货勾起了好奇心。他对乙醇所知不多，但是他知道它享有美国政府每加仑

50 美分的补贴，所以，每加仑乙醇比每加仑汽油多 50 美分的溢价，而且会一直享有这一优势。在 2005 年年初，他对乙醇产生兴趣的时候，总体来看，每加仑乙醇的交易价格比汽油便宜 50 美分。他不知道原因，最终也没有找到这个原因。查理买了两车皮的乙醇期货，并因此上了《今日乙醇》的头条。在经纪人的怒火中，他们结束了这桩交易，并不得不在芝加哥的某货场上接收装满了乙醇的车皮，而经纪人赚到的钱少得近乎荒唐。“我们所做的业务的复杂性已经与我们的资产不成比例了，”查理说，“跟我们的公司规模差不多的那些公司没有谁会做跨资产类别的交易。”

“我们在做着那些可能会让你的投资人对你大吼大叫的事情，”加米说，“但是我们没有被投资人批评，因为我们没有投资人。”

他们确实想将他们的战利品交给那些有资格证书的、干净的、不敢对上帝撒谎的专业投资者来打理。他们在纽约跑了几个星期，与不同的对冲基金经理面谈。“当你听这些基金经理讲的时候，他们好像都很了不起，”加米说，“但是，你只要看看他们的数据，就会发现他们总是夸大其词。”他们决定继续自己投资。在他们开展业务两年之后，他们经营的自有资金达到 1 200 万美元，并且把他们的总部从伯克利的车库搬到了曼哈顿的办公楼里——艺术家朱利安·施纳贝尔（Julian Schnabel）格林尼治村工作室的一整层。

他们的账户也从嘉信理财转到了贝尔斯登。他们希望与一些华尔街的大型交易公司建立关系，并且把这种想法告诉了他们的会计。

“他说他认识埃斯 · 格林伯格（Ace Greenberg），他可以介绍我们认识，我们说这很棒。”查理说。格林伯格是贝尔斯登的前董事长兼首席执行官，也是华尔街的一个传奇人物，他现在仍然在公司保留着一间办公室，并为十几个特别的投资人担任经纪人。当康沃尔资本管理公司将他们的资产转移到贝尔斯登的时候，贝尔斯登的经纪人声明很快就被送了过来，一起被送来的还有放在最上面的埃斯 · 格林伯格的名片。

与他们过去在金融市场的大多数遭遇一样，他们与华尔街大公司的第一次交道充满了兴奋点，但却令人摸不着头脑。情况的确是这样，他们甚至从来没有见过埃斯 · 格林伯格，就稀里糊涂地成了他的客户。“我们的遭遇好像是，‘那么，埃斯 · 格林伯格做我们的经纪人如何？’”查理说，“我的意思是，我们什么都不是，而且我们从来都没有真正见过埃斯 · 格林伯格。”随着他们一次又一次尝试与格林伯格见面，他的神秘感也越来越强。他们找到他们认为应该是格林伯格的电话号码，但是当电话打通的时候，却不是格林伯格在接听。“这让人完全糊涂了，”查理说，“偶尔，埃斯 · 格林伯格自己会拿起话筒，但他所说的永远都是‘请稍候’。然后，会有一个秘书接过电话，处理我们的订单。”

最后，他们终于与这位华尔街的传奇人物见面了，然而，这次见面非常短暂，所以，他们很难说自己是否真的见到了埃斯 · 格林伯格，或者只是一个埃斯 · 格林伯格的扮演者。“我们进去待了 30

秒——真的是 30 秒，随后就被很不礼貌地赶了出来。”加米说。埃斯·格林伯格仍然是他们的经纪人，他们只是从来没有跟他说过话。

“埃斯·格林伯格这件事情对我们来说仍然没有什么意义。”查理说。

他们怀疑是“扮演埃斯·格林伯格的那个人”没能解决他们认为自己面临的最大的问题。他们是小规模的私人投资者，华尔街公司对他们来说还是个谜。“我从来没有过走在一家银行里面的实实在在的感觉，”查理说，“我只能通过别人的眼睛，加上自己的想象力，来想象里面正在发生的事情。”要做他们想做的那种类型的交易，他们需要被华尔街大公司认定为熟知华尔街大公司做法的投资人。“作为私人投资者，你是二等公民，”加米说，“你获得的报价不好，服务不好，一切都不好。”

二等公民

在加米的新邻居本·霍克特的帮助下，他们终于如愿了。霍克特也刚满 30 岁，在东京为德意志银行做了 9 年的衍生品交易。与加米和查理类似，他也是一个与传统社会有些疏离的人。“在我开始我的职业生涯的时候，我还是单身，24 岁，”他说，“现在我有了老婆和孩子，还有一条狗。我对工作很头疼。当我下班回到家的时候，我对自己很不满意。我不像一个平常的父亲那样盼望着我的孩子长大。我想，我得找机会离开公司。”当他鼓起勇气提出辞职的时候，他在德意志银行的老板们坚持要他说出他不满意的地方。“我告诉他们我不想走进办公室，我不喜欢穿西装，我也不喜欢生活在一个大城市里。他们说‘很好’。”他们告诉他，他可以穿他想穿的衣服，住在他喜欢的地方，在他想工作的地方工作，而且这一切都可以在他仍然是德意志银行员工的前提下做到。

本从东京调职到了旧金山湾区，同时转过来的还有德意志银行1亿美元的资金，由他在伯克利山自己舒适的新家里进行投资，他怀疑自己或许是伯克利唯一一个在信贷衍生品中寻找套利机会的人。本和加米相约一起去遛狗。加米引导本关注那些华尔街大公司和神秘的金融市场怎样运作的信息，并最终促使他辞去了工作，加入了康沃尔资本管理公司。“在把自己一个人关在一间小房子里三年之后，我认为跟别人一起工作应该会很棒。”本说。他离开德意志银行，加入对事故和灾难的快乐追逐之中，而且很快就发现自己又要独自工作了。查理很快搬到了曼哈顿，而加米在与女朋友分手后也迫不及待地跟了过去。

他们三人的关系是一种奇特的志同道合者间的团结。本认同查理和加米的观点，他们都认为人类和市场一样，倾向于低估极端事件发生的概率，但是他的想法更进了一步。查理和加米只是对金融市场灾难的发生概率感兴趣，本却时刻对现实生活中灾难出现的概率保持着警惕。他相信，人们也会低估这类因素，因为他们潜意识里不希望遇到这些问题。在市场和现实生活中，人们应对极端事件的方式有两种：斗争或者逃避。“斗争是‘我要拿起我的枪杆子’，”他说，“逃避是‘我们注定要毁灭，所以我们对此无能为力’。”查理和加米属于逃避的类型，比如，如果本对他们说起全球变暖造成海平面上升的可能性有多大时，他们就会耸耸肩膀说“我们对此无能为力，所以，为什么要杞人忧天？”，或者“如果这种情况发生了，我不想再以任何方式苟且偷生”。

“他们是住在曼哈顿的两个头脑简单的家伙，”本说，“他们两人好像都在说，‘如果我们不能在曼哈顿生活，我们根本就不想再活下去了’。”他惊奇地发现，查理和加米，这两个对金融市场的剧烈变化如此敏感的人，对市场以外的各种可能性却没有任何警惕，也没有防备。“我一直试图为我自己和我的孩子针对无法预知的未来做些准备。”本说。

查理和加米希望本把他的这些“乌鸦嘴”式的说法保留在他自己的心里，因为这些话让人听了很不是滋味。比如，没有任何理由让任何人知道，本在旧金山北部的乡下购买了一座小农场，那是一个很偏僻的地方，没有公路，种植了足够他和家人吃的水果和蔬菜，以备那个几乎不可能到来的世界末日来临时之需。然而，让本把自己的世界观埋在心底是件艰难的事情，更何况这与他们的投资战略是一脉相承的：事故和灾难距离他们的谈话永远都不会太远。有一天，在与本的通话中，查理说：“你痛恨冒任何微小的风险，但是你住在一幢建在一座处于断层之上的山顶的房子里，而且是在一个有史以来价格最高的住房市场中。”“他只是说，‘我得走了’，就挂了电话。”查理回忆道，“后来大概有两个月我们都很难再找到他。”

“我挂了电话，”本说，“我意识到，我必须卖掉我的房子。而且是马上。”他的房子值100万美元甚至更多，然而如果出租，一个月的租金连2 500美元都不到。“年租售比超过30倍。”本说，“根据经验，应该在年租售比为10倍的时候买入，20倍的时候卖出。”2005年10月，他把家搬到了租来的公寓里，远离断层。

在本看来，查理和加米是不太职业的理财经理，或者，用他的话说，他们是“两个在市场上打游击的聪明人”。但是，他们购买某些有望在金融市场上演大戏的廉价筹码的战略，让他产生了共鸣。这种做法很难说是万无一失的，事实上，它成功的可能性要远低于失败的可能性。有时候，期待中的大戏一直没有上演；有时候，连他们自己都不知道他们到底在干什么。有一次，查理在汽油期货市场上发现了一个奇怪的价格差异，并且很快买入了一份汽油合约，并卖出了另外一份，用加米的话说，“一份是无铅汽油，另外一份是柴油”。另外一次，前提是对的，但是结论却错了。“一天，本打电话对我说，‘兄弟，我认为泰国要发生一次政变。’”加米说。报纸上没有任何泰国政变的消息，这是一次天才的抢跑。“我说，‘拜托，本，你疯了，不会有什么政变的。那么，你是怎么知道的？你可是在伯克利啊！’”本发誓，他跟一个他过去在新加坡工作时的同事聊过，这位同事的手指把触着泰国的脉搏。本对此坚信不疑，他进入泰国的货币市场，买入了便宜得让人咋舌的三个月期泰铢卖出期权（卖出货币的选择权）。一周之后，泰国军方推翻了民选的总理，但泰铢却没有波动。“我们预测对了政变，却亏掉了钱。”加米说。

按照设计，亏损不是大问题，亏损是计划的一部分。他们亏损的次数比赚钱的次数多，但是他们的亏损，即期权的成本，与他们的收益比起来却小得可以忽略。对他们的成功，可能的一种解释是：金融期权被系统地错误定价了。对于这个说法，查理和加米只是凭直觉，但是本曾经为华尔街的大公司做过期权定价工作，应该有足够的能力做出这个解释。市场常常低估价格出现极端波动的可能性，期权市场也倾向于假设遥远的未来会与当下的情况相似。最后，期权的价格是其基础股票、货币或者商品价格波动的函数，而期权市场倾向于根据最近的记录预测股票、货币或者商品的价格波动。在 IBM 股票价格达到每股 34 美元，并且在过去一年中剧烈波动的情况下，以每股 35 美元的价格在任何时候行权的期权就很少会被低估。当黄金在过去两年中以每盎司 650 美元的价格交易时，以每盎司 2 000 美元的价格在未来 10 年内的任何时候行权的期权就会被极大地低估。期权的行权期越长，由布莱克·斯科尔斯期权定价模型计算出来的结果就越愚蠢，因此不采用这一模型的那些人的获利机会也就越大。

奇怪的是，三个人当中，本这个最不传统的人反而最具有面子意识，他将康沃尔资本管理公司的对外形象变得更像传统的机构资产管理公司。他熟知怎么玩转华尔街的交易大厅，因而也知道查理和加米会被华尔街大公司看成是不够严肃的投资者——用本的话说是“车库对冲基金”，本也知道他们会为此受到什么样的惩罚。私人投资者在公开交易中所能够接触到的最长的期权是长期股票期权，即在 2.5 年内以某一固定价格购买普通股票的权利。“本对查理和加米说，你们都知道，如果你们将自己打造成严肃的机构投资者，你们就可以给雷曼兄弟或者摩根士丹利打电话，并且购买任何你们想要的东西的 8 年期权。你们希望这样吗？”

他们当然希望！他们发疯一般想直接与他们认为被低估得最严重的期权来源进行交易：高盛、德意志银行、贝尔斯登以及其他那些最成熟的大规模的交易席位。“狩猎证”，他们这样称呼它，“狩猎证”的真正名字是：国际互换与衍生品协会协议。这是由国际互换与衍生品协会制定的制式协议，也就是迈克尔·巴里在买入他的第一只信用违约掉期产品时得到的那个东西。如果你获得了国际互换与衍生品协会协议，理论上你就可以与华尔街的大公司进行交易，就算实力上不是旗鼓相当，至少也算是具有可塑性的新秀。问题在于，尽管他们成功地管理着资金，他们所拥有的资金仍然不是太多。更严重的是，他们所拥有的资金全都是他们自己的。在华尔街内部，他们被列为“高净值个人”，这是最好的说法了，即有钱人。有钱人从华尔街得到的服务要好于中产阶级人士，然而与机构资产管理人相比，他们仍然是二等公民。更关键的是，有钱人一般不会被邀请去交易复杂的证券，比如信用违约掉期等不会在公开市场上交易的产品。而这些复杂的证券正在逐渐成为华尔街的脉动。

德意志银行的机构客户

到 2006 年年初，康沃尔资本管理公司的自有资金已经增长到接近 3 000 万美元。尽管如此，对于销售信用违约掉期产品的华尔街公司来说，这还是个拿不出手的小数目。“我们给高盛打电话，”加米说，“得到的回复是他们对我们的生意没兴趣。雷曼兄弟则嘲笑我们。面对这些坚不可摧的壁垒，你要么爬过去，要么从地下打个洞钻过去。”“J · P · 摩根事实上取消了我们的客户资格，”查理说，“它说，我们的麻烦事太多了。”他们确实麻烦，就像领零花钱的孩子老是希望被当成大人一样。“我们想从德意志银行购买铂金期权，”查理说，“德意志银行的回答是，‘对不起，我们不能跟您做这笔交易’。”“没有人愿意接受我们，”加米说，“我们打了一圈电话，发现至少要有 1 亿美元，才会被这些机构视为可信赖的客户。”

到他们给瑞银集团打电话的时候，他们已经知道得足够多了，因此当电话另一端的人问他们有多少钱的时候，他们不做正面回答。“我们学会了转移话题，”加米说，“问题应该是‘你做空多少’。”查理回忆道：“我们说不太多。然后对方问，‘你们交易的频率是怎么样的呢？’我们说，不太频繁。然后就出现了很长时间的冷场。再然后对方说，‘等我问问老板。’之后，我们没有从瑞银集团听到任何回信。”

他们在摩根士丹利、美林以及其他地方也没有碰到什么好运气。“对方会说，‘让我们看看你们的市场材料’，”查理说，“而我们会说，‘嗯，我们没有那些东西’。对方会说，‘好吧，让我们看看你们的报价文件’。我们没有任何报价文件，因为这些钱不是别人的钱。所以对方说，‘好吧，让我们看看你们的钱’。我们会说，‘嗯，我们也没有那么多钱’。对方会说，‘好吧，让我们看看你们的履历’。”如果查理和加米与资产管理界有任何关系，比如说曾经在这个行业工作过，可能会对他们的申请有帮助，但是他们也没有。“最后会谈总是在这样的问题中结束：‘那么，你们有什么？’”

胆大妄为，加上可以按照自己的意愿使用的3 000万美元，再加上一位深谙华尔街大公司运转情况，且具有悲天悯人特质的前衍生产品交易员。“加米和查理曾经为申请国际互换与衍生品协会资格花了两年的时间，但是他们其实并不知道应该怎么去申请，”本说，“他们甚至不知道‘国际互换与衍生品协会’的含义。”

查理永远都不会明白本是怎么做到的。本设法说服了德意志银行接受康沃尔资本管理公司进入它的“机构投资平台”，而按照德意志银行的标准，要进入这个平台，至少需要20亿美元。本声称，只要找到对的人，并且用语言打动这些人就可以了。在他们知道这个消息之前，来自德意志银行的一个小组同意对康沃尔资本管理公司进行一次拜访，以确定他们是否有资格获得这项殊荣：成为德意志银行的机构客户。“本提供了一家好银行。”查理说。

德意志银行有一个规定，叫作 KYC（了解你的客户），这一规定并不是要求员工切实了解客户的实质性情况，而是要求员工亲自拜会客户，至少一次。听说他们被列在接受 KYC 访问名单的末尾，查理和加米第一次表现出了担心，他们担心在朱利安·施纳贝尔的工作室外面的地方工作这一点可能会引发什么问题。“我们有一个外观上的问题。”加米优雅地说。从楼上飘出了新鲜油彩的气味，从楼下传来了血汗工厂的声音，而唯一的厕所就在楼下。“在德意志银行的人到来之前，”查理说，“我在想，如果有人必须去上厕所的话，我们就麻烦了。”康沃尔资本管理公司自己的小空间充满着迷人的非金融气息——一间昏暗的小房间，红色的砖墙，有扇门通向一个像森林一样的小巧的花园，在这样的花园里，幻想那些梦幻的场景，远比购买信用违约掉期产品容易。“出现了一两次尴尬的时刻，因为在我们的办公室下面有个裁缝在工作，他们可以听到她弄出的声响。”加米说。但是，德意志银行的人没有谁要去卫生间，康沃尔资本管理公司终于得到了自己的国际互换与衍生品协会资格。

在这份协议中，康沃尔资本管理公司对德意志银行的义务条款很长，而德意志银行对康沃尔资本管理公司的义务条款却很短。如果康沃尔资本管理公司与德意志银行一起下注，而且最终“赚到了钱”，德意志银行不需要交付担保物，康沃尔资本管理公司只能寄希望于德意志银行能够承担债务。另一方面，如果交易不利于康沃尔资本管理公司，他们就必须补足他们亏损的那部分金额，每天结算。当时，查理、加米和本对这些规定，以及他们与贝尔斯登达成的国际互换与衍生品协会协议中的类似规定，没有太多的疑虑。他们还沉浸在被允许从格雷格·李普曼手里购买信用违约掉期产品的喜悦之中。

那又怎么样呢？他们是急性子的年轻人，他们无法相信会有这种交易的存在，而且不知道能够持续多久，但是他们花了几周的时间在一起辩论这个问题。李普曼的销售广告让他们觉得陌生，还觉得好像有什么阴谋。康沃尔资本管理公司从来没有买卖过抵押贷款债券，但是他们明白，信用违约掉期产品真的是一个金融期权：你支付一小笔保费，然后，如果有足够多的次级贷款借款人断供，你就赚了。他们好像得到了一张便宜的戏票，剧目即将上演。他们自己做了另外一份演示材料。“我们看着这个交易，”查理说，“觉得它简直不可思议，好得不像真的。老天爷，为什么我能在这样的价格水平上购买针对3B级次级抵押贷款债券的信用违约掉期产品？那些心智还算正常的人都在说，‘哇，我会用200个基点来冒这个险吗？’这是一个离谱的低价，根本就没有道理。”

那时是2006年10月初。几个月前，也就是2006年6月份的时候，美国首次出现全国性的住房价格下跌。5周之内，到11月29日，次级房屋贷款债券价格指数，即ABX将首次出现利率缺口。借款人将无法支付足够的利息，去赔付最危险级别的次级债券。相关抵押贷款已经开始出现问题，而由这些贷款支撑的债券的价格还没有发生变化。“这就是最怪诞的部分，”查理说，“它们已经开始出问题了。我不停地问，‘到底是谁在这个交易的另一端？’不断向我们涌来的答案是‘担保债务权证’。”这又引出了另外一个问题：什么是担保债务权证呢？

担保债务权证欺诈

一般来说，当他们进入一个新的市场时——因为他们发现了一些值得下注的机会，他们会找到一位专家来做他们的向导。他们对这个市场毫无经验，因此花在寻求帮助方面的时间要比通常情况下更长。“我对资产支撑证券有一些模糊的认识，”查理说，“但是担保债务权证是什么，我对它一无所知。”最终，他们明白了债券市场的语言与市场之外的语言所表达的意思不一样。债券市场在设计术语的时候，较少考虑它要传达的意思，而是考虑怎么去吓唬外面的人。被高估的债券不是“昂贵”，而是“富余”，这让它们听起来像是某种你必须买的东西。次级抵押贷款债券的各层级不叫层级，也没有任何可能让债券购买者形成任何具体印象的名称，而是叫作“部分”。最下面的部分——高风险的底层——不叫底层，而是夹层，这听起来不像一个危险的投资，而像一个大剧院中的高价座位。由最危险的次级抵押贷款夹层组成的担保债务权证不叫次级贷款支撑的担保债务权证，而叫“结构性融资担保债务权证”。“不同的叫法会产生巨大的混乱，”查理说，“在我们绞尽脑汁想要弄明白它们的意思的过程中，我们意识到它让我们始终不得要领是有原因的。原因就是它本身并没有意义。”

次级抵押贷款市场有一种特别的能力，可以把那些需要澄清的东西搅浑。比如，一份完全由次级抵押贷款支撑的债券不叫次级抵押贷款债券，它的名字是“资产支撑证券”。当查理问德意志银行的人，一份资产支撑证券具体是由什么资产来支撑的时候，他们递给他一份缩略词名单，而且都是首字母缩略词——RMBS，HELs，HELOCs，Alt-A，另外还有他从来不知道的信用级别“次优级”。RMBS 代表的是住房抵押贷款支撑的证券，HEL 代表的是住房权益贷款，HELOC 代表的是住房权益授信额度。Alt-A 则是这些人对垃圾抵押贷款的称呼，他们在发放这种贷款时甚至都懒得去拿合适的文件，比如借款人的收入证明。“A”指的是信誉最优的借款人，Alt-A 代表的是“A 级文件替代”，意思是对信誉最好的人的一种替换，如果用后一种方式来讲，听起来当然令人生疑。作为一种规则，任何转为首字母缩略或者缩略词的贷款，都可以被称为“次级贷款”，但是债券市场不想让它透明。“次优级”是语言战胜真理的一次伟大胜利。有些狡诈的债券市场人士盯着次级抵押贷款的蔓延，就像野心勃勃的不动产开发商盯着奥克兰，寻找机会重新界定某些势力范围一样。在奥克兰的郊区，有一个街区名叫洛克里奇，它是一个完全独立的小镇。就因为拒绝被称为奥克兰，洛克里奇的资产价值就要高得多。在次级抵押贷款市场内部，现在也有一个类似的地方被称为次优级。次优级是次级的，然而，从某种角度又很难说它是次级的。“我花了一些时间才弄明白，所有这些债券内部的东西其实几乎都是同样的货色，”查理说，“华尔街公司让评级机构同意给予它们不同的名称，只是为了让它们看起来更像多元化的资产池。”

查理、加米和本进入了次级抵押贷款市场，希望也能像迈克尔·巴里和史蒂夫·艾斯曼一样，找出那些非常糟糕的次级债券来对赌。他们快速地研究了 FICO 评分和贷款价值比率、“哑二”（无记载的第二按揭）、加利福尼亚和佛罗里达房价的疯狂情况，以及令人吃惊的债券本身过度乐观的结构：3B 减级的部分，即高塔的最底层，只需要其贷款池出现 7% 的亏损，价值就将归零。但是，他们最终做的事情却与所有对赌次级抵押贷款市场中的人的所作所为大相径庭，而且最终也获益更丰：他们对赌担保债务权证产品中靠近上层的双 A 级部分。

事后，他们意识到自己拥有两个优势。第一个是他们闯进这个市场的时间比较晚，恰好就在市场崩溃之前，而且在少数几个其他的理财经理之后。“我们能够跑得如此快的一个原因，”查理说，“是我们马上就能看到大量的非常翔实的分析，而不需要从零星的资料中去拼凑。”另一个优势是他们对待金融市场的那种堂·吉诃德式的方式：他们有意识地寻找成功希望不大的事情。他们梳理市场，寻找那些实际赔率是 10 : 1，但却好像按 100 : 1 的赔率定价的机会。“我们寻找无追索权杠杆。”查理说，“杠杆意味着放大效应。你只需要轻轻地给一点儿压力，就可以把它变成很大的压力。我们希望自己能够到达这样一个位置，在那里，世界局势任何细微的变化都会产生巨大的价值变化。”

深入担保债务权证内部。他们或许还不知道担保债务权证是什么，但是他们已经做好了思想准备，因为世界局势出现任何细微的变化，都会造成担保债务权证的价值发生巨大的变化。在他们看来，担保债务权证本质上就是一堆 3B 级抵押贷款债券。华尔街公司唆使评级机构把这堆债券说成是多元化的资产组合，但是，明眼人都看得出，如果有一笔 3B 级抵押贷款出现问题，那么其他绝大多数贷款都会出现问题，因为它们都对同样的经济力量非常敏感。在加利福尼亚的次级抵押贷款出现断供的同一时间，佛罗里达的次级抵押贷款也会基于同样的原因出现断供。然而，80% 的担保债务权证产品中，除了被评级机构高估的 3B 级债券之外，没有任何其他东西。只要住房贷款池出现 7% 的亏损，就可以击垮任何 3B 级债券，并进而击垮任何由 3B 级债券组成的担保债务权证，而不管它的评级是什么。“我们花了好几个星期才真正弄懂这个问题，因为这实在是太不可思议了。”查理说，“但是我们对担保债务权证的认识越深入，我们就越喜欢，这太疯狂了。这是欺诈。或许你在法庭上无法证明，但是，这确确实实就是欺诈。”

揭开垃圾债券的真相

这是一个非常难得的机会：市场表面上看起来好像对自己的谎言

深信不疑。为理论上安全的双 A 级债券购买保险的费率远低于为那些风险公开的 3B 级债券。在能够以每年 0.5% 的价格对赌担保债务权证中的双 A 级债券的情况下，为什么要以每年 2 % 的价格去直接对赌 3B 级债券？如果他们能够以 1/4 的成本有效地对赌 3B 级次级抵押贷款债券，他们赚取的利润就会是原来的 4 倍。

他们挨家给大规模的华尔街公司打了电话，看看是否会有人劝阻他们购买针对双 A 级担保债务权证的信用违约掉期产品。“这好得就像假的一样。”加米说，“当有什么东西看起来好得不真实的时候，我们会尽一切努力找出原因来。”德意志银行一个为格雷格·李普曼工作的名叫里奇·李卓（Rich Rizzo）的家伙尝试了一把。据李卓解释，那份在担保债务权证基础上对信用违约掉期产品进行规范的国际互换与衍生品协议，在数月之前的 2006 年 6 月才开发出来。因此，还没有人购买过针对双 A 级担保债务权证的信用违约掉期产品，这就意味着这些产品还没有一个可以流通的市场。没有流通市场，他们就无法以一个公平的价格卖出或买入。

“他还提到，”查理回忆道，“（情况）永远不可能糟糕到担保债务权证产品会出问题的地步。”

康沃尔资本管理公司对这样的说法完全不认同。他们并不确定次级贷款会出现足以引发担保债务权证产品崩溃的违约情况，但是，他们知道德意志银行对此一无所知，而且没有任何人对此有半点儿了解。作为对高风险贷款池所支撑的债券池最先面临的亏损所提供的保险，担保债务权证应该有一个“正确”的价格，却不应该是0.5%。

当然，如果你要就担保债务权证进行赌博，确切了解担保债务权证内部到底是些什么东西，对下注将会有很大帮助，但是他们对此仍然一无所知。他们在获取信息方面所面临的这种巨大困难，说明大多数人都在尽职调查中跳过了这个阶段。每份担保债务权证包含了上百种不同的抵押贷款债券，这些债券又包含数千种不同的贷款。要弄清楚究竟是哪些部分或者有哪些贷款，是一件几乎不可能的事情，就连被视为最权威的信息来源的评级机构对此也毫无办法。“我给标准普尔打了电话，询问它是否可以告诉我担保债务权证里面是些什么东西。”查理说，“对方说，‘哦，是的，我们正在做的就是这件事情’。”穆迪和标准普尔都在堆积这些3B级债券，以为它们是多元化的，并以此为基础对它们进行评级，而对于这些债券的后面是些什么东西却一无所知！担保债务权证的交易已经有了几百种——仅仅在过去三年中，被开发出来的产品价值已经高达4 000亿美元，然而，据他们所知，没有一个人进行过适当的调查。查理为担保债务权证的内容找到了一个可靠的信息源——一家叫作英泰克斯的公司，但是英泰克斯没有给他回电话，查理认为这家公司没有兴趣与小投资者对话。最后，他终于发现了一个网站，由雷曼兄弟公司经营，名字叫作雷曼在线。

雷曼在线也没有告诉他担保债务权证里具体有些什么内容，但是它提供了一幅特征非常鲜明的大致图景，比如，与它相关的那些债券是在哪一年建立的，这些债券中由次级贷款支撑的有多少。查理和加米从这些数据中寻找两种担保债务权证：一种是其中所包含的债券大部分都由最近发放的次级抵押贷款支撑的，另一种是含有较高比例其他担保债务权证产品的。这里又存在一个关于担保债务权证产品的奇怪事实：通常情况下，它们会简单地把那些华尔街的担保债务权证开发者无法销售出去的部分进行重新包装。更加令人惊异的是它们之间存在的循环关系：担保债务权证甲可能包含担保债务权证乙的部分，担保债务权证乙可能包含担保债务权证丙的部分，而担保债务权证丙则可能包含担保债务权证甲的部分！在担保债务权证内部寻找糟糕的债券就像在化粪池里搅粪便，问题不在于你是否能够抓住一些，而在于你能够在多短的时间内抓到让你满意的部分。它们的名称都是遮遮掩掩的，如加琳娜、吉姆斯通、欧科堂三世、冰河基金等对它们的内容、开发者或者经理人只字不提。"它们全都叫这种信手拈来的名字，"加米说，"其中的大部分名字可能是出于某种理由，但是我们永远也想不到，里面居然还有像阿迪朗达克山脉这样的山峰的名字。"

复杂产品的交易

他们仓促地拿出了一份他们认为最垃圾的担保债务权证产品的名单，并且给好几个经纪人打了电话。他们费了九牛二虎之力，才与那些服务于富人的经纪人建立起不错的关系，而且终于得到了负责大型股票市场投资机构的经纪人的关注。现在他们再次面临怎么摆脱那些一流的股票经纪人，赢得次级抵押贷款债券市场内部人士认同的问题。“在接到我们的电话时，很多人会说，‘嘿，你们这帮家伙为什么不买点儿股票？’”查理说。贝尔斯登不敢相信，这些没有多少钱的年轻人不只是想买信用违约掉期产品，而且想买一只如此复杂，以至于还无人问津的信用违约掉期产品。“我记得我们嘲笑过他们。”第一个处理他们询盘的贝尔斯登信用违约掉期产品推销员说。

在德意志银行，他们被推给了一名23岁，还从来没有接待过客户的债券推销员。“我能够认识本和查理，”这个年轻人说，“是因为德意志银行里没有别人愿意跟他们交易。他们大概拥有2 500万美元的资金，这对于德意志银行来说，确实不起眼。没有人想接他们的电话，大家都拿他们公司的名字开玩笑，他们会说，‘哦，康饿儿资本的人又打电话来了。’”不过，德意志银行在与他们的交易中，再次表现出了最大的诚意。2006年10月16日，他们从格雷格·李普曼手里购买了750万美元针对一只被命名为松山的担保债务权证产品的双A级部分的信用违约掉期产品。4天之后，贝尔斯登又卖给他们5 000万美元的产品。“他们认识埃斯，”贝尔斯登信用违约掉期产品推销员说，“所以，我们最终还是跟他们进行了交易。”

查理和加米继续给他们能够想到的人打电话，甚至是那些与这个新市场几乎沾不上边儿的人，希望能够找到某个人给他们解释他们所看到的这种疯狂的原因。一个月之后，他们终于找到了这位市场专家，并且聘用了他——一个名叫戴维·伯特（David Burt）的家伙。《机构投资者》打算推出一份债券市场从业人员的榜单，名为“定息债券新星20强”。戴维·伯特制定榜单的依据是这些人在次级抵押贷款市场上的获利水平。伯特曾经为拥有1万亿美元资金的黑石基金工作过，这只基金部分由美林拥有，他的工作是对次级抵押贷款进行信用评估。他要在债券出问题之前，为黑石识别出这些债券。现在他怀着创建自己的基金，投资次级抵押贷款债券的理想辞职了，为了养家糊口，他愿意以每月50 000美元的价格，将他的特长出租给康沃尔资本管理公司的这些怪人。伯特拥有最全面的信息，以及分析这些信息的模型。他会分门别类地告诉你抵押贷款会发生什么情况，根据不同的地区，区分各种不同的住房价格条件。他随后会拿出那些信息，并具体地告诉你哪种抵押贷款债券会出现什么样的情况。他认为，使用这些信息的最好方式，就是买入更稳健的抵押贷款债券，并卖出那些不稳健的债券。

康沃尔资本管理公司对内部人为造成的复杂性没有太大的兴趣。如果你怀疑整个市场都将灰飞烟灭，花费大量的时间去找出最好的次级抵押贷款债券就是愚蠢的行为。查理和加米把他们已经下注对赌的担保债务权证产品的名单递给伯特，并询问他的意见。“我们一直在找某个人给我们解释一下，为什么我们对自己所做的一切一无所知。”加米说，“他可以。”伯特能够告诉他们的是，他们或许是有史以来首次针对双 A 级担保债务权证购买信用违约掉期产品的人。他们认为，担保债务权证市场上还有大量的问题他们不清楚。他们在一天之内选出了他们下注对赌的担保债务权证产品，并且认为他们应该可以做得更高明。“我们已经掷出了飞镖，”加米说，“我们说，‘请让我们掷得更好一些。’”

伯特在几周之后给他们的分析报告令他们惊喜不已：这些产品选得太漂亮了。“他说，‘哇，你们这帮家伙干得太棒了。这些担保债务权证产品里有大量真正的垃圾债券。’”查理说。然而，他们没有意识到，他们的担保债务权证内部的债券实际上是针对债券的信用违约掉期产品，所以，他们的担保债务权证产品不是普通的担保债务权证产品，而是合成担保债务权证产品，或者说，掉期产品所基于的债券是被迈克尔·巴里、史蒂夫·艾斯曼以及其他对赌这个市场的人所挑选出来的那些产品。

他们所面临的挑战与平常一样，就是在扮演市场天才角色的时候，避免成为牌局里的傻瓜。到 2007 年 1 月，他们以微不足道的 3 000 万美元资金拥有了 1.1 亿美元的针对资产支撑担保债务权证产品中的双 A 级部分的信用违约掉期产品。那些卖给他们掉期产品的人仍然不知道拿他们怎么办。“他们押下了几倍于他们所拥有资本的赌注，”年轻的德意志银行经纪人说，“而且他们做的是针对担保债务权证产品的信用违约掉期产品，或许可以这样说，德意志银行能够说清楚整个过程的人不会超过 3~4 个。”查理、加米和本想搞清楚他们都做了些什么，但是无从入手。“我们痴迷于这些交易，”查理说，“而且我们已经穷尽了我们的人脉来讨论这件事情。但是我们还是无法完全搞清楚赌局另一边的人是谁。我们一直在找能够向我们解释清楚我们为什么出错的人。我们都很困惑，我们是不是疯了。始终挥之不去的感觉是，难道我们失去理智了吗？”

在市场出现反转的几周之前，危机已经露出了端倪，但是他们并不知道。他们怀疑这个他们误打误撞闯入的空荡荡的剧场里正在准备上演他们闻所未闻的最精彩的金融大戏。某天在电话里，他们的贝尔斯登信用违约掉期产品销售员提到，大型的年度次级贷款大会将于 5 天后在拉斯韦加斯举行，次级抵押贷款市场内部的大人物都将出席，在威尼斯人酒店里出现。贝尔斯登正在为其客户策划一次特别的活动，地点在拉斯韦加斯的射击场，在那里，从格洛克手枪到乌兹冲锋枪一应俱全。“我的父母是纽约市的自由派人士，”查理说，“他们甚至连玩具枪都不让我玩儿。”他带着本飞到了拉斯韦加斯，去跟贝尔斯登的人玩儿射击游戏，顺便看看是否能找到某个人给他们解释一下，为什么他们对赌次级抵押贷款市场是一着错棋。

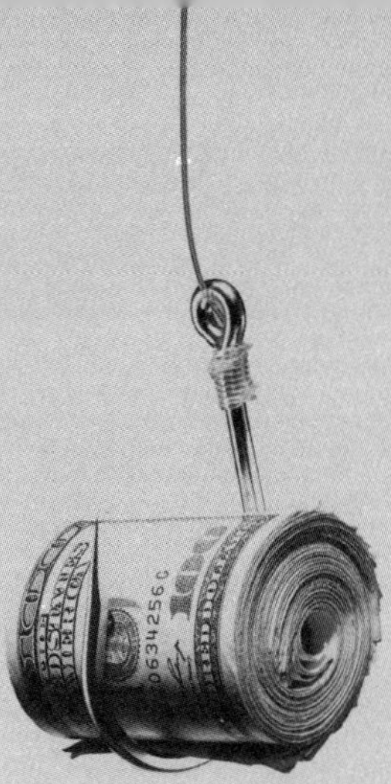

THE BIG SHORT

第六章

金融市场中的蜘蛛侠

什么时候才能赢利

跟艾斯曼打高尔夫球与跟华尔街的其他人打球是完全不同的感觉。球局总是以开球时大伙的不快开始，因为艾斯曼的穿着总是有违华尔街人士对高尔夫球礼仪的理解。2007 年 1 月 28 日，他抵达拉斯韦加斯的巴厘海高尔夫俱乐部，身穿运动短裤和 T 恤衫，脚蹬运动鞋。路人为之侧目，文尼和丹尼则觉得很难为情。“呃，艾斯曼，”丹尼对这个从技术上来说是他老板的人说道，“你至少应该穿一件有领子的衬衫啊。”艾斯曼开着球车来到俱乐部会所，买了一件连帽的外套。这件外套盖住了他的 T 恤衫，让人总忍不住联想他是刚买了一件外套来遮盖他的 T 恤衫的。

穿着连帽的外套、运动短裤和运动鞋，艾斯曼走向了他的开球点。跟往常一样，这一杆打得很不理想。因为对球的落点很不满意，他从球袋里取出了另外一个球，扔到了一个新的更好的位置。这一轮文尼的球在平坦的球道上，丹尼的在障碍区，而艾斯曼的在沙坑，艾斯曼大步走过去，把球拿起来掷了出去，滚到了文尼的球旁边。你很难责怪他使诈，因为他根本就没有任何掩饰他行为的企图，他甚至没有注意到自己的做法有什么不妥。在艾斯曼第九次从沙坑里捡出球，或者假装他的球没有打进水里的时候，他都能够表现得像第一次一样理直气壮。“他的记忆具有选择性，他对过去的经历没有任何印象。”文尼说。他打球的时候就像个孩子，或者像个打算嘲讽一项神圣仪式的人，这其实没有什么不同。“怪异的事情是，”丹尼说，“他确实并不坏。”

在打完一局球之后，他们到永利酒店参加由德意志银行举办的宴会。这是艾斯曼有史以来第一次出席债券市场人士的聚会，一时手足无措，只好任由格雷格·李普曼摆布。李普曼在某家饭店租了一个房间，邀请艾斯曼和他的伙伴去吃一顿他们以为的免费大餐。“就算他有一份可靠的日程表，在这份可靠的日程表下面也总是有些其他的东西。”文尼说。李普曼邀请他参加的任何一次宴会，必然有某种深藏的目的。那么，这次会是什么呢？

谜底揭开的时候，大家发现，李普曼遇到了新的问题：美国的住房价格正在下跌，次级贷款的断供率正在上升，然而，次级抵押贷款债券却表现得很稳定，它们的保险价格也是如此。他现在实际做空了100亿美元的次级抵押贷款债券，每年需要支付1亿美元的保险费，而且要长期支付。“显然，他的头大了。”文尼说。截至那个时候，李普曼的巨额赌资一直由投资人提供，像史蒂夫·艾斯曼，这些投资人在进行信用违约掉期产品买卖时都要向他付费，但是，投资人正在失去信心。李普曼过去的某些追随者怀疑次级抵押贷款债券市场被华尔街操控了，信用违约掉期产品永远也不可能赢利；有些人开始怀疑，站在赌局另一方的投资人是不是知道些他们不知道的事情；有些人则只是简单地担心，为了对赌似乎永远都不会波动的债券而付出的保险费会不会付诸东流。李普曼导演了这场伟大的拔河比赛，组织了一个跟他站在一起的团队，现在，这个团队人心涣散。他担心艾斯曼也会退出。

冈田日式料理店的铁板烧厅里有4个烧烤台，每一个台子都配有一个巨大的铸铁火盆和一位专业的厨师。在每一个烧烤台周围，李普曼都安排了一位被他说服会去做空次级债券的对冲基金经理，其他的则是做多同一只债券的投资人。他希望对冲基金经理们会发现在这场赌局中，作为他们对手的投资人有多愚蠢，从而不再杞人忧天，担心那些人知道些他们不知道的事情。这就是他狡诈的一面：丹尼和文尼一直都在担心他们是不是李普曼桌上的傻瓜。“我们清楚次级贷款市场，也知道这些贷款要出问题，”文尼说，“但我们无法放心的是这部债券市场机器。我们到拉斯韦加斯来的全部目的就是要知道我们是怎么被算计的，如果我们注定要被算计的话。”

艾斯曼被分配到的座位是在格雷格·李普曼和一位自称赵文的人

之间，赵文说他管理着一家名叫哈丁咨询公司的投资企业。当艾斯曼问他具体做什么咨询业务的时候，赵文解释说他是一名担保债务权证经理。“我想象不到会有担保债务权证经理这样的职位，”艾斯曼说，“我不知道有什么事情需要你去管理。”很快，艾斯曼就想不起赵文的样子了，他穿什么衣服、来自哪里，他吃了什么、喝了什么，除了他所说的金融思想之外，一切事情都被忘得一干二净。但是，隔着火盆，丹尼·摩西仔细地观察着这个李普曼用心安排在艾斯曼旁边的家伙。赵文个子不高，挺着华尔街人特有的肚子，不是那种松松垮垮的大腹便便的样子，而是像松鼠在过冬之前表现出的那种紧致而必要的肥硕。他毕业于罗得岛大学，在巴布森学院获得了一个商业管理学位，并且把他大部分的职业生涯花在了令人昏昏欲睡的寿险公司的工作上，但这一切都已经成为历史了。他最近显然是发了财。“他总是面带高深莫测的微笑，好像在说，我比你们知道得更多。”丹尼说。丹尼不认识赵文，但是当他听说赵文是次级担保债务权证的最终购买者时，他非常肯定地知道他是谁了：一个乳臭未干的小毛孩。“真正的情况是我不想跟他说话，”丹尼说，“因为我不想吓到他。”

当他们看到李普曼把艾斯曼安排坐在这个小毛孩身边的时候，丹尼和文尼两人不约而同地想：完了，今天肯定不能善终了。艾斯曼无法控制自己，他会看出这个家伙是个傻瓜，而且会让对方知道这一点。然后，他们该怎么收场呢？他们需要傻瓜，只有傻瓜才会站到他们赌局的另一边。他们还想做更多的生意。“我们不希望人们知道我们在做什么，”文尼说，“我们是间谍，在执行一项寻找真相的任务。”他们看着艾斯曼一次次将他的日本毛豆放入公用酱油碟里反复地蘸——蘸一下，吸一吸，再蘸一下，再吸一吸——同时在等待着发作的时机。这个时候，除了静静地坐着欣赏这场表演之外，没有任何其他的事情可以做。艾斯曼有一种奇怪的倾听方式，他不太关注你在说什么，因为他心不在焉，神游天外，所以他从来不会在你第一次说话的时候就真正听到你说的内容。如果他忽然在你的谈话中发现了有趣的内容，他就会说“再说一遍”，而你会照做！因为现在艾斯曼如此明显地在专心听你说话，而且，由于他的倾听具有很大的选择性，你会觉得自己很有面子。“我一直在盯着他们，”丹尼说，“我看到艾斯曼说了一遍又一遍，‘再说一遍’，‘再说一遍’。”

与对手正面交锋

后来，每当艾斯曼向别人解释金融危机起源的时候，他都会从他与赵文的那次晚宴开始。直到那时，他才完全理解了所谓夹层担保债务权证（主要由 3B 级次级抵押贷款债券组成的担保债务权证）以及它们的合成物（完全由针对 3B 级次级抵押贷款债券的信用违约掉期产品组成的担保债务权证）最关键的要点。“你必须弄懂这一点，”他会说，“这是这部末日机器的引擎。”他会画出几座债务之塔。第一座塔是由原始的次级贷款组成的。在这座塔的顶部，是 3A 级部分，下面是双 A 级部分，直到最危险的 3B 级部分，也就是艾斯曼对赌的那些债券。华尔街公司把这些 3B 级部分——垃圾中的垃圾——拿出来建成了另外一座债券之塔：担保债务权证。它们这样做的理由是，评级机构会把这些由高风险贷款支撑的债券中的 80% 评为 3A 级。然后，这些债券就可以名正言顺地被出售给那些只被允许投资高评级证券的机构投资者——养老基金、保险公司。让艾斯曼觉得怪异的是，这艘末日之船居然是由赵文以及像他一样的人在领航，这个家伙大约管理着 150 亿美元，只投资由抵押贷款债券中的 3B 级部分所支撑的担保债务权证产品。一年以前，次级担保债务权证产品中的 3A 级部分——担保债务权证产品中的绝大部分——的主要买家一直是美国国际集团。由于美国国际集团已经退出了市场，主要的买家就变成了像赵文这样的担保债务权证经理。赵文这类人完全依靠自己的努力，制造出了对次级抵押贷款债券最危险部分的巨大需求，而这些东西以前根本没有任何需求。这个需求导致了对新的住房贷款供应的刚性需求，因为需要大量的贷款作为债券的原材料。艾斯曼反复用他的毛豆去蘸的那碟酱油，是在与一个这样的人一起分享，那个人让千千万万个根本没有能力还款的人拿到贷款。

正如已发生的情况一样，前点合伙公司花费了大量的时间研究这些贷款，而且知道断供率已经足以将赵文的整个资产组合全部摧毁。“天哪，”艾斯曼对他说，“你会有一场灾难的。”

“不会的，”赵文说，“我已经把所有的东西都卖了。”

即使再说一遍，也没有任何意义。

担保债务权证经理的工作是挑选出一些华尔街的公司，来给它们提供作为担保债务权证投资人抵押物的次级债券，然后审查这些债券。担保债务权证经理还要负责监控每只担保债务权证内部上百只具体的次级债券，并且要在那些出问题的债券成为坏账之前用更好的债券把它替换掉。然而，这样的说法只是理论上的。在现实中，那些把钱交给赵文购买 3A 级担保债务权证的投资者——德国的银行、中国台湾的保险公司、日本的农民合作社、欧洲的养老基金，以及那些出于这样或那样的原因只能投资 3A 级债券的实体——它们这样做是想确保万无一失，不会出现任何亏损，而且不必进行监控，甚至连想都不用多想。在实际的工作中，担保债务权证经理并不需要做太多的事情，这也是形形色色的人都削尖脑袋想坐上这个位置的原因。“在新泽西的两个人加上一个彭博终端”是华尔街对典型的担保债务权证经理的描述，这两个家伙的警惕性越差，对将纳入他们的担保债务权证产品的 3B 级次级债券所提出来的问题越少，他们就越有可能受到华尔街大公司的欢迎。担保债务权证的重点就在于把公司无法直接解决的大量次级抵押贷款市场的风险“漂白”，你最不希望看到的，就是一名担保债务权证经理提出一大堆棘手的问题来。

债券市场造成了一种双重代理的情况，一个似乎代表着投资者利益的人同时却更多地代表着华尔街债券交易席位的利益。为了让那些把数十亿美元交给他的大投资人放心，他会将他们的切身利益放在心上，担保债务权证经理保留着那些被称为担保债务权证“权益”或者“第一损失”部分的所有权，即那些在支持担保债务权证的次级贷款出现违约时最先消失的部分。但是，担保债务权证经理也在他的投资人看到筹码之前赚走了占总金额 0.01% 的手续费，最后，当投资人拿回他们的钱时，还要根据拿到的金额支付费用。这点儿钱听起来好像不多，但是，如果你管理着几百亿美元，这个数字还是相当可观的。就在几年之前，赵文为纽约人寿保险公司管理一个投资组合时，每年收入是 14 万美元。在当上担保债务权证经理的某一年，他拿回家2 600万美元，这相当于他在纽约人寿保险公司工作几辈子的收入。

赵文模糊地向艾斯曼解释了他如何为雇用他来审查债券的那些大投资者处理住房贷款断供所带来的风险。他的工作是成为担保债务权证“专家”，但是他实际上并没有花太多时间去关注担保债务权证里面的内容。他解释说，他的目标是让他管理的资金规模最大化。他现在做得非常好，从 2007 年 1 月起直到 9 月市场崩溃，哈丁咨询公司已经成为世界上最大的次级担保债务权证经纪公司，而且他把自己打造成了美林这部担保债务权证机器的活跃买家，这部机器之所以臭名昭著，不仅是因为它的生产率（美林生产的这些东西是紧随其后的那家华尔街大企业的两倍），还因为它生产的废品（其担保债务权证产品后来被证明很容易成为最垃圾的产品）。“他‘管理’着这些担保债务权证产品，”艾斯曼说，“但是管理什么？我只是感到震惊，结构性的金融市场居然会如此幼稚，允许对担保债务权证产品一无所知的人来管理担保债务权证组合。那些让某个人来‘管理’他们的担保债务权证产品的人会让自己赔个精光，而这个傻瓜表面上看起来正在帮助他们。我想，你们应当竖起耳朵听好，你们没有给投资人留下任何东西。”赵文的真正工作是为“雇用”他的华尔街公司做一个新型的挂名人物，虽然表面上不是由美林管理，但是购买一份美林的担保债务权证也会让投资人感觉更好。

格雷格·李普曼安排赵文坐在史蒂夫·艾斯曼旁边是有原因的。如果赵文察觉到艾斯曼不赞同他的观点，他不会表现出来；相反，他会以一种屈尊的语调对艾斯曼说话，以暗示他知道得更多。“然后他说到了一件事情，让我的心收紧了一下。”艾斯曼说，“他说，‘我很喜欢那些像你一样做空我的市场的家伙。要是没有你们，我什么东西都买不到。’”

再说一遍。

“他对我说，‘你越觉得你是对的，你做的交易就越多，而你做的交易越多，提供给我的产品也就越多。’”

就在这个时候，史蒂夫·艾斯曼最终明白了这部机器的疯狂之处。他与文尼及丹尼在完全弄清楚这些公司为什么如此急切地接受他们的押注之前，就与高盛和德意志银行对 3B 级次级抵押贷款债券的命运进行了豪赌。现在，他正与他的信用违约掉期产品另一端的实际控制人坐在一起。现在他明白了：在经过担保债务权证过滤后，信用违约掉期产品被用来复制由真正的住房贷款支撑的债券。低信用借款人的人数不足以满足投资人对最终产品的胃口。华尔街需要他的赌注，以便组合出更多的产品。“让大批不合格的借款人借钱买他们无法负担的房子还不足以让华尔街满意，”艾斯曼说，“华尔街凭空捏造出这些东西来，而且这些虚无之物被复制了不止 100 次！这就是金融系统内的损失远远超出次级贷款的原因。就在这个时候，我意识到华尔街需要我们来维持这部机器的运转。我想问，这样做是被允许的吗？”

赵文不知道，他是被格雷格·李普曼精心挑选出来去说服史蒂夫·艾斯曼的，目的在于让艾斯曼相信，信用违约掉期产品的另一端不是恶棍就是傻瓜，赵文很称职地完成了任务。在酒精的作用下，他告诉艾斯曼，他非常愿意持有 500 亿美元的垃圾担保债务权证产品，因为他主要是靠体量获得报酬。他告诉艾斯曼，他主要的担忧是美国经济会走高，从而阻碍对冲基金对次级抵押贷款市场押下更大的赌注。艾斯曼听着这些话，很难理解在赌局另一边的投资人居然在一定程度上怀有跟自己同样的期待，也弄不明白保险公司和退休基金怎么会把钱交给赵文。答案只有一个：3A 级给了所有人一个忽略风险的借口。

丹尼和文尼透过炭火的烟雾密切地注意着艾斯曼和赵文，他们估计，这两个人都将变得越来越知名。但是当晚宴结束的时候，他们看到艾斯曼抓住格雷格·李普曼，指着赵文说：“那个家伙买什么，我做空什么。”李普曼把这当成了一句玩笑话，但是艾斯曼是认真的：

他想针对赵文下注。“李普曼，”艾斯曼说，“我想做空他的票据。不看现货。”在此之前，艾斯曼还只是购买针对次级抵押贷款债券的信用违约掉期产品，但从现在开始，他将买入具体针对赵文的担保债务权证产品的信用违约掉期产品。“他终于遭遇了他的对手，而且是正面交手。”文尼说。

自欺欺人的专业机构

为了过上另外一种生活，查理·莱德利从墙上摘下了一把伯莱塔手枪、一把锯掉了枪托的猎枪，以及一把乌兹冲锋枪。在出发去拉斯韦加斯之前，他给他的合伙人本·霍克特和加米·麦分别发了电子邮件，他计划跟本·霍克特在拉斯韦加斯碰面，而加米·麦则留在公司。“你们都认为我们没有提前登记，所以注定要付出代价吗？”他问道。康沃尔资本管理公司听说市场上有什么重要活动，而事先却没有接到邀请，这样的情况已经不是第一次了，也不会是最后一次。“如果你只是想在这些场合露个脸的话，”加米说，“那里的人基本上都会让你进去。”在拉斯韦加斯，查理认识的只有贝尔斯登的几个担保债务权证交易员，但他从来没有真正见过他们。他们给他发了邮件，告诉他，在他飞抵拉斯韦加斯之后，不要到会场上去见他们，而是去距离机场几英里[1]的一家室内射击场。“我们星期天去打枪……”邮件开

① 1 英里 ≈1.609 千米。——编者注

头写道。查理吃了一惊，忙打电话问这是什么意思。“我是想说，‘你们的意思是你们要去打……枪？’”

1月28日的那个星期天下午，在拉斯韦加斯的枪械店里，可以看到很多贝尔斯登担保债务权证销售员的身影。他们身着卡其裤和马球衫，周围都是身穿黑色紧身T恤衫的壮汉，这些人就像是从负责搜查非法移民的当地民兵组织中请假出来的。在收银台的后面，惹人注目的手枪、猎枪和自动武器被整齐地挂在墙上。右边是靶子：本·拉登的照片，把本·拉登画成魔鬼的画像，头裹围巾的基地组织恐怖分子的画像，袭击白人美女的黑人小孩图画，以及挥舞着手枪的亚洲黑道人物的图画。“他们刷贝尔斯登的信用卡，购买了子弹，”查理说，“于是我开始挑选我的枪。”最先映入眼帘的是那支乌兹冲锋枪，他选了这支枪和萨达姆·侯赛因的巨幅画像。猎枪的后坐力会把你的肩膀弄得红肿，乌兹冲锋枪的杀伤力虽然更大，却几乎可以算得上温和。在你经受的疼痛和你造成的伤害之间会有一个令人激动的脱节。“伯莱塔很好玩，而乌兹却棒极了。”

查理说，他在离开枪械店的时候，心里有一种破坏了某种自然法则的忐忑，还有一个悬而未决的问题：他们邀请他来的目的是什么？所有人对次级抵押贷款和担保债务权证产品都只字未提。“这是非常奇怪的事情，因为我以前从来没有见过这些人，而且我是贝尔斯登邀请到这里来的唯一客户，”查理说，“他们出了所有的子弹钱。我好像说过，‘朋友，如果你们同意，我可以自己付子弹钱’。但是他们坚持把我当成他们的客户。”当然，对华尔街公司的人来说，要玩儿射击游戏，最安全的开支办法莫过于邀请某个客户同往。而且，最理想的应邀客户应该是业务量很小，因而无法真正左右狂欢活动安排的人。这些想法从来没有出现在查理的脑海里，这说明他其实并没有那么愤世嫉俗。但是，这种情况可能很快就会改变。

第二天上午，查理和本在威尼斯人酒店的大堂里闲逛。“那些挖空心思想要卖出点儿什么东西的人都打着领带，”本说，“想买东西的人却没有一个打领带的。找到我们想与之交谈的对象不是一件容易的事情。我们就像一群不速之客，只能到处闲逛。”在整个会场上，他们只认识一个人——戴维·伯特，这个家伙过去在黑石基金工作，现在他们每个月给他 5 万美元，让他评估那些他们想要对赌的担保债务权证产品。但是，他们认为这无伤大雅，因为他们的计划是去见识一下这些公开的会议，听听专家的发言，以及小组的讨论。“我们并不完全清楚自己为什么会到这儿来，”本说，“我们想要认识一些人。查理会在每次发言结束后，悄悄地靠近讲台。我们想找到能够告诉我们错在哪里的人。”他们想找到某个令他们信服的人，一个能够告诉他们为什么市场认为不可能的那些东西真的不可能的人。

查理面临的挑战首先是，要把那些没有任何戒备心的市场内部人士引入辩论之中。“无论我们碰到谁，他们永远不变的反应是，‘等一下，你们是从哪儿来的？’他们觉得有些莫名其妙，”查理说，“人们很可能会问，‘你为什么会在这儿？’”

一个曾为康沃尔资本管理公司测试过投资主题的评级机构的家伙用奇怪的眼神盯着他们，说："你们这帮家伙敢保证你们清楚自己在干什么吗？"市场的内部人士不认同他们，可是又没有什么有说服力的反对意见。这些人维护次级担保债务权证产品的主要论据就是，"担保债务权证的买家永远不会逃跑"；维护次级贷款的主要论据则是，在那段有限的历史中，从来没有出现过足以对市场产生影响的违约情况。就像在轮盘赌的桌面上方，屏幕上显示了最近 20 次轮盘旋转的结果，赌客们看到前面 8 轮全部出黑，在惊叹于这种不大可能的情形之余，他们内心就会觉得小银球下一轮停在红色上面的可能性更大。这就是赌场列出最近几轮结果的原因：诱引赌客哄骗自己，给他们一种会把筹码推到桌上所需要的虚假的信心。次级抵押贷款市场上的中介机构也是用同样的花招欺骗自己的，它们利用毫无统计意义的过去预测未来。

"在通常的情况下，当你做交易的时候，你会发现有些聪明人站在另一方。"本说，"但这一次，我们没有看到。"

"与我们交谈过的人中，没有任何人有任何可信的理由可以让我们相信这不会成为一个大问题，"查理说，"没有人真正考虑过这个问题。"

贝尔斯登担保债务权证部门的一个家伙，在听到查理问他今后 7 年里这些担保债务权证产品会发生什么情况时说："7 年？我对 7 年后的事情不关心。我只需要它再持续两年。"

第六章
金融市场中的蜘蛛侠

三个月前，当康沃尔资本管理公司买入首批1亿美元的针对双A级次级担保债务权证产品的信用违约掉期产品时，查理这几个人相信自己正在以低廉的成本押注在一个不太可能发生的事件上——以每年50万美元的保险费来换取赚1亿美元的机会。市场和评级机构把违约的赔率设定为1：200，他们自己却认为赔率要好于这个比例，比如说1：10。不过，像他们的大多数赌注一样，这是一个远期的目标。或许这是一个聪明的远期目标，但它确实是一个远期的目标。他们从那些管理次级市场的人那里听到的越多，他们就越感觉到双A级债券的崩盘其实并不是一个远期的目标，它或许很快就会发生。一种想法掠过本的心头：这些人相信，次级抵押贷款市场的崩溃是不可能的，因为这个灾难太大了。任何如此可怕的事情永远都不会真正发生。

会议第一天的早晨，他们跟随一个上千人的队伍走出赌场，进入巨大的主会议室，参加开幕仪式。会议原本计划采用小组讨论的形式，但是那些围桌而坐的人显然没有兴致交流，这些人只是埋头念那些事先准备好的经过仔细推敲的发言稿。在接下来的三天里，他们会看到十几次这样的情况，而且发言稿全都很枯燥。尽管这届会议不大一样，因为大会主持人看起来好像喝醉了，或者至少是精神有点儿错乱。他的名字叫约翰·德瓦尼（John Devaney），管理着一家投资次级抵押贷款债券的对冲基金，名叫联合资本市场。10年来，德瓦尼一直赞助这个大会——美国证券论坛，这个名字听起来比次级借贷协会要有品位。次级抵押贷款债券市场有几个精神领袖，约翰·德瓦尼就是其中之一。他也是自己财富的热切炫耀者。他拥有一幅雷诺阿的作品，一架湾流飞机，一架直升机，还有一艘游艇。今年，他将支出一大笔费用，把美国大牌主持人杰伊·莱诺请来作为其娱乐活动的主宾。

眼下，德瓦尼看起来似乎刚从彻夜狂欢的现场赶来，整夜连眼都没有合一下，就在这种状态下，他进行了显然没有准备好的有关次级贷款市场形势的发言。“真是不可思议，”查理说，“简直是意识流。他在讲话中大谈评级机构怎么无耻，证券怎么一文不值，他怎么对它了如指掌。他说到了那些我们正在怀疑的东西，他就像一个刚出校门、口无遮拦的小孩。他讲完后，整个会场鸦雀无声。没有人想要辩解，人们拐弯抹角地进行小组讨论发言，好像假装他没有说过一样。”一方面，听到市场内部人士说他们想的那些东西是对的，是一件令人高兴的事情；另一方面，如果市场已经意识到了，那么它的疯狂就不会持续太久。查理和加米以及本都认为，他们还有时间把事情考虑得更清楚，再去买更多的针对双A级次级担保债务权证的信用违约掉期产品。“那番话吓到我们了，”本说，“似乎我们已经没有6个月的时间来让我们的交易获得通过了，我们只剩下一周的时间。”

与往常的情况一样，麻烦在于很难找到愿意与他们进行交易的华尔街公司。他们的供给来源之一贝尔斯登忽然间好像只对跟他们一起去射击感兴趣，其他公司则把他们看成是笑话。但是在这里，在拉斯韦加斯，幸运女神眷顾他们了。让他们吃惊的是，他们发现，他们聘来帮他们分析担保债务权证的顾问戴维·伯特在这个行业内享有很高的地位。“戴维·伯特就像拉斯韦加斯的神，”查理说，“我们就像小跟班一样跟着他跑。喂，跟戴维说话的家伙，我们给他发工资，我们也可以跟你谈谈吗？”伯特把查理介绍给了一位名叫斯泰西·斯特劳斯（Stacey Strauss）的来自摩根士丹利的女士。她的工作是寻找愿意按照她的节奏购买信用违约掉期产品的投资人。查理永远也想不明白，为什么她会愿意降低摩根士丹利的标准，屈尊与康沃尔资本管理公司进行交易。查理还搭讪了美联银行的一位次级抵押贷款债券市场分析师，他碰巧被分在由约翰·德瓦尼主持的小组里。在开幕式上的讨论发言环节，他与所有人一样，假装没有听到约翰·德瓦尼的讲话。德瓦尼讲完后，美联银行的家伙简单地介绍了一下次级抵押贷款债券市场的基础坚如磐石。在他走下讲台的时候，查理拦住了他，问他美联银行是否愿意卖给他一些信用违约掉期产品。

毫无经济意义的资本机器

在与赵文一起吃晚餐后的第二天早晨，艾斯曼醒来，第一次看到了活生生的债券市场，以及精美的模仿巴洛克风格的穹顶画。威尼斯人酒店——外观模仿威尼斯总督府，内部绘有《神曲》壁画——挤满了数千名身穿商务便装的白人男子，他们都以这样或者那样的方式，靠次级抵押贷款谋生。像整个拉斯韦加斯一样，威尼斯人酒店也充斥着旨在增强和利用非理性的随性设计：白天的感觉像是夜晚，而夜晚的感觉又像白天；老虎机和取款机吐出百元大钞；奢华的酒店房间收费如此低廉，却又让你感觉如此舒畅。一切都是为了改变你对机会和财富的认识，而这一切都使艾斯曼感觉压抑，他甚至不喜欢赌博。“要是我得靠它生活的话，我甚至不知道怎么计算赔率。”他说。一天结束的时候，文尼会去玩儿赌注很小的扑克，丹尼会跟着李普曼以及其他债券界人士围在骰子桌旁，而艾斯曼则会回房间去睡觉，尽管那种骰子游戏很受债券交易员欢迎。骰子给玩家提供了他们可以控制赌局的假象——不管怎么说，骰子是他们自己掷的，并以其表面上的复杂性掩盖了深层的愚蠢。“出于某种原因，这些人在玩儿的时候，他们确实相信自己有能力控制骰子的运动。”文尼说。

成千上万严肃的金融专家正兴高采烈地用他们从次级抵押贷款债券上赚来的钱大玩掷骰子游戏，这些人中的绝大部分在几年之前还在靠其他工作谋生。艾斯曼曾经比任何人都要了解次级抵押贷款行业，这个行业一度是资本市场上一个可有可无的角落，但仅仅几年的光景，它就成了华尔街上最强大的资本和就业引擎，却没有什么实际的经济意义。“就像一台没有思想又不会自己停下来的机器。”他说。他感觉自己仿佛搬进了一座新房子，打开一扇他本来以为是小壁橱的门，却看到了一个完整的房间。“我曾经参加过股权大会，”艾斯曼说，“与这次会议完全不一样。在股权大会上，如果能有500个人参加就非常幸运了。但是参加这次会议的却有7 000人。面对这样的情况，任何股东都会告诉你这是无法想象的。我们谁也不认识。我们仍然认为，我们是唯一做空债券市场的人。”

他对听别人的报告没有兴趣。他既没有兴趣参加小组讨论，也不想听那些可以想象得到的客套话。他想与市场内部人士进行私密的会谈。李普曼把他介绍给了德意志银行内部向投资人兜售担保债务权证产品的人，这些热心的人为艾斯曼和他的伙伴安排了与债券市场的金融中间人的会面：抵押贷款放款人、把次级贷款包装成次级债券的银行家、把债券包装成担保债务权证的银行家，以及在各个不同阶段都会发挥作用的评级机构。这次大会上，所涉及的群体中唯一没有到场的，就是最终的借款人，即美国住房的购买者。但是，这些人其实也以某种方式出现了——端酒水、转轮盘、掷骰子。“拉斯韦加斯真是繁荣，”丹尼说，“房主们都在豪饮狂欢呢。”丹尼的一位朋友从市中心的一家夜总会回来后说，他遇到了一名手上有 5 笔住房权益贷款的脱衣舞娘。

德意志银行的担保债务权证销售员瑞安 · 斯塔克（Ryan Stark）被分派去盯着艾斯曼，以防他制造麻烦。“我在这次会议开始之前收到了他的电子邮件，”丹尼说，“他对我们不放心。诸如，‘我只是想澄清一下这次会议的目的’，‘希望大家明白我们为什么要开这次会议’……他希望我们牢记，我们去那里的目的是购买债券。”德意志银行甚至还寄来了正式的宣传册，将其提供给次级贷款购买者，作为指导资料。“这次会议的目的是让人们相信，开发和购买这些产品仍然是不错的业务，”丹尼说，“从来没有听说过一名股权投资者会为了做空债券而到这里探听消息。我们获得参会资格的唯一方式就是说我们不做空。德意志银行的人陪着我们，以确保我们不会搞砸他们的业务。他们安排一位销售员参加我们的会议，就是为了监视我们。”

当然，德意志银行的人没有理由去监视艾斯曼。他把自己看成一个革命者、被压迫者的守护神，以及罪恶政权的敌人。总而言之，他把自己看成蜘蛛侠。当他的妻子对别人说“我的丈夫认为他和蜘蛛侠过着同样的生活”时，他完全明白这句话听起来有多么荒唐。艾斯曼不会到处去跟陌生人讲他和彼得·帕克惊人的相似之处——他们什么时候进的大学、学的什么专业、什么时候结婚等。他也不会去讲，在他上法学院的时候，他买了最新的蜘蛛侠漫画，想从里面了解他人生的下一阶段会有什么样的生活。艾斯曼看故事的速度很快，他用故事来解释现实，蜘蛛侠是他过去用来解释自己生活的故事之一。

“蜘蛛侠”对德意志银行的内幕交易失去兴趣的第一个迹象出现在那天上午的一次讲话里。当时讲话的人是第一期权公司（Option One）的首席执行官，第一期权公司是由布洛克税务公司拥有的抵押贷款发起成立的，它的名字 7 个月前首次出现在艾斯曼的视野中，那是 2006 年 6 月，当时该公司宣布其次级抵押贷款组合出现了令人意外的亏损。出现亏损之所以令人吃惊，是因为第一期权公司的业务是放款，并把这些贷款出售给华尔街，它并不需要承担风险。然而，在这些交易中有一项规定条款，如果借款人无法支付首付款，华尔街有权把这些贷款返还给第一期权公司。“有谁会在拿到一笔住房贷款后，连首付款都不支付？”丹尼·摩西问道，他从另外一个角度来看待这个问题。“谁会愚蠢到把钱借给连首付款都付不起的人？”艾斯曼问道，他的角度又有所不同。

当第一期权公司的首席执行官谈到该公司的次级贷款组合时，他声称公司已经把问题解决了，现在预计贷款会有5%（相对适度）的断供率。艾斯曼举起了手，丹尼和文尼则缩进了椅子里。“现在不是问答环节，”丹尼说，“他正在发表演讲。”那位首席执行官看到艾斯曼举起的手，问道：“有问题吗？”

“你说的5%是一个概率，还是一种可能性？”艾斯曼问。

是个概率，首席执行官说，然后继续他的发言。

艾斯曼又把手举了起来，并且左右挥舞。噢，天哪，丹尼想，把头压得更低了。“艾斯曼喜欢说的一件事是你必须假定人们都在对你撒谎，”文尼说，“人们总是跟你说假话。”丹尼和文尼都知道艾斯曼怎么看这些从事次级贷款业务的人，但是不明白他为什么一定要在这里说出来，而且是以这样的方式。因为艾斯曼举手不是要提问题，艾斯曼用他的拇指和食指环成了一个大圆圈，他用他的手指表达了他的立场：“零！”

“什么？”这名显然被激怒了的首席执行官问道：“又有什么问题？”

“没有，”艾斯曼说，“是零。你的断供率为5%的概率是零。”次级贷款的亏损应该远远大于这个数字，在这个家伙反应过来之前，艾斯曼的手机响了。艾斯曼不仅没有把它关上，反而把手伸进口袋里，掏出电话来接听。“对不起，”他说着，站了起来，“我必须接听这个电话。”他走出了会场。打电话的人是他的妻子。

“根本没有什么重要的事情，”她说着，长长地舒了一口气，“我是他的一名支持者。”

在此之后，艾斯曼肯定是想到了什么事情，因为他不再寻求对抗，而是开始寻求更深层次的理解。他在拉斯韦加斯的赌场里漫无目的地走着，眼前的景象让他不敢相信：7 000 人，所有人似乎都对他们所发现的这个世界欣喜若狂。一个积重难返、经济问题重重的社会，通过人为的操纵掩盖了这些问题，而这场骗局的主要受益人是那些金融中间人。怎么会这样？艾斯曼在想，他是否错过了什么事情？“他不停地说，‘这里到底是在干什么？这些家伙都是些什么人？’”丹尼·摩西说。对第二个问题的简单答案是“乐观主义者”。目前看来，次级抵押贷款市场除了上涨以外，似乎没有其他的可能。市场中被认为大获成功的是那些总是说“买”的人，现在，他们真的应该说“卖”了，但是他们不知道该怎么做。“你们都知道，那些做定息债券产品交易的人认为自己知道的比你多，”艾斯曼说，“总体来说，他们的说法是正确的。我不是做定息债券交易的，但是我要采取这样的立场，因为我们是在对赌整个金融行业。我想知道，他们是否知道一些我不知道的事情。一切真的都这么明明白白吗？事情真的这么简单吗？”他与放款人和银行家以及评级机构举行私人会议，想获得一些情报。“他是抱着一种学习的心态，”文尼说，“当他对某件事情着迷的时候，他的好奇心会变得远比挑衅别人的想法更重要。他会说是因为他接受了多年的治疗才会那样行事，但是真实的情况是，这是他第一次把所有的点都连起来了。”

虚构出来的庞氏骗局

史蒂夫·艾斯曼更相信阴暗面，美国 2007 年前后的金融市场在这方面给了他巨大的战略优势。然而，他在某种程度上仍然是个轻信之人，就像一个小男孩会把他的新自行车借给一个陌生人一样。他也会被吓住，他与家庭金融公司的那段经历让他抛弃了所有的幻想，不再期望政府会尽力防止有钱的大公司对穷人干坏事。然而，在自由市场的内部，应该有某些部门监控那些过分的行为。理论上，评级机构就是这样的部门。由于证券行业越来越复杂，评级机构的作用变得举足轻重。每个人都可以评估美国国债的价值，但是几乎没有人能够理解由次级抵押贷款支撑的担保债务权证，因此要有一个独立的仲裁者对这些复杂的风险贷款做出判断。“在拉斯韦加斯，我已经清楚地看到，整个产业都相信这些评级。”艾斯曼说，“每个人都相信评级，所以他们都不假思索。”

艾斯曼混迹于华尔街已经将近 20 年了，但是像大多数证券从业人员一样，他以前从来没有跟来自穆迪和标准普尔的人坐在一起交谈过。除非自己负责的保险公司因为无法履行义务而丧失了出售产品的资格，否则，证券从业人员不会关注那些评级机构。现在，艾斯曼与穆迪和标准普尔进行了初次交流，给他留下深刻印象——也给丹尼和文尼留下了深刻的印象——的是它们的员工的才干。“当你走进邮局的时候，你会意识到政府人员与其他人存在着多么巨大的不同，”文尼说，“评级机构的员工非常像政府人员。”作为一个整体，他们在债券市场中的权力比任何人都大，但是以个体来看，他们却什么都不是。“他们的收入很低，”艾斯曼说，“其中最优秀的人都跳槽到了华尔街公司，帮着操纵他们过去的老东家。作为分析师，你所能做到的最多就是成为穆迪的分析师，准确的说法是‘作为分析师，穆迪已经是天花板了’。反过来说，在某些方面穆迪也是底限。如果高盛喜欢通用电气的债券，没有人会有意见。如果穆迪调低通用电气的债券评级，就是一笔大生意。所以，为什么穆迪的人想去高盛工作？其实，在高盛工作的金融分析师应该去穆迪工作才对，他们都是精英。”

整个行业都在评级机构的背上，但是评级机构的工作人员却不属于这个行业。如果他们在大厅中出现，他们可能会被当成富国银行里等级较低的商业银行家，或者抵押贷款放款人，比如第一期权公司的普通上班族。他们在拉斯韦加斯身穿正装，这就把所有有关他们的信息中的一半告诉你了，另外一半你会从这些衣服的价格上得到。几乎所有人穿的都是商务便装，真正重要的那几个家伙穿着价值 3 000 美元的意大利正装。（华尔街男士的秘密之一就是，他不在意服装的细节，但可以隔着很远的地方就能说出另一个华尔街男士的衣服值多少钱。）评级机构的人穿的是彭尼公司生产的蓝色正装，领带搭配得过于和谐，衬衫也过于笔挺。他们不是市场参与者，也不认识里面的人。他们通过为贝尔斯登和高盛的债券评级来领取薪水，但是他们无法告诉你雷曼、贝尔斯登和高盛那些利用评级机构模型的漏洞大发其财的人的姓名，也不知道其他有关这些人的任何重要信息。他们所知道的信息显然只够应付工作需要，此外再无其他。他们看起来胆怯、恐惧而且不喜欢冒险。正如丹尼所说，"你在骰子桌旁看不到他们的身影"。

正是在拉斯韦加斯，艾斯曼意识到，"我所担心的所有事情，评级机构都漠不关心。我记得我坐在那里想，天哪，这真的太可悲了。如果跟你坐在一起的是某个精神上很强大的人，你会知道这一点。当你与理查德·波斯纳（Richord Posner，一个法律学者）坐在一起时，你会知道那是理查德·波斯纳。当你跟评级机构的人坐在一起时，你也会知道那是评级机构的人"。从他们的行为可以判断出，评级机构所担心的是它们为华尔街投资银行进行评级的交易数量，以及从这些银行收取的费用。穆迪曾经是一家私人企业，在 2000 年成为上市公司，自此它的收入开始暴涨，从 2001 年的 8 亿美元涨到了 2006 年的 20.3 亿美元。这些增长中的大部分（当然超过一半，但具体是多少，它拒绝告诉艾斯曼）来自住房融资行业的神秘末端，即结构性融资。

吸引结构性融资业务最可行的方式，就是接受结构性融资业内的种种假设条件。“我们向所有人都提出了两个同样的问题，”文尼说，“关于住房价格，你们的假设条件是什么。另外，关于贷款损失，你们的假设条件是什么。”两家评级机构的人都说他们期望住房价格上涨，而贷款损失则被假设为 5% 左右。如果这个说法成立，那就意味着连由这些贷款支撑的评级最低的 3B 级次级抵押贷款债券都是有利可图的。“似乎所有人都同意 5% 这个数字，”艾斯曼说，“他们都说是 5%。他们都是一个党派的，而且有他们自己的党派路线。”让艾斯曼吃惊的是，他在拉斯韦加斯遇到的这些人似乎已经拧成了一股绳，他们都在做着自己要做的事情，几乎不考虑其他事情。

正是在拉斯韦加斯，艾斯曼和他的伙伴对美国债券市场的态度最终趋于明朗。正如文尼所说：“我们就是在那个时刻确信，这不仅不是信贷，而且完全是虚构出来的一场庞氏骗局。”在拉斯韦加斯，长期困扰他们的那个问题——这些证券从业人员知道某些我们不知道的事情吗？——终于迎刃而解了。取而代之的问题是，这些人应该被解雇，还是被收监？这些人只是犯了认识上的错误，还是其实知道自己在干什么？丹尼认为，这个行业内部的绝大多数人都被利益蒙住了双眼，因此看不到自己制造出来的风险。文尼说：“傻子比骗子多，但是骗子的地位往往更高。”评级机构的地位比你想象的更低，但是它仍然栖身行业内部，而那些为它们工作的人似乎真的不知道自己是怎么被华尔街的大公司玩弄于股掌之间的。他们在拉斯韦加斯与排名第三的评级机构惠誉评级进行过会谈，给文尼留下了深刻的印象。“我知道这与你们不相干，”他对惠誉评级的人说，并尽了最大的努力说得礼貌一些，“有两个大家都非常关注的大家伙，然后是你们。如果你们想要出头，让大家注意到你们，你们为什么不走自己的路，做一个诚实的评级机构？”他期待惠誉评级的人能够明白他的意思，甚至可以会意地发出神经质的笑声。但是实际的情况是，他们似乎感觉自己被冒犯了。“他们都只注意了我的表面意思，”文尼说，“而根本没明白实际上我说的是什么。”

在去拉斯韦加斯之前，他们在次级抵押贷款债券上的空头头寸不到 3 亿美元。回来后，他们把它提高到了 5.5 亿美元，新的赌注押在了赵文开发的担保债务权证产品上面。他们管理的资金只有 5 亿美元，现在的头寸已经超出了他们的组合规模，然而，他们并没有就此却步。回到办公室的第一天，他们就以每股 73.25 美元的价格做空了穆迪公司的股票。然后，他们开始寻找处于他们赌局另一边的公司或个人，比如像赵文这样的人。

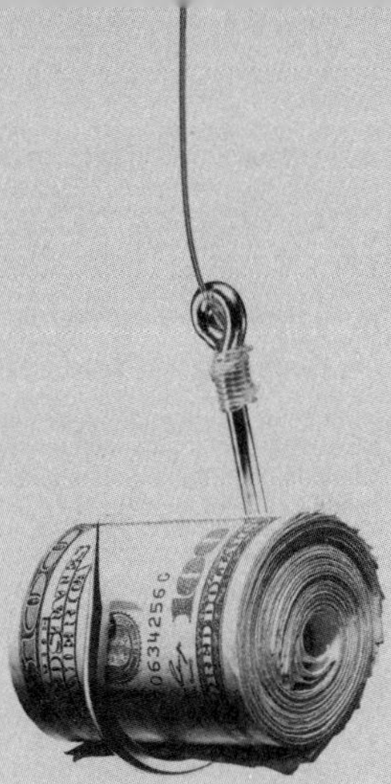

THE BIG SHORT

第七章

财富狩猎大行动

市场裂缝开始出现

2007年1月30日，查理·莱德利和本·霍克特从拉斯韦加斯回来了，他们对整个金融系统已经失去理智的观念更加坚定。“我对我的母亲说，‘我认为我们或许要面对某种类似自由资本主义终结的局面了’，”查理说，“她只是说，‘哦，查理’，并且严肃地建议我要充满信心。”他们凭借与其他人不同的信念设计了一套投资方法。对他们来说，找到如此伟大的信念是一种新的而且很不舒服的尝试。加米写了一份备忘录并发给他的两个合伙人，在备忘录中，他问他们，他们是否正在对一次社会性的崩溃下注——这意味着他们是在与政府对赌。“如果大范围的担保债务权证产品利差开始分化，”他写道，“这就意味着实质性的全球金融混乱很可能出现……美联储随时可能会通过强制干预来解决问题……我猜测，问题在于，多大范围内的崩溃才算‘大而不倒’？”

拉斯韦加斯会议召开的一个重要目的就是提振市场的信心。在次级抵押贷款市场内部人士离开拉斯韦加斯，回到他们的工作岗位的第二天，市场裂缝开始出现了。2007 年 1 月 31 日，一只公开交易的 3B 级次级房屋贷款债券价格指数出现了下跌，从 93.03 跌到了 91.98。在过去的几个月中，该指数的波动一直很小，从 100 跌到了 93，所以，当一天出现一个整点的波动时，市场会对此感到震惊，也增强了查理的焦虑感——他们没能及早发现这个意义重大的交易时机，从而押下足够多的赌注。来自摩根士丹利的那位女士信守了她的诺言，在 10 天之内很快通过了他们的国际互换与衍生品协议，这项工作正常来说需要几个月的谈判时间。她发给查理一份摩根士丹利愿意卖给他们信用违约掉期产品的双 A 级担保债务权证的清单。查理熬了一夜，找出想要对赌的那些，然后给她打电话，结果却发现摩根士丹利已经改变了主意。她之前告诉查理，他可以以大约 100 个基点（每年被保险金额的 1%）的价格购买保险，但是当查理第二天一早给她打电话时，价格已经翻了不止一番。查理对这种不公平的做法牢骚满腹，为此她和她的老板做了一点儿让步。2007 年 2 月 16 日，康沃尔资本管理公司以 150 个基点的价格向摩根士丹利购买了 1 000 万美元的针对一种叫作湾流的担保债务权证的信用违约掉期产品。

5 天之后的 2 月 21 日，市场开始交易一种叫作 TABX 的担保债务权证指数。查理·莱德利和市场上的所有人一起，第一次能够在大屏幕上看到担保债务权证产品的价格，这个价格验证了康沃尔资本管理公司的观点。在第一天交易结束时，那些当基础债券池亏损 15% 时就将遭受亏损的担保债务权证，即康沃尔资本管理公司对赌的双 A 级担保债务权证以 49.25 美分收盘，贬值超过一半。现在巨大的脱节出现了：一方面，华尔街公司正在按面值 1 美元出售低利率计息双 A 级担保债务权证；另一方面，它们又在以 49 美分的价格交易由同样的债券组成的指数。摩根士丹利和德意志银行的销售员们匆忙发来电子邮件试图向查理解释，他不应该根据这些新的公开交易的次级担保债务权证产品的价格，推断他所对赌的那些担保债务权证产品的价值，因为它们的结构太复杂了。

第二天上午，查理给摩根士丹利回电话，希望购买更多的保险。“她说的好像是，‘我万分抱歉，但是我们不再做这个业务了，公司改变了想法’。”一觉醒来，摩根士丹利已经从疯狂地想出售次级抵押贷款保险变成连提都不想提了。“随后她把电话转给了她的老板，因为我们很熟悉。我问‘出什么问题了？’他说，‘不好意思，我真的很抱歉，但是银行出现了一些状况，导致摩根士丹利的最高领导层做出了一些风险管理的决定。’之后，我们之间再也没有做过任何交易。”查理不清楚具体是什么事情从内部惊醒了摩根士丹利，他也没有花费心思去想这个问题。他和本正忙着与美联银行的人谈话，他们在拉斯韦加斯认识，并很快与康沃尔资本管理公司做成了交易。“美联银行过去没有对冲基金客户，看到我们，这些人很激动，”本说，“美联银行正在试图成为一流的银行。”令人惊讶的是，美联银行仍然愿意以低廉的价格向他们出售针对次级抵押贷款债券的保险，但它不愿意承担与康沃尔资本管理公司直接交易的风险。于是查理安排他在玩乌兹冲锋枪射击时认识的那位来自贝尔斯登的朋友做中间人。交易金额为4 500万美元，2007年2月双方达成协议，花了几个月的时间才确定细节，交易在5月初最终完成。“美联银行是上帝送给我们的礼物，”本说，“就好像我们在3万英尺①的高空，飞机出故障了，而美联银行恰好还有几个降落伞正在出售。现在已经没有人会出售降落伞了，也没有人真的相信他们需要降落伞……在此之后，市场完全失灵了。”

凭借最初不到3 000万美元的资产组合，康沃尔资本管理公司现在拥有2.05亿美元针对次级抵押贷款债券的信用违约掉期产品。唯一令他们懊恼的是，当初没有买入更多的信用违约掉期产品。“我们做了几乎所有的努力，尽可能地多买，”查理说，“我们在询盘中都报了价格。对方回电话说，‘哎呀，你们差一点儿就成交了！’我们正要去踢球，对方却把球拿走了。我们提高了出价，但是就在那一刻，对方的报价又提高了。”

这没有什么意义：次级担保债务权证市场仍然按部就班地运行着，然而华尔街的大公司突然间对那些向这部机器提供原材料的投资人——想购买信用违约掉期产品的投资人——失去了作用。“表面上，其他人还在做多，但是它们却不再允许我们做空了。”查理说。

① 1英尺≈0.3048米。——编者注

他无法确切地知道，华尔街大公司内部到底出现了什么问题，但是他可以猜测：这些公司内部的一些交易员惊醒过来，发现了一触即发的灾难，并尽力争取在崩盘之前逃出去。“我对贝尔斯登的人产生了怀疑，如果还可以买到针对担保债务权证的信用违约掉期产品，他们会自己买下来。”查理说。2007 年 2 月底，贝尔斯登的分析师吉安·辛哈（Gyan Sinha）发表了一篇论文，认为次级抵押贷款债券最近的下跌与债券的质量没有关系，问题在于“市场情绪”。查理读这篇文章的时候想，写这篇东西的人对市场上真实发生的问题的确是一无所知。按照贝尔斯登分析师的说法，双 A 级担保债务权证正以高于无风险利率 75 个基点的价格进行交易，也就是说，查理应该能够以每年 0.75% 的保险费率购买到信用违约掉期产品。然而事实恰恰相反，即使以 5 倍于这一费率的价格，贝尔斯登的交易员都不愿意卖给他。“我给这个家伙打了电话，说，‘你在说些什么呢？’他说，这是交易的实际情况。我问他，‘你们真的都在按那个价格交易吗？’而他说‘我得走了’，然后就挂断了电话。”

亏损和破产

他们的交易现在似乎已经一目了然了，就好像以极低的价格为正在被大火吞噬的房子购买了火灾保险。如果次级抵押贷款市场对效率哪怕有一丁点儿的兴趣，它当时就应该即刻关闭。从 2005 年年中到 2007 年年初的 18 个月间，次级抵押贷款债券的价格与支撑它们的贷款价值之间的断层越来越大。2007 年 1 月底，债券价格与次级房屋贷款债券价格指数开始下跌。开始的时候，债券价格呈稳步下跌的趋势，随后则是快速下跌。到 6 月初，3B 级次级债券指数以 60 美分的当日高点收盘，也就是说，债券已经损失了其原始价值的 30%。有理由推断，由这些 3B 级次级债券衍生出来的那些担保债务权证产品也会崩溃。如果橘子是腐烂的，那么用这些橘子榨出来的橘子汁也会是变质的。

然而，这种情况并没有出现。相反，2007 年 2 月至 6 月，以美林和花旗集团为首的华尔街大公司开发并销售了 5 000 万美元的担保债务权证产品。“我们完全被搞懵了，”查理说，“所有的人和所有的事都在恢复正常，尽管这一切显然并不正常。我们知道担保债务权证产品的抵押物已经不存在了。然而，所有的事情都还在继续，仿佛什么也没有发生却一样。”

现在的情况就好像整个金融市场都试图改变想法，却又意识到承担不起改变想法的代价。华尔街公司——最著名的是贝尔斯登和雷曼兄弟——继续发布其债券市场研究报告，重申市场的强势。2007 年 4 月底，贝尔斯登举办了担保债务权证大会，查理偷偷地溜了进去。会议原定日程上有一场题为“怎么做空担保债务权证”的演讲，但是最后取消了，演讲用的幻灯片被放到了贝尔斯登的网站上。穆迪和标准普尔的表现也有点儿畏首畏尾，但表面上还是一副颐指气使的做派。

5 月底，两家大型的评级机构宣布，它们正在考虑变更它们所使用的次级债券评级模型。查理和加米雇了一名律师给穆迪打电话，并询问对方是否将用不同的标准为以后的次级债券评级，是否会重新考虑已经被做出糟糕评级的那些价值 2 万亿美元的债券。穆迪认为那不是一个好主意。“我们说，‘你们不必对所有的债券重新评级，只需要对我们做空的那些重新评级’，”查理说，“对方说，‘嗯……不行。’”

对查理和本以及加米来说，事情似乎已经完全清楚了，华尔街在支撑这些担保债务权证产品的价格，以便把损失转嫁到那些对它深信不疑的投资人身上，或者从这个正在腐烂的市场上赚回最后的几十亿美元。无论是哪种情况，华尔街都正在用已经腐烂的橘子榨汁并对外销售。到 2007 年 3 月底，“我们已经可以肯定，”查理说，“要么是整个赌局被完全操纵了，要么是我们疯了。欺诈行为如此明目张胆，对我们来说，这似乎已经威胁到了民主的崇高理想。我们真的被吓坏了。”他们两人都认识《纽约时报》和《华尔街日报》的记者，但是这些记者对他们的故事没有任何兴趣。《华尔街日报》的一位朋友帮他们联系了美国证交会执法局，对方也没有兴趣。在证交会位于曼哈顿下城的办公室里，证交会的官员会见了他们，非常客气地听了他们说的话。“这几乎就像一次心理治疗，”加米说，“我坐在那儿，说‘我们刚经历了一件最疯狂的事情’。”在他们讲述的过程中，他们意识到听众完全没有听懂他们说的话。“我们的眼睛或许像三天三夜没睡觉那样充满血丝，”查理说，“但是那些官员对担保债务权证产品或者资产支撑证券一无所知。我们给他们详细讲解了我们的交易，但是我很肯定他们并不明白。”因此证交会没有跟进此事。

康沃尔资本管理公司面临一个比整个社会崩溃更紧急的问题，这一点我们都很清楚：贝尔斯登的破产。2007 年 6 月 14 日，贝尔斯登资产管理公司（一家担保债务权证公司，由前贝尔斯登员工经营）显然得到了母公司的支持，宣布在对赌次级抵押贷款债券的过程中亏损，不得不在基金关闭前抛售这些赌注中价值 38 亿美元的资产。直到这一刻，康沃尔资本管理公司才明白，为什么是贝尔斯登而不是其他人，如此迫切地卖给自己针对担保债务权证产品的保险。“贝尔斯登能够向我们展示担保债务权证产品的流动性，但是我们不懂。”本说，“它在另一边有一个严阵以待的买家。我不知道我们的交易直接进入了它的基金中，我不知道这些资金还能去哪里。”

这里就存在一个新的问题：贝尔斯登将其信用违约掉期产品中的 70% 卖给了康沃尔资本管理公司。因为贝尔斯登很大而且很重要，而康沃尔资本管理公司只是一家车库对冲基金，因此贝尔斯登并没有被要求将抵押物交付给康沃尔资本管理公司，康沃尔资本管理公司现在完全暴露在贝尔斯登无力还清赌债的风险之中。康沃尔资本管理公司注意到，贝尔斯登并没有对次级抵押贷款债券业务进行太多的调整。“它把自己从一个低风险的经纪公司变成了次级抵押贷款引擎。”加米说。如果次级抵押贷款市场崩溃，贝尔斯登也将随之崩溃。

2007 年 3 月，康沃尔资本管理公司从英国汇丰银行购买了 1.05

亿美元的针对贝尔斯登的信用违约掉期产品，也就是说，他们对贝尔斯登的破产下了赌注。如果贝尔斯登破产，汇丰银行就将欠他们 1.05 亿美元，当然，这是把他们的风险转移给了汇丰银行。汇丰银行是全球第三大银行，是那些很难想象会崩溃的机构之一。然而，2007 年 2 月 8 日，汇丰银行用一个声明重重地打击了市场：其次级抵押贷款组合出现了令人震惊的亏损。汇丰银行从 2003 年开始运营美国次级贷款业务，当时它收购了美国最大的消费贷款公司家庭金融公司。同样是家庭金融公司，把史蒂夫·艾斯曼推向了华尔街怀疑论者和华尔街愤世嫉俗者之间的那条狭窄边界。

脱离现实的市场走势

从社会学的观点看，规模达数万亿美元的美国债券市场的分崩离析是一场灾难。但从对冲基金交易的角度看，这却是一个人一生中难得一遇的机会。史蒂夫·艾斯曼一开始管理着 6 000 万美元的股权基金，现在他做空了大约价值 6 亿美元的各种与次级贷款有关的证券，而且他还想做空更多。“有时候，他的想法无法在一次交易中得到体现，”文尼说，“这一次可以了。”然而，艾斯曼受到了前点合伙公司的限制，接着又受到了摩根士丹利的限制。作为前点合伙公司的首席交易员，丹尼·摩西被夹在了艾斯曼和前点合伙公司风险管理人员的中间，因为这些人似乎并不完全清楚他们在做什么。“他们会给我打电话，说，‘你能让艾斯曼放弃一些头寸吗？’我去找艾斯曼，而艾斯曼会说，‘你让他们滚蛋。’而我得说‘滚开’。”但是那些风险管理人老是找上门来，让艾斯曼感觉碍手碍脚。“如果他们说，‘我们很看好这个，你可以做这个金额的10倍’，”丹尼说，“艾斯曼真的会做这个金额的10倍。”格雷格·李普曼现在不断地用各种各样有关住房市场的负面消息来轰炸文尼和丹尼，文尼和丹尼开始不让艾斯曼知道这些消息了。“我们都担心他会从办公室里冲出来大喊，做它1万亿美元！”丹尼说。

2007年春，次级抵押贷款市场令人意外地得到了一点儿加强。“次级市场的问题对整体经济和金融市场的影响好像被控制住了。”3月7日的报纸引用美联储主席本·伯南克的话说。“3月和4月的信贷质量总体上有所好转，”艾斯曼说，“总体向好的原因是人们拿到了退回的税款。证券从业人员应该知道这一点，但是他们没有考虑这一因素，反而收紧了信贷的利差。这种做法是愚蠢的。为什么这么笨？”令人大跌眼镜的是，股票市场持续飙升，前点合伙公司交易席位前的屏幕上发出的都是无休无止的牛市信号。“我们关掉了CNBC频道，”丹尼·摩西说，“这令我们很沮丧，走势完全脱离了现实。如果有负面的事情发生，媒体会把它杜撰为正面的。如果有正面的事情发生，媒体会将它无限夸大。这种情况会改变你的心态，你不能让这些新闻在你心里蒙上阴影。”

从拉斯韦加斯回来后，他们不断纠缠评级机构，以及那些玩弄模型的华尔街人士，以期获得更多的消息。“我们在考虑，有什么事情可以让评级机构调低评级。”丹尼说。他们经常会想，为什么评级机构不对由浮动利率次级抵押贷款支撑的债券进行更加严格的审查。次级借款人不会故意违约，极少有人愿意去冒利率飙升的风险。然而，由于这些贷款中的大部分都是结构性的，住房所有者会在前两年支付一个固定的诱惑利率，比如说 8%，随后，从第三年开始，利率会飙升到 12%，而且从此以后永远都会在高位浮动。要理解第一期权公司和新世纪金融公司推出这种类型的贷款的原因，其实很容易：在两年之后，借款人要么违约，要么再融资。对这些公司来说，违约是件无关紧要的事情，因为它们自己没有保留任何贷款的风险，再融资则完全是再次向借款人收取费用的一个机会。通过与评级机构和次级债券包装业务相关人士的接触，艾斯曼了解到评级机构只是简单地假设借款人在贷款利率为 12% 的时候，会跟贷款利率为 8% 的时候一样偿还贷款，而这意味着债券持有人会得到更多的现金。浮动利率抵押贷款支撑的债券的利率高于固定利率贷款支撑的债券，这就是浮动利率次级抵押贷款的比例在过去 5 年中从 40% 上升到 80% 的原因。

这些贷款中的大部分现在都出现了问题，但是次级债券却没有变化，因为穆迪和标准普尔仍然固执地坚持它们对这些债券的评级。作为一个股权投资人，前点合伙公司被华尔街的股票经纪人所左右。艾斯曼要求高盛、摩根士丹利以及其他公司的股票推销员说服债券部门的人接受他的拜访。“我们总是问同一个问题，”艾斯曼说，“‘在这整个过程中，评级机构在哪里？’而我得到的回应总是一样的，即他们不想说。”他给标准普尔打电话，问对方如果房地产价格下跌，对断供率会有什么影响。标准普尔的人没有说，因为他们的模型对于住房价格的设置不可能是一个负数。“他们只是假定住房价格将保持上涨趋势。”艾斯曼说。

最后，他与文尼一起搭乘地铁去见标准普尔的一位名叫厄内斯丁·华纳的女士。华纳在标准普尔指数监察部做分析师，监察部的工作是监控次级债券，并在支撑它们的贷款出现问题时下调它们的评级。贷款正在出现问题，但是债券评级却没有下降，因此，艾斯曼再一次想到，标准普尔是不是知道某些他不知道的事情。“当我们做空这些债券的时候，我们所得到的只是贷款池这个层面的数据。”他说。贷款池一级的数据仅能提供总体的特性——平均的 FICO 评分、平均的贷款价值比率、平均的无文件贷款数字，以及其他诸如此类的数据，而无法提供具体贷款的数据。比如说，贷款池一级的数据告诉你，在某些贷款池中 25% 的住房贷款是有保险的，但并不知道具体是哪些贷款——是那些很可能出问题的，还是那些不大可能出问题的，不得而知。要想确定华尔街公司对这个体系的操控达到什么程度是一件根本不可能的事情。“我们当然相信评级机构拥有的数据比我们多，”艾斯曼说，“但是事实并非如此。”

厄内斯丁·华纳的工作所依据的数据与像艾斯曼这样的交易员能够找到的资料同样粗糙。这是很危险的，因为债券价值的评估者无法获得有关债券的相关数据。“当我们问她原因的时候，”文尼说，“她说，债券发行人不提供给他们。这时我真的被惊呆了。‘你们应该要求得到这些数据！’她盯着我们看了一会儿，说“我们不能那样做”。我们说，这里谁说了算？你们都是成年人了，你们是执法者，命令华尔街公司给你们提供这些数据！”艾斯曼总结说：“标准普尔担心的是，如果它向华尔街要求提供那些数据，华尔街会去找穆迪来做评级公司。”

作为投资人，艾斯曼获准在由穆迪召集的季度会议上旁听，但是没有应邀提问。然而，穆迪的人对他渴望了解真相的心情深表同情，穆迪的首席执行官雷蒙德·麦克丹尼尔（Ray McDaniel）甚至邀请艾斯曼和团队去自己的办公室参观，这种姿态使他永远地成了艾斯曼喜欢的人。“什么时候做空会得到大家的欢迎？”艾斯曼自问自答，“当你做空的时候，整个世界都在你的对立面。唯一一个知道我们做空还肯与我们会面的公司是穆迪。”在他们的拉斯韦加斯之行后，艾斯曼和他的团队非常肯定世界将会天翻地覆，而且他们认为雷蒙德·麦克丹尼尔一定知道。“我们坐在那里，”文尼回忆，“他郑重其事地对我们说，‘我真的相信，我们的评级是精准的，这会得到证明。’艾斯曼站起身来问，‘你刚才说什么？’，就像这家伙刚刚发表了金融史上最颠倒黑白的声明一样。他又重复了一遍，而艾斯曼只是看着他笑。”“阁下，以我们对您应有的尊敬告诉您，”文尼在他们离开的时候，恭敬地说，“您错了。”这不是惠誉，甚至也不是标准普尔，这是穆迪。这是评级行业里的贵族，是沃伦·巴菲特持有20%股份的公司，而它的首席执行官却听说，自己被来自皇后区的文森特·丹尼尔视为傻瓜或恶棍。

隐藏的次贷危机

到2007年6月初的时候，次级抵押贷款债券市场已经重新开始了势不可当的衰退，前点合伙公司的头寸开始变化——开始是每天数千美元，随后则以百万美元计。“我知道我们正在赚钱，”艾斯曼经常会问，“但是谁在赔钱呢？”他们已经在做空抵押贷款发起人以及房屋建筑公司的股票，现在，他们做空的还有评级机构的股票。“这些机构给担保债务权证产品所做的评级要10倍于给通用电气债券所做的评级，”艾斯曼说，“所有这一切即将结束。”

他们的注意力自然转移到了资本主义跳动的心脏——华尔街的大投资银行身上。“我们原本的观点是，证券化机器是华尔街的大型利润中心，而它行将灭亡。”艾斯曼说，“当这种情况发生时，这些公司的收入来源将会枯竭。”华尔街推崇这个所谓结构性金融产业的原因之一，就是其陈旧的业务模式所获利润正在日益下降。股票经纪以及那些更加传统的债券经纪等业务的利润，已经被来自互联网的竞争挤压得所剩无几了。在市场停止购买次级抵押贷款债券和由次级抵押贷款债券支撑的担保债务权证产品的那一刻，华尔街的投资银行就会陷入麻烦之中。一直到 2007 年年中，艾斯曼还没有怀疑这些公司会愚蠢到去投资它们自己制造出来的东西。但他能够看到，它们的财务杠杆比率在过去几年间增长得相当剧烈；他当然也能够看到，它们正在用借来的钱买入越来越多的风险资产；而他看不到的是这些资产的性质：它们是 3A 级企业债券，还是 3A 级次级担保债务权证产品？“你不可能确切地知道，”他说，“没有披露。你不知道它们在资产负债表上属于什么。你会自然而然地认为，它们把这堆垃圾制造出来，接着就甩出去了。”

通过新发现的事实以及与那些经营大公司和评级机构的人的接触，艾斯曼开始怀疑市场出了问题。第一个新的事实是汇丰银行的声明。第一份声明出现在 2007 年 2 月，说的是汇丰银行在次级贷款上亏损了一大笔钱；第二份声明出现在 3 月，说的是抛售银行的次级组合。“汇丰银行被看成是好人，”文尼说，“它的做法被看成是在整顿家庭金融公司。我们想，有很多公司比它坏多了。”第二个新的事实是美林第二季度的经营成果。2007 年 7 月，美林宣布了轰动性的季度赢利，但是承认抵押交易收入下降，原因是次级债券的亏损。这个对大多数投资人来说是小事一桩的新闻，对艾斯曼来说却是大新闻：美林拥有相当数量的次级抵押贷款证券。美林的首席财务官杰夫·爱德华对彭博新闻社说，市场不需要为此担心，因为“积极的风险管理”已经让美林缩小了它暴露在较低评级的次级债券方面的敞口。“我不想太深入地去谈我们具体怎么定位自己。”爱德华说。但他的观察却足够深刻，即市场对美林在次级抵押贷款债券上的做法给予了太多的关注。或者，像爱德华所说的，“不成比例地在具体的地区关注具体的资产类别”。

艾斯曼却不这样认为，而且两周之后他说服了瑞银集团的分析师格伦·肖尔（Glenn Schorr）陪他去参加了一次爱德华与美林最大股东之间的小型会议。美林的首席财务官以解释美林正在面临的这个好像微不足道的次级抵押贷款问题开始了他的讲话，他说这些问题已经处于美林的控制之下。“我们没有在会议上讲得太深入，”与会者中有人这样说，“爱德华一直都在念他准备好的发言稿，而艾斯曼老是忽然打断他，‘喂，你的模型是错误的！’尴尬的沉默立刻笼罩了整个会议室。你们笑了吗？你们尝试过想出某个问题来，让大家都有台阶下吗？艾斯曼坐在桌子的最远端，气定神闲地把他的文件一一摆放整齐，好像在说‘如果那还不算粗鲁的话，我现在就走出去’。”

艾斯曼原本是把这次会议当成一个能礼貌交换意见的机会，但他很快就失去了兴趣。“没什么好说的了。这个家伙根本什么都不懂。”

表面上，这些华尔街大公司很强大。实际上，艾斯曼开始想，它们的问题不应该被界定为潜在的收益损失。如果它们真的不相信次级抵押贷款市场是它们的一个麻烦，那么次级抵押贷款市场可能就是它们的末日。他和他的团队现在开始寻找隐藏的次贷危险：谁在隐藏什么？“我们把这称为寻宝大行动。”他说。他并不确定，这些公司是否以某种方式站在赌局的另一边，但是，他看得越多，就越肯定它们自己也不知道。他得去与华尔街的首席执行官们会面，问问他们资产负债表上最基础的问题。“他们不清楚，”他说，“他们不清楚自己的资产负债表。”一次，在他的安排下，他与美国银行首席执行官肯·路易斯（Ken Lewis）进行了会谈。“我坐在那里听他讲。突然我有了一个灵感，我对自己说，‘哦，我的天哪，他是个蠢蛋！’管理着世界上最大银行之一的家伙是个蠢蛋！”他们与瑞银集团、花旗集团、雷曼兄弟以及其他几家公司一起做空美国银行。他们没有获得做空摩根士丹利的允许，因为他们的公司属于摩根士丹利，但是，要是他们可以做的话，他们一定会做。在他们建立了针对华尔街大银行的空头头寸后不久，他们迎来了著名分析师布拉德·欣茨（Brad Hintz）的到访，这位分析师在桑福德·伯恩斯坦公司负责与上述公司的业务。欣茨问艾斯曼他想干什么。

“我们刚刚做空了美林。”艾斯曼说。

“为什么？”欣茨问。

“我们的想法很简单，”艾斯曼说，“将会有一场灾难，而且无论如何，终将会有一场灾难，美林就在灾难之中。”当奥兰治县破产时，美林在那里。当互联网崩溃时，美林在那里。时间回到20世纪80年代，当第一位交易员放手一搏并导致了美林数亿美元的亏损时，美林在那里揩屁股。这就是艾斯曼的逻辑：华尔街觅食秩序的逻辑。高盛是一个在邻居家里玩儿游戏的大孩子，美林是被分派到最不快乐角色的胖小孩，能够参与就很高兴了。正如艾斯曼看到的，这场游戏是甩鞭子，他认为美林已经在链条最末端找到了分派给它的位置。

2007年7月17日，也就是在美联储主席本·伯南克告诉美国参议员次级抵押贷款市场的损失不超过1亿美元的两天之前，前点合伙公司做了一件很不寻常的事情：它公开举行了自己的电话会议。前点合伙公司一直只与极少数投资人举行电话会议，但是这次它选择完全公开。史蒂夫·艾斯曼成了一个公开的秘密。“艾斯曼是完全明白正在发生的一切的两个人中的一个。”一位著名的华尔街分析师说。有500个人打进了电话，听艾斯曼要说什么，而另外500个人则登记申请随后听取录音。艾斯曼解释了夹层担保债务权证的奇怪敛财术，而且说，他认为光这一小块儿市场就将亏损3 000亿美元。对于局势的评估，他这样告诉他的听众：“把你的模型扔进垃圾筒里。所有的模型都是向后看的，这些模型对这个世界将要变成什么样子无法给出任何建议……在我们的一生当中，在资产支撑证券的世界里，我们将不得不做出切合实际的思考。”他解释说，评级机构从道义上讲已经倒闭了，而且它们生活在担惊受怕之中，生怕哪天真的倒闭。“评级机构吓得半死，”他说，“因为它们什么都不做，这让它们看起来像傻瓜。”他认为所有美国住房抵押贷款——价值几万亿美元——都将遭受亏损。“我们正处在这个国家有史以来最伟大的社会实验之中，”艾斯曼说，“这不会是一场有趣的实验……你认为这种说法很丑陋，那是因为你还没有看到任何真实的情况。”他讲完之后，下一个发言者是一位在前点合伙公司管理独立基金的英国人，他的反应很慢。“对不起，”英国人带着挖苦的口吻说，“我在听到艾斯曼说世界将要完蛋之后，需要点儿时间来镇静一下。”所有人都笑了。

就在同一天稍晚的时候，贝尔斯登对冲基金的投资人接到通知说，贝尔斯登16亿美元的3A级次级贷款支撑的担保债务权证产品不只是损失了部分价值，而是一文不值了。艾斯曼现在终于相信，华尔街上的很多大公司正面临着极大的风险，而它们却对自己的危险境况一无所知。在他的信念的底层，是他与赵文共进晚餐的记忆。当时他领悟了夹层担保债务权证的中心作用，并且投下巨资对赌这些担保债务权证产品。这当然会引发出这个问题：担保债务权证里面具体都有什么？“我不知道这些东西里面有什么，”艾斯曼说，“你没有办法分析。你不能说，‘给我里面全是加利福尼亚贷款的那些担保债务权证产品’，没人知道里面是什么。”正如丹尼所说的，他们只知道“所有那些我们已经做空过一次的垃圾，又被包装在一起，成为一个组合”。超出这个范围，他们就只能盲目行动了。“艾斯曼的个性是先干起来，然后再慢慢搞清楚。”文尼说。

随后，新闻接踵而至。艾斯曼很久之前就开始订阅一份在华尔街很有名，而在这个圈子之外很少有人知道的新闻简报《格兰特利率观察家》。它的编辑吉姆·格兰特早在巨大的债务循环开始的时候，也就是20世纪80年代中期，就已经预言过末日的到来。2006

年年末，格兰特决定调查这些被称为担保债务权证的奇怪的华尔街宠儿。他问他的年轻助手——一位拥有 MBA（工商管理硕士）学位的化学工程师丹 · 格特纳（Dan Gertner）——是否明白这些东西。格特纳带着这些解释担保债务权证产品的文件找到潜在的投资人，汗流浃背，说得口干舌燥，但却无功而返。“之后他回来了，”格兰特说，“并且说，他没有办法搞清楚这是什么东西。我说，我认为我们可以自己搞清楚。”

格特纳翻来覆去地研究那些文件，最后得出结论，无论他研究得多么深入，他永远也看不到担保债务权证中最底层的那些东西。这对于吉姆 · 格兰特来说则意味着其他投资人也不可能看出来。反过来，这证实了格兰特的说法，有太多的人太把财务报表当回事儿了。2007 年年初，格兰特写了一系列文章，建议评级机构放弃它们的做法——它们几乎是在连自己都不知道里面有什么东西的情况下，就以毋庸置疑的做法给这些担保债务权证评定了级别。“《格兰特利率观察家》的读者已经看到了，一堆毫无投资价值的抵押贷款债券是怎样被重新排列组合，成为一个抵押债务组合的。他们惊奇地、目不转睛地盯着这个过程，这个神秘的过程能够在这些债券的信贷评级过程中产生影响……”因为他闯下的祸，格兰特和他的助手一起被叫到标准普尔，挨了一顿臭骂。“我们确实被叫到了评级机构，评级机构的人说，‘你们这些家伙就是不知天高地厚’，”格特纳说，“吉姆使用了‘点石成金’的说法，但那些人不喜欢这个说法。”

就在《格兰特利率观察家》位于华尔街的办公室以北几公里的地方，一位持有悲观观点的股权对冲基金经理百思不得其解，他为什么没有听到别人质疑债券市场及其复杂产物的声音呢？在吉姆·格兰特的文章里，史蒂夫·艾斯曼找到了对他关于金融市场的理论的确证。“当我读到这篇文章的时候，”艾斯曼说，“我在想，哦，天哪，这就像找到了一座金矿。当我读到这篇文章的时候，我是金融市场里唯一一个极度兴奋的人。”

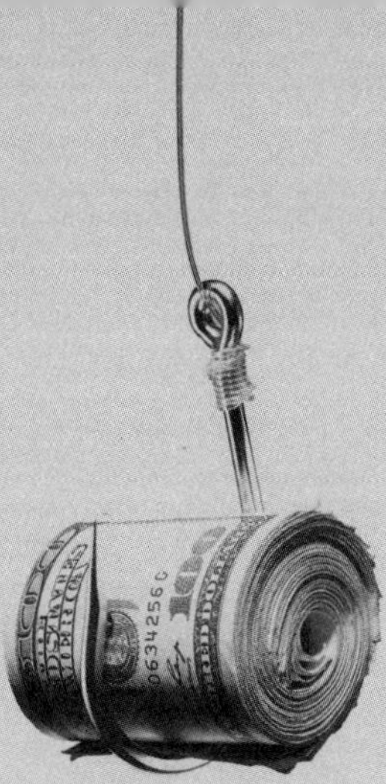

THE BIG SHORT

第八章

灾难发生前夕

偏执的追求

就在史蒂夫·艾斯曼看到《格兰特利率观察家》的那篇文章的那一天，迈克尔·巴里从他的首席财务官那里拿到了同样的文章，同时还附有一张便条："巴里，你没有兼职为《格兰特利率观察家》写稿吧？"

"没有。"巴里回复道，在他发现有人与他想法一致的时候，他并没有明显的激动表情。"我有一点儿吃惊，《格兰特利率观察家》根本没有与我联系过……"他仍然身处金融界，但又与它格格不入，他似乎在一面玻璃墙的另一边，却无法打破这面玻璃墙。他是在2003年年初为美国金融系统把脉的第一位投资人，当时市场正在利用金融工具扩展信贷范围。复杂的金融衍生品被凭空虚构出来，主要的目的是借钱给那些永远也不会还钱的人。

“我真的相信，这出戏的最后一幕是金融机构陷入危机之中，因为这些金融机构正在做一件蠢得不能再蠢的事情。”他在 2003 年 4 月给一位朋友的信中这样写道。这位朋友很困惑，为什么子孙资本公司写给投资人的季度信函的基调会变得如此灰暗。“我有一份工作，能够阶段性地为我的客户赚钱。但是，朋友，当你开始一项如果悲剧上演就会获得极大成功的投资时，就有些病态了。”随后，在 2005 年春，巴里在所有的投资者中，第一个准确地识别出什么样的悲剧将会发生，并与次级抵押贷款债券进行了巨额对赌。

现在，在 2007 年 2 月，次级贷款出现了创纪录的断供潮，金融机构的稳定性一天不如一天，除了巴里自己，似乎没有人记得他曾经说过的话。他告诉过他的投资人，他们需要有耐心——等到 2005 年发放的抵押贷款的诱惑利率期结束之后，这些赌注就会得到回报。但是，他们不够有耐心。他的很多投资人都不再相信他，而他则感觉自己被出卖了。一开始的时候，他曾经幻想过结果，但是，幻相全都与事实不符。“我猜想，我应该去睡上一觉，到 2007 年的时候再醒来。”他说。为了维持他与次级抵押贷款债券的对赌，他不得不解雇了他那个小团队里半数以上的人，廉价抛售了价值数十亿美元的赌注，这些是他用来对赌那些与次级抵押贷款市场联系最紧密的公司的。他现在遭到了前所未有的孤立，唯一改变的是他对此的解释。

不久之前，他的妻子把他带到斯坦福一位心理医生的办公室里。幼儿园的一名老师注意到他们 4 岁的儿子尼古拉有一些令人担忧的行为举止，并建议说，他需要进行一些测试。尼古拉在其他孩子睡觉的时候不睡，无论老师讲什么，他都会分心，他的心理似乎非常“活跃”。迈克尔·巴里不得不压制他的满腔怒火。不管怎么说，他做过医生，他怀疑，这名老师是想说，他没能诊断出自己儿子的注意力缺陷障碍。

“在我做住院医师期间，我曾经在一家注意力缺陷多动症诊所工作过，而且强烈感觉这种病症被过分夸大了。”他说，“这是一个出于‘拯救’目的的诊断，因为有太多的父母希望找到一个医学理由让他们的孩子吃药，或者接受孩子不好的行为习惯。”他想，他的儿子可能是有一点儿与众不同，但是这个不同是在好的方面。“我的儿子会问很多问题，”巴里说，“这是我所鼓励的，因为我小时候也总有一大堆问不完的问题，而当有人让我安静的时候，我总有一种受挫感。”现在，他更加小心地观察自己的儿子，注意到这个小家伙尽管很聪明，但是在与人交往方面存在问题。“当他想要沟通的时候，尽管他不是有意对其他孩子做什么不好的事，但他有时会斥责他们。”他回家后告诉妻子：“根本不用担心，他很好！”

他的妻子盯着他的眼睛，问：“你怎么知道？”

迈克尔·巴里医生对这个问题的回答是：“因为他像我！我过去就是那样。”

几家幼儿园都拒绝了他们的入园申请，却没有给出任何解释。在他们的再三要求之下，其中的一所幼儿园告诉巴里，他儿子的大小肌肉运动技能不足。“他在有关艺术和剪刀使用的测试中得分明显偏低，”巴里说，“但那又有什么关系。我的画现在还像一个 4 岁孩子画的，而且我痛恨艺术。”然而，为了安抚妻子的情绪，他同意对孩子进行测试。“结果只会证明他是个聪明孩子，一个‘大智若愚的天才’。”

然而，结果恰恰相反，由一名儿童心理学专家主持的测试表明他们的儿子患有阿斯伯格综合征。她说这是一个典型的案例，并建议让这孩子离开普通学校，入读特殊学校。迈克尔·巴里惊呆了，他回忆在医学院学到的有关阿斯伯格综合征的知识，但是想不起多少来。他的妻子递给他一大堆有关自闭症和相关疾病的书籍，最上面的一本是《阿斯伯格综合征完全指导手册》，由一位名叫托尼·阿特伍德的临床心理学家撰写，还有一本是阿特伍德的《阿斯伯格综合征：给父母和专业人士的指导》。

“在做出各种非语言行为方面具有明显缺陷，比如怒目而视……”

有。

“无法成功发展与同龄伙伴的关系……”

有。

“缺乏自发地与他人分享喜悦、兴趣或者成就的主动性……”

有。

“从他人眼中阅读社会 / 情感信息存在困难……”

有。

“在表达愤怒方面存在错误的情绪调节或者控制机制……”

有。

“……电脑如此诱人的原因之一，是你不用与它们交谈或者交往。它们有逻辑、可连续运转而且没有情绪。因此，它们是阿斯伯格综合征患者的理想选择……”

有。

“很多人都有一种爱好……阿斯伯格综合征患者的行为与正常人行为的区别，在于他们的追求常常是孤僻、偏执，而且极力控制着自己的时间和话语。”

有……有……有。

翻了几页之后，迈克尔·巴里意识到，他所读到的内容不是关于他儿子的，而是关于他自己的。“有多少人能够拿起一本书来，找到对他们生活的说明？”他说，“我痛恨那些告诉我‘我是谁’的书。我认为我是非同寻常的，它却说我与别人毫无二致。我的妻子和我是典型的阿斯伯格夫妻，而且我们拥有一个阿斯伯格儿子。”他的义眼不能再解释任何事情，令人不解的是它过去一直在解释。一只义眼怎么能解释一个游泳选手对深水的病态的担心——对不知道有什么潜伏在自己身体下面的恐惧？它怎么能解释孩童时代他对“洗钱”的热情？他冲洗美元纸币，再用毛巾把它们擦干，夹在书页中间，然后把书堆起来——这样他就会拥有看上去很“新”的钱。“我一直都善于钻研问题，并且很快精通某些东西。我认为我有些特别的地方，现在的情况却是，‘哦，很多阿斯伯格综合征患者都那样’。现在，我的这些特点都被视为一种疾病的症状。”

他抵制新闻。他拥有一种天分，能够找出并分析他感兴趣的那些问题的相关信息。他总是对自己怀有浓厚的兴趣。现在，在35岁的时候，他得到了关于自我的新信息，而他的第一反应是不希望知道这个信息。“我的第一个想法是，很多人都应该有这个问题，只是他们不知道罢了。”他说，“我很困惑，在这个时候知道这些对我真的是好事吗？为什么知道有关自己的这些事情对我来说是好事？”

他去找他的心理医生，想弄清楚他的病症对他的妻子和孩子的影响。然而，他的职业生涯却仍然没有得到新的消息，他没有改变投资决策的方式，也没有改变与他的投资人沟通的方式。他没有让投资人知道他的疾病。“我不认为这是一个必须披露的重要事实，”他说，“这是一个变化。我没有被诊断出有什么新的问题。这是我一直都有的问题。”从另一方面说，这也解释了有关他的大部分情况：他为生存做了什么，以及他是怎么做的；他对事实的偏执追求，他对逻辑的坚持，他从一大堆冗长的财务报表中快速找出有用信息的能力。患有阿斯伯格综合征的人无法控制他们对什么感兴趣。这真是万幸，他的特殊兴趣在金融市场上，而不是收集割草机名录上。当他以这种方式考虑问题的时候，他意识到，复杂的现代金融市场就像专门用来奖赏那些对金融市场感兴趣的阿斯伯格综合征患者的。“只有患有阿斯伯格综合征的人，才有可能阅读次级抵押贷款债券的说明书。”他说。

巨额赌注

到 2007 年年初，迈克尔·巴里发现自己陷入了一个怪异的处境。他为一大堆垃圾次级抵押贷款债券购买了保险，这些债券则源自 2005 年的贷款，但是，它们是“他的”信用违约掉期产品。其他人并不常进行此类交易，很多人都认为 2005 年所发放的贷款要比 2006 年的更健康。用债券市场的说法，它们是“冷门券种”。那就是它们最大的价值：他对赌的那些贷款池都“相对冷门”。为了反击这个说法，他开始自己进行研究。他发现，他做空的那些贷款池破产的概率几乎是其他贷款池的两倍，而且其中的 1/3 与 2005 年次贷交易的总体水平相比，更有可能出现取消赎回权的情况。2006 年发放的贷款确实要比 2005 年的差，但是 2005 年发放的贷款也十分糟糕，而且离调整利率的日期更近。他确实选择了正确的住房所有者进行对赌。

在整个 2006 年以及 2007 年的头几个月里，巴里把他的信用违约掉期产品清单发给了高盛、美国银行和摩根士丹利，他希望它们把这些清单拿给潜在的买家看，让他能从中获得一些投资人关于市场价格的看法。毕竟，那是交易员应当具有的功能：中间人，市场的做市者。然而，这些公司的交易员并不具备这个功能。“他们似乎只能依赖我的清单，以一种极端投机的心态自己竞价。”巴里说。来自抵押贷款服务商的数据显示情况变得越来越糟糕——作为债券基础的贷款出问题的速度越来越快，然而，为这些贷款购买保险的价格，按他们的说法，却在下跌。“我看不出其中的逻辑，”他说，“我无法解释我看到的这个结果。”每个交易日的结束都意味着一次小型的清算：如果次级贷款市场崩溃，他们会把钱转给他；如果市场走强，他就得给他们汇钱。子孙资本公司的命运系在这些赌注身上，但是这个命运从短期看并不由一个公开和自由的市场决定，而是由高盛、美国银行和摩根士丹利来决定，每天迈克尔·巴里的信用违约掉期产品是赚钱还是赔钱。

然而，真实的情况是，他的信用违约掉期产品组合是不同寻常的。它们是由一位不同寻常的人物，用一种不同寻常的金融市场观，独立挑选出来的。仅凭这个事实本身，就可以使华尔街公司单方面地给他发出有关市场价格的指令。由于没有人交易这些迈克尔·巴里正在交易的东西，因此没有依据表明这些东西到底值多少钱，所以，高盛和摩根士丹利说它们值多少就是多少。巴里发现了这些公司管理市场的一个模式：所有有关住房市场或者整体经济的好消息，都被当成向子孙资本公司要求抵押物的借口；所有坏消息则全都被忽略，似乎与他下注的赌博无关。

华尔街公司总是声称它们没有自己的头寸，但是它们的行为告诉他的则是另外一回事。“银行的净头寸无论在什么情况下，都将作为标准，”他说，“我不认为它们会从市场上找标准。我认为它们只是发掘它们想要的。”也就是说，它们之所以拒绝承认他的赌注正在获利，是因为它们其实就是赌局的另一方。“当你跟交易员说话的时候，”他在 2006 年 3 月写给他的律师史蒂夫·德鲁斯金的信中说，“你将从他们的账簿里得到意见。他们写进账簿里的一切都是他们的观点。高盛碰巧积累了大量类似的风险。他们谈笑风生，似乎在抵押贷款池里什么也没有看到。不需要去煽动恐慌情绪……这个效果已经足够了。只要他们能够诱引更多的（资金）流入金融市场，问题就迎刃而解了。这就是过去三四年间金融市场的历史。”

到 2006 年 4 月，巴里完成了为次级抵押贷款债券买入保险的工作。在一个 5.55 亿美元的投资组合中，他押下了 19 亿美元的赌注，赌那些应该收到钱但最终收不到钱的情况会出现。5 月份，他采用了一种新战术：询问华尔街的交易员是否愿意卖给他更多的信用违约掉期产品，价格由他们决定，其实他心里早就认定他们不会卖。“对方愿意以我的标准把我清单上的产品卖给我的情况一次都没有出现，”他在一封电子邮件中写道，“我清单上 80%~90% 的产品是以任何价格都买不到的。”在一个正常的市场中，证券的价格会反映新的市场情况，但这个几万亿美元的次级抵押贷款市场的风险却从未被反映过。“投资领域一条最古老的格言是，等你在报纸上读到消息，黄花菜都凉了，”他说，“这一次则不然。”

史蒂夫·德鲁斯金正越来越多地参与市场，而且无法相信市场居然是这样被控制的。“不可思议的是，人们用这种虚构的东西组成了一个市场，”德鲁斯金说，“这不是一种真正的资产。”这就像华尔街一致决定，允许大家就商业航班的准点情况进行赌博一样。联合航班 001 号准点到达的可能性显然改变了，由于天气、机械故障、驾驶员的素质，以及诸如此类的其他影响因素。但是改变的概率可以被忽略，一直到航班真的延误再考虑。当大型的抵押贷款放款人破产的时候，或者某些次级贷款池遭受了高于预期的亏损时，也不要紧。唯一要紧的，就是高盛和摩根士丹利觉得要紧的那些状况。

世界上最大的单一资本市场不是一个市场，而是市场以外的其他什么东西，但是它到底是什么呢？“我确实指责过我的对手，市场上也肯定存在欺诈，因为信用违约掉期产品一直保持在低位。”巴里在写给一位他信赖的投资人的电子邮件中说，“如果信用违约掉期产品是场骗局会怎样？我时刻都在问自己这个问题，而且我感觉现在比任何时候都更应该认真考虑这个问题。今年抵押贷款信用违约掉期产品贬值 5% 的情况绝对不能出现。”在给高盛推销员的邮件中他写道，“我认为我正在做空房市，但是我没有做到，这是因为交易信用违约掉期产品是犯罪吗？”几个月之后，当高盛宣布 2006 年将向每个员工发放 54.2 万美元红利的时候，巴里再次写道：“作为一个曾经做过煤气站服务员、停车场服务员、医学院住院医师以及现在被高盛盘剥的人，我觉得自己被冒犯了。”

意外的风险

2006年年中，他开始听到消息，有其他理财经理也想像他一样下注。有几个理财经理给他打来了电话，寻求他的帮助。“我对这些人说，我需要从这个交易中脱身。”他说，“我看着这些人，心里在想，他们还能进入这个领域是多么幸运啊。”如果市场是完全理性的，那么很久之前市场就应该灰飞烟灭了。“这颗星球上的某些最大的基金偷窥了我的大脑，复制了我的战略。”他在一封电子邮件里写道，“所以，如果这件事情发生了，赚到钱的绝不仅仅是子孙资本公司，然而，也不会是所有人。”

他现在身陷困境已经是不可否认的事实。“感觉就像我的内脏正在消化着它们自己。”他在9月中旬这样写道。像往常一样，他不幸的源泉是其他人，那些最让他烦恼的人是他自己的投资人。当他在2000年开放基金的时候，他公布的只是他的季度回报，对下一步打算则只字未提。现在，他们要求他每个月甚至每半个月做汇报，而且不断地就他对市场的悲观看法纠缠他。“我甚至觉得，你的主意越好，投资人就越不信任你，你也越可能被投资人所唾弃。”他说。他并不担心市场会因为某些证券而出现过于扭曲的情况，因为他知道，市场最终都要由逻辑来规范：要么生意兴隆，要么破产；要么偿清贷款，要么违约。但是，这些由他帮助管理资金的人却无法让自己的情绪与市场保持距离，他们现在都把表面的刺激因素看成整个次级抵押贷款市场的情况，并试图迫使他屈从市场的疯狂。“我尽了最大的努力克制自己，”他在给一位投资人的信中写道，“但是我也只能做到保有与我的投资人同样的耐心。”对另外一个牢骚满腹的投资人，他写道：“在对冲基金界，对一个勤奋的基金经理的定义是，一个拥有正确的想法，并且会眼睁睁地看着他的投资人在这个想法即将实现的前夜弃他而去的人。”当他为他们赚得巨额财富的时候，他很少听到他们的声音；但当他亏损了哪怕一点点的时候，他们就把怀疑和不信任铺天盖地地抛向他。

> “所以，我认为把我们拖进大海的怪兽是信用违约掉期产品。你创作出了《老人与海》的情节。”
>
> “什么时候可以止住流血？（8 月份又下降了 5%。）你现在在采用一个更加危险的战略吗？”
>
> “你真的让我病倒了……你怎么能这样啊？”
>
> “你能给我解释一下我们在这个头寸上会继续赔钱吗？如果我们潜在的损失是固定的，那么基于我们目前的亏损状况，这应该只占现有组合的很小一部分。”

投资人的最后一个问题往往是：一个选股人怎么能在这种不切实际的债券市场的对赌中亏损这么多呢？他也一直试图回答他们的问题：他坚持支付整个组合 8% 的保险费，每年一次，一直到基础贷款消失——很可能是5年，但是，也可能长达30年。8%乘以5年为40%，如果信用违约掉期产品价格下跌一半，子孙资本公司计入的逐日盯市亏损将会是20%。

更加严重的是，他的信用违约掉期产品合同包含一个条款，允许华尔街的大公司在子孙资本公司的资产跌落至某个水平时，取消它们与子孙资本公司的对赌。忽然之间，一个真正的风险出现了。他的绝大多数投资人都同意一个两年的封闭期，在此期间无法随意取出他们的资金。但是在他管理的5.55亿美元中，有3.02亿美元是符合提款条件的，有的在2006年年底，有的在2007年年中，而投资人已经排起了长队要求赎回资金。2006年10月，美国住房价格经历了35年来最严重的下跌，几周之前，3B级抵押贷款债券ABX指数经历了它的第一次“信贷事件”（也就是亏损），迈克尔·巴里的基金可能出现一次大涨——这是一只全力对赌次级抵押贷款市场的基金。“我们受到了人为的压制。”巴里的一位分析师说，巴里聘用了他们，但是一直没有告诉他们要做什么，因为他坚持要自己做所有的分析工作。“我们应该开始工作，我们应该说，‘我不想再在这儿等了’。整个行业都在对抗他，而投资人却想要退出。”

一天晚上，当巴里向他妻子抱怨金融市场缺乏远景规划时，有个想法出现在他的脑海中。他在与投资人的协议中享有一个权利，如果他把钱投资于“证券，而当这种证券没有公开市场，或者无法自由交易”时，他就可以不把钱还给他们。一份证券是否存在公开市场是由基金经理决定的。如果迈克尔·巴里认为没有——比如，他认为一个市场暂时失灵，或者存在某种欺诈情况时——他就可以“冻结”一项投资。也就是说，他可以告诉投资人，他们不能拿回他们的钱，必须等到他下的赌注运转正常才可以。

巴里做了对他来说似乎是唯一符合逻辑的事情：他冻结了他的信用违约掉期产品。急于拿回资金的投资人——包括他的创业支持者戈坦资本公司——从一封简明扼要的信中知道了他的这个想法：他锁定了投资人的部分资金，锁定比例为50%~55%。在这封信的后面是他的季度报告，他希望通过这种方式让大家的感觉稍微好点儿。但是他不善于考虑别人的感受，或者说他根本就不知道怎么去处理这样的事情。他写的信听起来不像道歉，倒更像是一次抨击。“我前所未有地对这个产品组合充满信心，原因与股票没有丝毫的关系”，信是这样开头的，然后，信中继续解释他怎样在市场上建立了足以让任何理财经理嫉妒的头寸。他怎样下的注，不是押在“住房市场的末日对决”（尽管他认为这一天必将到来），而是押在“2005年发放的贷款中最差的5%”。他的投资人应该感觉自己很幸运。他写信时的感觉好像坐在世界的顶峰，但他实际应该感觉到的是世界正压在他的头上。他最大的客户之一，一名纽约的投资人给他发了一封电子邮件：“以后我再说像‘我们在做空次级贷款组合，如果大家知道自己在做什么，那么他们都想这么做’以及‘不久之后，那些大人物中会有一个认真阅读那些说明书’之类的话时，我得加倍小心。”他的两位最早的笔友——两人都被他吓坏了——之中，有一位在回信中说："除了独裁者，没有人会在他的资产缩水 17% 的时候写这样的信。"

随后，他在戈坦资本公司的合伙人威胁要起诉他，而且很快就有其他人加入，他们准备组织起来，打一场法律保卫战。戈坦资本公司的创始人从纽约飞到圣何塞，试图通过威逼手段让巴里退还他们投资的 1 亿美元。2006 年 1 月，戈坦资本公司的创办人格林布拉特在电视节目中推销一本书，当被要求说出几个他最喜欢的"价值投资人"的时候，他高度赞扬了迈克尔·巴里的才干。10 个月之后，他带着他的合伙人约翰·佩特里（John Petry）飞了 5 000 公里来见迈克尔·巴里，指责巴里是一个骗子，并且施压要巴里放弃自己认为最精明的投资。"如果说曾经有过那么一刻我想到要放弃的话，就是那个时候了。"巴里说，"对我来说，格林布拉特就像一个教父，一个我公司的合伙人，是他'发现了'我，并且他是除了我的家人之外第一个支持我的人。我尊敬他，而且仰视他。"格林布拉特告诉他，任何法官都不会支持他的决定——冻结一份显然可以交易的证券，此时迈克尔·巴里对他的所有好感都消失了。当格林布拉特要求看看巴里对赌的次级抵押贷款的清单时，巴里拒绝了。在格林布拉特看来，他给了这个家伙 1 亿美元，而这个家伙不仅拒绝还给他，甚至拒绝跟他说话。

从格林布拉特的角度来看，在市场显然存在的时候冻结投资是完全不符合常理的。其间存在着一些显而易见的低价，迈克尔·巴里完全有机会从他与次级抵押贷款债券市场的对赌中脱身。对于他的大多数投资人来说，他们的看法是，巴里只是不想接受市场的审判：他下了糟糕的赌注，而且不愿意接受损失。但是对巴里来说，他的判断是，市场具有欺诈性，而乔尔·格林布拉特根本就不知道自己说的是什么。“我很清楚的一点是，他们仍然不明白（信用违约掉期）头寸是什么意思。”他说。

他敏锐地意识到，那些把钱投给他的人中有很大一部分直到现在还在鄙视他。这个意识促使他把自己锁在办公室里，大讲脏话，并对他的投资人增添了一种新的藐视，他想继续尝试向他们解释他的做法，尽管他们显然不会再听他说了。“我希望你能少说多听，”他的律师史蒂夫·德鲁斯金在2006年10月底写信给他，“他们正在准备提起诉讼。”

“这有点儿意思。”基普·奥伯丁说，他把目光转向其他公司之前，曾经安排白山公司成为巴里的另一个原始投资人，“巴里已经具体地解释了他正在做的事情。而且他也帮大家赚了大笔的钱。你应该想到，人们会黏着他。”人们却根本没有黏着巴里，而是在他同意的时候，一溜烟儿跑开了。人们恨他。“我只是不明白，大家为什么看不到我其实没有对他们造成一丝的伤害。”巴里说。12月29日深夜，巴里独自坐在办公室里，给他的妻子发了一封邮件：“（我是）如此不可思议地感觉压抑；我一直想回家，但是我现在异常狂躁和压抑。”

2007年1月，就在史蒂夫·艾斯曼和查理·莱德利兴高采烈地去拉斯韦加斯之前，迈克尔·巴里坐下来向他的投资人解释，在标准普尔 500 指数上涨超过 10% 的年份，他是怎么亏损了 18.4% 的。一个从一开始就把钱投给他的人享受着过去 6 年共计 186% 的收益，而标准普尔 500 指数在此期间只有 10.13% 的上涨，但是，此时巴里长期的成功不再具有任何意义。他现在每个月都在接受审判。“在刚刚过去的这一年里，我输给了我所有的同事和朋友，比例各不相同，大致在 30%~40%，”他写道，“一名理财经理面对从无人知晓到声名大噪，再到千夫所指的变化，不会无动于衷。”他接下来又说，这个后果会使他前所未有地确定，整个金融界都错了，而他是对的。“我总是相信，天才分析师通过辛勤的工作，能够让业务覆盖巨大规模的投资版图，这个信念在我的心里仍然是不可动摇的。”

然后，就像往常一样，巴里回到那些信用违约掉期产品业务上：所有的重要事实都指向最后的成功。在刚过去的两个月里，三个大型的抵押贷款发起人破产了……负责任的贷款中心预测，2007 年，220 万借款人将失去他们的住房，而在 2005 年和 2006 年所发放的次级抵押贷款中，每 5 个借款人就有 1 个会违约……

迈克尔·巴里极有可能成为一个华尔街恶棍。他以为自己写给投资人的季度信函是很私密的，但是这些信函现在经常被泄露给报社。一封令人讨厌的信出现在一份交易日报上，表明他冻结赌注的行为是多么不道德。巴里可以肯定，这封信是被他的投资人泄露出去的。“巴里是一个偏执狂，”一位投资人说，“人们真的不喜欢他。当他成为一个坏家伙的时候，他成了一个贪婪的反社会者，他意图偷窃全部的金钱。而且，他随时可以回去做一名神经科医生。这是所有人提到巴里时说到的第一件事情：他是个医生。”巴里开始听到有关他的那些奇怪的谣言，比如，他已经离开了他的妻子，躲了起来，甚至有人说他逃到了南非。“我最近的生活非常有趣。”巴里在写给他的一位笔友的信中说。

> 由于最近发生的这一切，我有了很多与投资人谈话的机会，这在我们这只基金的历史上还是首次。我被我听到的那些话吓坏了。看起来，投资人对我给他们的信只是随手翻翻，而且很多人已经开始相信各种谣言和小道消息，并以此代替了客观分析和原始的信念。比如，我已经采用变通手段创建了一只私人股权基金，打算收购委内瑞拉的黄金公司；我创建了一只独立的名叫“弥尔顿的代表作”的对冲基金；我离婚了，毁灭了，永远不披露衍生品的交易情况；我借了 80 亿美元，把过去两年的大部分时间花在亚洲；我把除自己之外的华尔街的所有人都说成是白痴并横加指责；把基金的资本转移到我个人的账户里，从而或多或少将子孙资本公司变成了下一个阿玛兰斯。所有这些说法都不是事实。

巴里的外表总是与人们想象中的对冲基金经理的形象不相符。他整天穿着同样的短裤和 T 恤衫，他拒绝穿有鞋带的鞋子，他拒绝戴手表，甚至不戴结婚戒指。为了让自己在工作中平静下来，他经常播放刺耳的重金属音乐。“我认为，只要事情进展顺利，这些我个人的瑕疵人们是可以容忍的。”他说，“但是，当事情进展不顺利的时候，它们就成了指责我没有能力或者不稳重的话柄，甚至在我的员工和业务伙伴眼中也是这样。”

在拉斯韦加斯会议之后，市场下跌了，然后又复苏，并持续到了 5 月底。对于康沃尔资本管理公司的查理·莱德利来说，美国的金融体系由于华尔街银行、评级机构和政府监管者的阴谋，出现了系统性的崩溃。对于前点合伙公司的史蒂夫·艾斯曼来说，市场似乎是愚蠢的或者天真的：经历过如此众多的小规模恐慌，紧接着又出现强劲复苏的金融市场，把任何下跌都看成是另一次买入的机会。对于迈克尔·巴里来说，次级抵押贷款市场越来越像几个次级债券交易席位所实施的一次欺诈。“考虑到我们的对手所进行的大量欺诈，把信用违约掉期产品解冻的想法已经不再值得考虑了。”他在 2007 年 3 月底写道。

市场反转

2007 年上半年在金融史上是一个非常奇怪的时期，住房市场的现实情况与债券以及对债券进行保险的价格偏离得越来越严重。面对着令人不快的事实，华尔街大公司只是简单地选择对它们视而不见。

市场上有很多微妙的变化，而所有这些变化在巴里的电子邮箱里都可以找到。2007 年 3 月 19 日，花旗集团的推销员第一次给巴里发了一份对抵押贷款池的严肃的分析报告，告诉他抵押贷款不是次级债，而是“次优级”。这个家伙仍然试图解释这些贷款池里包含多少只计利息的贷款，住房所有者所占的百分比是多少，等等——这确实是人们在考虑借款人的信用度时可能采用的方式。“当我追溯到 2005 年，对这些情况进行分析后，”巴里在一封电子邮件里写道，“没有什么事情更接近于这种来自经纪公司的分析。我把‘哑二’作为延伸买家的一个标志和我的选择标准。但是在没有人交易衍生品的时候，人们对我所讲的东西还没有任何了解，而且也没有人关心它们会怎样。”在 2007 年 2 月到 6 月那段漫长难熬的寂静期，它们开始发挥作用了。市场命悬一线，2007 年第一季度，子孙资本公司的投资组合上涨了接近 18%。

随后，有些事情改变了，尽管一开始很难看清楚是什么。2007 年 6 月 14 日，一对儿由贝尔斯登实际拥有的次级抵押贷款债券对冲基金破产。在接下来的两周里，公开交易的 3B 级次级抵押贷款债券指数下跌将近 20%。就在这个时候，高盛在巴里的眼中也遭遇了令人担忧的衰退。巴里最大的头寸是与高盛建立的，而高盛最近已经不能或者不愿意决定这些头寸的价值了，所以，很难说有多少抵押物应该被没收。6 月 15 日，高盛的女推销员韦罗妮卡 · 格林斯坦消失了。巴里又是打电话，又是发电子邮件，但是她都没有回复，一直到接下来的星期一。她告诉他，她那天“一整天都在外面”。

“只要市场有利于我们，总是会出现这种情况。”巴里写道，“它们的人病了，它们的人外出了。”

6月20日，格林斯坦最终告诉他，高盛遭遇了“系统性的失灵”。

“这很滑稽。”巴里回复道，因为摩根士丹利方面说的基本上也是同样的话。而美国银行的推销员对他说，他们“没电了”。

“我认为这些‘系统问题’是借口，是为赢得时间来清理幕后的垃圾而找出来的借口。”他说。高盛的女推销员给出了一个漏洞百出的解释，声称尽管次级抵押贷款债券指数崩溃了，但是为它们保险的市场还没有出现什么变化。她用的是手机，而不是办公室的电话，如果是办公室的电话，谈话就有可能被录音。

华尔街公司在让步，全部都是。在将近两年的时间里，每个月的月底，巴里都在看着华尔街的交易员给他的头寸标上不利于他的价格。也就是说，每个月月底，他对赌次级债券的赌注都在神秘地贬值，而每个月月底恰好也是华尔街的交易员将他们的利润表提交给他们的经理和风险控制经理的时候。6月29日，巴里收到了一张来自摩根士丹利的销售员阿特·林格尼斯（Art Ringness）的便条，上面说摩根士丹利想确认“标价是公平的”。第二天，高盛也跟着来了，这是两年来的第一次，在月底的时候，高盛没有把标价调到不利于他的位置。“这是它们第一次精确地调整我们的标价，”他说道，“因为它们自己也要加入这项交易了。”市场最终接受了巴里对它的诊断。

高盛加入巴里交易的时刻，也是市场反转的时刻。某种类型的溃败已经开始了：似乎每个人都急于跟他说话。摩根士丹利一直是最不愿意接受次级贷款方面的负面消息的银行，现在却打电话来说愿意购买巴里所拥有的任何产品，“无论什么规模”。巴里还听到了另一个谣言，并且很快确认了，高盛管理的全球阿尔法基金在次级贷款上出现了巨额亏损，高盛很快从押注次级抵押贷款市场转为对赌这个市场。

这是最合适的时机，也就是巴里在2005年夏季告诉他的投资人要等待的时机。价值7 500亿美元的垃圾抵押贷款将从诱惑利率转换为新的更高的利率。巴里下过注的一个单独的抵押贷款池OOMLT2005-3就足以说明一个基本的事实。OOMLT2005-3是由第一期权公司开发的次级抵押贷款池的简称，其中大多数贷款都发生在2005年4月和7月。从2007年1月到6月，关于该贷款池的新闻层出不穷：违法行为、破产、丧失抵押品赎回权。考虑到它所依赖的债券的评级情况，它的亏损扩大了，但是亏损的情况在一个月之内并没有太大的变化。从2007年2月25日到5月25日（汇款数据的截止日期为每月25日），OOMLT2005-3内部的违约、丧失抵押品赎回权以及破产比例从15.6%上升到了16.9%。到6月25日，出现违约的贷款比例上升到了18.68%。7月，该比例又上升到21.4%，8月，跃升至25.44%，到年底上升到了37.7%——贷款池中超过1/3的借款人已经断供。这些损失不仅足以冲销迈克尔·巴里对赌的那些债券，而且连很多有更高评级的债券也难逃厄运。6月25日，华尔街公司内部开始出现恐慌，这让迈克尔·巴里相信，华尔街公司或许是以有关汇款数据的内部信息作为工作的依据。“交易员常常拥有（抵押贷款的）服务器，”他写道，“而且或许能够得到关于恶化情况的内部数据。”

在 OOMLT2005-3 以及所有他购买过信用违约掉期产品的住房贷款池崩溃的那个月，迈克尔·巴里注意到了本·伯南克和时任美国财政部长的亨利·保尔森的说法。每个人都在反复强调，他们看不到来自次级抵押贷款的亏损会在金融市场中“传染”的可能性。“当我一马当先地在 2005 年开始做空这些抵押贷款的时候，”巴里在一封电子邮件里写道，“我就非常清楚，这不大可能在两年内了结。理由很简单，在过去几年发起的抵押贷款中，绝大部分都具有一个吸引人的特点，叫作‘诱惑利率期’。现在正是 2005 年的那些抵押贷款诱惑利率期结束的时候，而 2006 年的抵押贷款诱惑利率期将于 2008 年结束。哪一个清醒的人会在 2007 年年初就断定，次级贷款的陨落不会导致‘传染’？票据从理论上来说还没有到期呢。”

纵观整个华尔街，次级抵押贷款债券交易员做多而且做错了，他们开始手忙脚乱地销售头寸，或者买入保险。迈克尔·巴里的信用违约掉期产品忽然之间变得时髦起来，然而，更让他吃惊的是，市场消化重要消息的速度极其缓慢。“你可以看到，所有这些交易在到达重置日之前都在亏损，”他说，“而重置只是将它们引至另一个失败。我处于一种永久性的怀疑状态。我应该想到，2007 年 6 月前会有人意识到并参与进来。如果真的是由于 6 月份的汇款数据让他们突然间醍醐灌顶，我会想，‘华尔街的分析师们’整天到底都在干什么？”

到了 7 月底，巴里的头寸标价朝有利于他的方向快速移动，而且，他正在研究像约翰·保尔森这样的交易天才的行为。保尔森在巴里建仓一年之后也开始了交易。彭博新闻社发表了一篇文章，认为有几个人提前看到了灾难的来临，并且说其中只有一个人在一家华尔街大公司做债券交易员，就是那个曾经在德意志银行做资产支撑债券交易的名不见经传的交易员——格雷格·李普曼。前点合伙公司和康沃尔资本管理公司都被漏掉了，但是彭博新闻社文章中最不应该漏掉的投资人正独自坐在加利福尼亚库比蒂诺的办公室里。迈克尔·巴里看到了文章，并通过电子邮件将该文发给办公室里的每个人，并附了一个说明：“李普曼从我这里拿走了我的原创想法，并且付诸实施。这个做法让他获得了名声。”他的投资人基本上没有人说话，虽然他使他们的钱增长了不止一倍。没有道歉，也没有感谢。“没有人回过头来说，‘是的，你是对的’，”他说，“非常安静，异乎寻常的安静，这种沉默让我怒火中烧。”留给他的只有他最喜欢的沟通方式——他给投资人的信。2007 年 7 月初，随着市场的崩溃，他提出了一个很好的问题。“这一切事情中一个十分令人吃惊的方面是，”他写道，“很少看到有关投资人实际因次级抵押贷款市场而遭受损失的报告……为什么我们不听听这个时代的长期资本管理公司的故事？”

THE BIG SHORT

第九章

书写结尾的时刻

开发信用违约掉期产品

豪伊·许布勒（Howie Hubler）在新泽西长大，在蒙特克莱尔州学院踢足球。每个见到他的人都会注意到他那粗壮的脖子、硕大的头颅以及络腮胡子，这些特点既可以被解读为令人羡慕的直率，也可以被视作伪装。他声音浑厚，性格上刚愎自用，喜欢恃强凌弱。“当交易中面临某些需要智慧的问题时，豪伊不会去想机智的办法。”一个许布勒早年在摩根士丹利工作时负责指导他的人说，“他会说，‘滚出去，不要让我再见到你。’”有人喜欢许布勒，有人不喜欢，但是到2004年年初，别人怎么想其实都已经不重要了，因为豪伊·许布勒为摩根士丹利交易债券并赢利已经近10年了。他负责摩根士丹利的资产支撑债券交易，实际上就是负责为公司在次级抵押贷款上下注。在那个时候，次级抵押贷款债券市场异常繁荣，这使资产支撑债券交易员的地位和作用发生了变化，许布勒的事业和格雷格·李普曼的一样。像所有资产支撑债券交易员一样，他一直在玩儿一种赌注很小的扑克牌游戏，因为市场上没有出现过什么严重的错误。价格会出现下跌，但最终会涨回来。你可以喜欢资产支撑债券，或者热爱资产支撑债券，却没有道理恨它们，因为还没有任何金融工具可以对赌它们。

在摩根士丹利内部，次级抵押贷款的繁荣造就了一段令人沉醉的时光。摩根士丹利在消费贷款领域一直遥遥领先于其他对手，在指导评级机构怎么给针对资产支撑债券池的担保债务权证产品估值方面，摩根士丹利的知识分子——金融工程师——一直都发挥着举足轻重的作用。因此，摩根士丹利内部的某个人考虑是否应该开发一个针对资产支撑债券的信用违约掉期产品，是一件再自然不过的事情了。豪伊·许布勒的次级抵押贷款交易席位正在以一种新的、更快的速度开发债券。为了这个目的，许布勒的团队不得不“存储”贷款，有时候甚至会长达数月。在购买贷款和销售基于这些贷款所开发的债券期间，他的团队暴露在价格下跌的风险之中。“我们开发信用违约掉期产品就是为了保护由豪伊·许布勒所管理的抵押贷款席位。”开发团队的一名成员说。如果摩根士丹利能够找到某个人并向他出售贷款保险的话，许布勒就可以规避住房贷款的市场风险。

正如一开始所设想的情况一样，2003 年，次级抵押贷款信用违约掉期产品是一份一次性的没有标准格式的保险合同，只在摩根士丹利和其他银行或者保险公司之间签订，并没有得到广泛的市场关注。

没有任何普通人曾经听说过这些信用违约掉期产品，如果摩根士丹利处理得好，也不可能让其他人知道。在开始设计的时候，这些产品都很神秘、不透明、非流动，因此除了摩根士丹利，没有任何人能够为它定价。用市场的语言来说，这是一种“定制”产品。到2004年年底，许布勒对某些次级抵押贷款债券越来越不满，而且想找出一些聪明的办法来对赌它们。同样的想法也出现在摩根士丹利的知识精英中间。2003年年初，他们中有人建议组成一个小组，由许布勒来管理，但这个提议很快被那些交易员们忘记了。“一名金融工程师开发了这个东西，而他们（许布勒和他的交易员们）从他那里偷走了它。”摩根士丹利的一名债券推销员说，她看到了整个事件的始末。一名与许布勒关系亲密的助手——交易员迈克·埃德曼，成为一个新产品的官方开发者：针对没有时间限制的次级抵押贷款池的信用违约掉期产品。

对赌次级贷款的一种风险是，只要住房价格保持上涨，借款人就能够再次贷款，来偿还他们过去的贷款。如果你购买了保险的贷款池缩水，你的保险金额也会随之缩水。埃德曼的信用违约掉期产品通过一些合同细则解决了这个问题，具体的规定就是，摩根士丹利针对贷款池里最后未偿还的贷款购买保险。摩根士丹利的赌注不是押在整个次级抵押贷款池上，而是押在池中几笔最不可能还款的贷款上。然而，赌注的规模是相同的，就像池中的贷款都没有还款一样。摩根士丹利购买了洪灾保险，如果有一滴水落到房子的任何位置，它就可获赔整座房子所值的金额。

这样的设计注定了摩根士丹利新定制的信用违约掉期产品在理论上肯定会在未来某一天得到赔付。因为它的整体赔付所需要的只是贷款池中出现 4% 的亏损，这种比例的亏损即使在次级抵押贷款的黄金时期也出现过。从豪伊·许布勒那些交易员的观点看，唯一的问题是找到一位愚蠢到愿意接住这个赌注的客户，也就是说，让客户把针对一所注定要被毁坏的住房的保险卖给摩根士丹利。“他们发现有一个傻瓜在做多某些 3B 级垃圾债券。”他们的一名前同事说，这是他们表示找到了一个目标的方式。一个傻瓜，一个我们可以利用的客户。“这就是故事的开头——它促成了许布勒的第一笔交易。”

到 2005 年年初，豪伊·许布勒在市场上找到了足够多的傻瓜，买到了价值 20 亿美元的这种定制的信用违约掉期产品。从那些傻瓜的观点看，豪伊·许布勒到处寻找的信用违约掉期产品就是免费的资金：摩根士丹利要为这些没有风险、可以持有、事实上是投资级（3B 级）的有资产支撑的债券每年付给自己 2.5%。这个想法对德国的机构投资者特别有吸引力，它们要么没有看到合同的细则，要么只看到了表面的评级。

到 2005 年春，豪伊·许布勒和他的交易员们相信——他们确实有理由相信——他们所开发出来的这些保险单肯定会为他们带来回报。他们想多买一些。然而，就在这个时候，迈克尔·巴里开始搅局，他不断购买标准化的信用违约掉期产品。德意志银行的格雷格·李普曼、高盛的两个交易员，还有另外一些人走到了一起，他们确定了合同的细节。摩根士丹利的迈克·埃德曼也被拉到了他们的讨论中，因为当时针对次级抵押贷款债券的信用违约掉期产品已经开始公开交易，而且完成了标准化过程，豪伊·许布勒的团队无法再继续传播他们更阴险、更私密的版本了。

摩根士丹利的新交易团队

时间到了2006年4月，次级抵押贷款债券机器正在轰鸣。豪伊·许布勒是摩根士丹利的明星债券交易员，按照他的估计，他的团队贡献了摩根士丹利利润总额的大约20%。他们的利润从2004年的4亿美元提高到了2005年的7亿美元，2006年更是达到了10亿美元。许布勒在年底的时候能拿到2 500万美元的红利，他不再满足于继续做一个普通的债券交易员。华尔街最好和最聪明的交易员都辞去了他们在大公司的工作，转而去对冲基金工作，在那儿，他们能赚到的不是数千万美元，而是数亿美元。从那些没有脑子的投资人那里捡一点儿散碎银子似乎与华尔街一流债券交易员的身份不符。“许布勒认为，客户业务是愚蠢的，”许布勒的一位交易员说，“这是他本来应该做的事情，但是他已经对它失去了兴趣。”借助摩根士丹利客户的愚蠢行为，许布勒可以赚到数亿美元，利用公司资本去与他们对赌，他能赚数十亿美元。

摩根士丹利的管理层出于对自身利益的考虑，也担心许布勒和他的交易员团队会辞职并创建自己的对冲基金。为了留住他们，管理层给许布勒提供了一个特别的条件：一个他自己专有的交易团队，还有一个煞有介事的名字——GPCG，也叫环球财产信贷集团。许布勒可以拥有这个团队所创造利润的一部分。“这个想法，”团队中的一名成员说，“是为了让我们从每年赚 10 亿美元向赚 20 亿美元前进，马上。”这个想法也可以让许布勒和他的团队拥有他们所创造利润的一大部分。如果可行，摩根士丹利承诺，允许许布勒将其剥离出去，成立一个独立的资金管理公司，他在其中占有 50% 的股份。除了从事其他的业务，这个公司还将经营次级贷款支撑的担保债务权证产品。它将与其他对冲基金，比如赵文的哈丁咨询公司，展开角逐。

摩根士丹利债券交易大厅里公认最好和最聪明的交易员都一窝蜂地想加入许布勒的团队。“他们都是精英中的精英，”交易员中的一位说，“许布勒带走了所有最聪明的人。”被挑中的几个人搬到了摩根士丹利位于曼哈顿市中心办公楼的 10 楼，制造出摩根士丹利内部没有利益冲突的假象。交易员可以回到 2 楼与客户进行交易，而且不会提到他们与许布勒以及他的团队在 10 楼进行的交易的任何相关信息。托尼·图法列洛（Tony Tufariello）是摩根士丹利全球债券交易的负责人，因此理论上也是豪伊·许布勒的老板，他为自己在豪伊那里设了一间办公室，不知疲倦地在 2 楼和 10 楼之间奔波。豪伊·许布勒想要的不仅是人，他还疯狂地想要带走他团队的交易头寸。他们的交易细节非常复杂，摩根士丹利的一位次级抵押贷款债券交易员说：“我想，在许布诺上面的领导当中，没有谁能够完全明白他正在做的交易。”但是他们的原则很简单：把大规模的赌注押到次级贷款会出现问题之上。他们的交易头寸中最重要的仍然是价值20亿美元的定制信用违约掉期产品，许布勒确信，在不久之后的某一天，这一产品将会产生20亿美元的净利润。次级抵押贷款池刚开始经历第一波亏损，而就在它们亏损的那一刻，许布勒可以获得全部的赔款。

然而，还有一件非常烦琐的事情：这些保险合同的保险费吞噬了许布勒团队的短期收益。“这个团队是被寄望一年要赚20亿美元的，”有成员说，“而我们持有的信用违约掉期产品头寸需要我们付出2亿美元。”为了冲抵经营成本，许布勒决定售出一些针对3A级次级担保债务权证的信用违约掉期产品，以收回一些保险费。问题在于，3A级担保债务权证产品的保险费只是3B级产品保险费的1/10，所以，要想拿回与他已经支付的那些钱等额的钱，需要卖出的信用违约掉期产品必须是他已经拥有的产品的10倍。他们很快与高盛和德意志银行以及其他几家公司做成了五六笔大规模的交易。

到2007年1月底，当整个次级抵押贷款债券业涌向拉斯韦加斯为自己庆祝的时候，豪伊·许布勒卖出了价值大约160亿美元的针对3A级担保债务权证的信用违约掉期产品。华尔街的债券交易精英们，甚至整个次级抵押贷款债券市场，都从来没有过如此泾渭分明的表达：在2006年9月和2007年1月间，摩根士丹利地位最高的债券交易员，出于实际的目的，购买了 160 亿美元 3A 级担保债务权证产品，这些产品完全由 3B 级次级抵押贷款债券组成，只要基础次级抵押贷款池出现 8% 的亏损，这些产品就将一文不值。事实上，豪伊·许布勒赌的是，某些 3B 级次级债券会出现问题，但是不会全部如此。他对他的市场保持机警，但是还不够机警。

“这些交易没有风险”

在摩根士丹利内部，显然从来没有对公司的风险承担者是否应该被允许购买 160 亿美元的次级抵押贷款债券这个问题有过太多的质疑。豪伊·许布勒的专门团队当然需要向高级管理层和风险管理部门提供他们的交易信息，但是交易员们所提交的信息掩盖了所谓风险的性质。许布勒团队所冒的 160 亿美元的次贷风险在摩根士丹利的风险报告中被放在一个风险包里，上面标着“3A”字样，意思是，这些债券像美国国债一样安全。它们在计算风险价值时再次出现。风险价值是华尔街管理层经常用来测算交易员所做交易的风险的一种工具，这种测算主要关注某种指定股票或者债券近期的变动情况，而很少关注过去的情况。由于价值还没有出现过大的波动，3A 级次级贷款支撑的担保债务权证在摩根士丹利的内部报告中被认为是没有风险的。2007 年 3 月，许布勒的交易员准备了一份报告，通过许布勒的老板交给了摩根士丹利的董事会，这份报告对他们在次级抵押贷款市场的

“伟大的结构性头寸”大吹大擂。没有人提出这样一个显而易见的问题：如果次级抵押贷款借款人开始以高于预期的比例断供，伟大的结构性头寸会出现什么情况？

豪伊·许布勒正在冒一个巨大的风险，尽管他没有提出，或许是没有意识到。他押下巨额赌注在一批担保债务权证产品上，对于这些产品，康沃尔资本管理公司已经对赌了；这些产品几乎全部是由次级抵押贷款债券组成的，对于这些次级抵押贷款债券，前点合伙公司和子孙资本公司已经对赌了。在过去的20多年间，债券市场的复杂性帮助华尔街债券交易员欺骗华尔街的客户。现在，它开始让债券交易员自己欺骗自己了。

一个有争议的问题是，一个担保债务权证内部的各种次级抵押贷款债券价格的相关性到底有多大。可能的答案范围从0（它们的价格波动情况相互之间毫无关系）到100%（它们的价格波动情况完全一致）。穆迪和标准普尔判断，在由3B级债券组成的债券池里，债券价格的相关性大约为30%，这种说法所表达的意思与它表面呈现出的完全不一样。它并不意味着如果某只债券出现问题，其他债券也会出现问题的概率是30%；它的意思是，如果一种债券出现问题，其他债券几乎不会出现下跌。

这些贷款在本质上并不完全一样，在住房价格停止上涨时必然会出现断供，这一假设为穆迪和标准普尔对几乎每个担保债务权证的80%的贷款都授予3A级的做法提供了依据，而且让整个担保债务权证业务成为可能。它同时也使豪伊·许布勒购买价值160亿美元的这些产品的决定变得合理。摩根士丹利就像其他华尔街公司一样，说服评级机构像对待企业贷款一样对待消费贷款——作为资产，如果把它们捆绑在一起，其风险可以急剧降低。那些做游说的人将其看成一项推销工作：他们知道企业贷款和消费贷款之间存在差异，但是评级机构没有能够抓住这一点。差异在于，在次级抵押贷款债券市场，几乎没有可以参照的历史，而且从来没有出现过全美范围内房地产市场崩溃的情况。摩根士丹利的精英债券交易员没有花费太多的时间担心这个问题，豪伊·许布勒对评级深信不疑。

接到豪伊·许布勒电话的华尔街债券交易员有这样的感觉：许布勒认为这些赌注是完全没有风险的——他应该收获一点儿蝇头小利……不用付出任何代价。当然，他不是唯一一个有这种信念的人。许布勒和美林的交易员对摩根士丹利向美林购买20亿美元3A级担保债务权证产品的交易，反反复复谈了很多次。许布勒希望美林在无风险利率之上加28个基点（0.28%），而美林只同意加24个基点。在一笔20亿美元的交易上——一项最终将20亿美元的亏损从美林转移到摩根士丹利的交易，双方交易员争论的焦点是每年80万美元的利息金额。由于利率条件没有谈成，交易告吹。许布勒与德意志银行也出现了同样的讨价还价。在德意志银行，格雷格·李普曼现在心都提到了嗓子眼儿，担心这些3A级担保债务权证产品在某一天会一文不值。德意志银行给了许布勒他要求的28个基点，在2006年12月和 2007 年 1 月，他们分别达成了两笔均为 20 亿美元的交易。“当我们做这些交易的时候，我们双方都很愉快，我们都认为这些事情没有风险。”负责与许布勒交易的德意志银行的经理说。

从 2007 年 2 月初至 6 月这段暗无天日的日子里，次级抵押贷款市场就像一个巨大的充满氦气的气球，被十几家华尔街大银行硬拖到地面上。每家公司都拉着自己的绳子，它们都清楚，不管它们多用力，最终它们都将被气球拖着腾空而起。6 月份，这些公司一家接一家地悄悄放开了手中的绳子。根据首席执行官杰米·戴蒙的指示，J·P·摩根在 2006 年深秋放弃了市场。因为李普曼的关系，德意志银行总是表现得很暧昧。高盛是下一个，而且它不只是放手，甚至转过身来，豪赌次级贷款市场，进一步加速了气球的致命上升。贝尔斯登的次级贷款对冲基金在 6 月破产后，贝尔斯登手里的绳子被强行割断了，气球飘得离地面更远了。

从赢利 10 亿美元到亏损 27 亿美元

不久之前，在 2007 年 4 月，豪伊·许布勒或许对他的赌局规模还是有些不放心，于是他与管理贝尔斯登对冲基金的拉尔夫·乔菲（Ralph Cioffi）达成了一项交易。4 月 2 日，全美最大的次级贷款放款人新世纪公司陷入了断供的泥沼，只好申请破产。摩根士丹利要将手中 160 亿美元的 3A 级担保债务权证中的 60 亿美元份额卖给乔菲。

价格下跌了一点儿，乔菲要求无风险利率增加 40 个基点（0.4%）。许布勒与摩根士丹利总裁佐依 · 克鲁兹（Zoe Cruz）商议了一下，他们共同决定，他们宁愿保留次级贷款的风险，也不愿意将数十亿美元的亏损变现。这个决定最终使摩根士丹利付出了 60 亿美元的代价，而摩根士丹利的首席执行官约翰 · 麦克（John Mack）一直都没有参与。“麦克一直都没有跟许布勒谈过，”许布勒最亲近的一名助手说，“在这段时间里，许布勒从来没有与麦克单独坐下来聊过。”

然而，到 2007 年 5 月，豪伊 · 许布勒和摩根士丹利之间的不和日趋白热化。令人大跌眼镜的是，这一切竟与 160 亿美元债券的复杂情况毫无关系，尽管这些债券的价值最终取决于拉斯韦加斯那位拥有 5 处房产的脱衣舞娘，或者来自墨西哥的拥有价值 75 万美元住房的草莓采摘工人在面对快速上涨的利率时的还款能力。争议的焦点是摩根士丹利没有履行其承诺，让许布勒的专有交易团队成为独立的资金管理公司，并让许布勒在公司里拥有 50% 的股权。在被摩根士丹利的行为激怒后，豪伊 · 许布勒威胁要辞职。为了留住他，摩根士丹利承诺让他和他的交易员享有更多 GPCG 利润的份额。2006 年，许布勒拿到了 2 500 万美元；2007 年，据了解，他拿到的应该更多。

在许布勒及其交易员抬高了他们与老板之间的交易条件一个月之后，摩根士丹利最后还是提出了那个令人感觉很不是滋味的问题：如果中低收入的美国人断供的比例大于预期的数字，他们押在次级抵押贷款市场上的巨额赌注会出现什么样的情况？如果根据华尔街最悲观的分析师预测出的亏损数据，押下的赌注会有何表现？在当时看来，许布勒的赌注已经做过“压力测试”，假设的情况是次级抵押贷款池出现了美国近代史上曾出现过的最大亏损，即 6%。现在，许布勒的交易员被要求设想他们的赌注在亏损达到 10% 时的情况，这些要求主要来自摩根士丹利的首席风险官汤姆·道莱（Tom Daula）。许布勒和他的交易员对此都感到很气愤，同时又感觉心烦意乱，担心道莱会把这些问题捅出去。“事情很诡异，”他们中的某个人说，“人们对这件事情充满疑虑。就好像在说，根本不知道这些家伙在谈什么。如果损失率达到 10%，将会有 100 万人无家可归。”（许布勒团队的亏损最终有可能达到 40%。）正如许布勒团队以外的一名摩根士丹利高级管理人员所说的：“他们根本就不让你看到结果，他们总是在说，世界上不可能发生那样的情况。”

许布勒的交易员花了 10 天的时间，创造出一个他们其实根本不想展示给任何人的结果：10% 的损失会使他们押在次级抵押贷款上的赌注从预计赢利 10 亿美元变成预计亏损 27 亿美元。正如一名摩根士丹利的资深经理所说的，“做完压力测试后，风险控制人员看起来非常沮丧”。许布勒和他的交易员想方设法让他们保持镇静，他们说，放轻松，那些亏损的情况永远不会发生。

然而，风险管理部门无法放轻松。在风险管理部门看来，许布勒和他的交易员似乎没有完全弄懂自己的游戏。许布勒一直振振有词地说他在对赌次级抵押贷款市场，如果是这样，为什么市场崩溃时他会亏损数十亿美元？正如一名摩根士丹利的高级风险经理所说的：“押红或者押黑并且知道自己正在押红或者押黑是一回事。押注在某一方，而你对此并不了解，则是另外一回事。”

2007 年 7 月初，摩根士丹利接到了第一个电话会议邀请，来自格雷格·李普曼和他在德意志银行的老板们，他们告诉豪伊·许布勒和他的老板们，许布勒 6 个月前卖给德意志银行的 40 亿美元信用违约掉期产品已经转为对德意志银行有利了，所以请摩根士丹利在当天下班之前汇给德意志银行 12 亿美元。或者，用李普曼的原话来说就是：哥们儿，你欠我们 12 亿美元。

当时已经有数千亿美元的 3A 级次级担保债务权证产品散落于各个华尔街公司中，这些产品曾经被视为没有任何风险，而现在，按照格雷格·李普曼的说法，每一美元面额债券的价值只有 70 美分了。“你说的 70 美分是什么意思？我们的模型得出的结果是 95 美分。”摩根士丹利的一名与会者在电话中说。豪伊·许布勒的反应也是一样。

“我们的模型结果是它只值 70 美分。”德意志银行方面的一位与会者回复说。

“哦，我们的模型说它值 95 美分。”摩根士丹利的人重复道，然后继续说他的担保债务权证产品中的数千种 3B 级债券的相关性非常低，所以，几只债券出问题并不意味着它们都会一文不值。

在这一点上，格雷格·李普曼只是说：“兄弟，去你的模型。我可以给你提供一个交易，你有三种选择。你可以按 70 美分的价格卖给我，或者你可以按 77 美分的价格再买一些，又或者你可以给我我应得的 12 亿美元。”

摩根士丹利不想再买入任何次级抵押贷款债券，豪伊·许布勒不想再买入任何次级贷款支撑的债券，他要松开手中紧握的那根绑在气球上的绳子。然而，他不想承受亏损，因此坚持说，尽管他不愿意以 77 美分的价格购买更多，但是他的 3A 级担保债务权证产品的每一美元面额债券还是值 95 美分。他把皮球踢回给了他的上级，在与德意志银行中职位与他相当的人商量之后，他最终同意支付 6 亿美元。对于德意志银行来说，还有一个办法，就是将这个问题提交给由 3 家华尔街银行随机选出来的人组成的一个工作组，由他们决定这些 3A 级担保债务权证产品是否值这个价钱。这是对华尔街的混乱和欺骗的一种估量，德意志银行不介意承担这些风险。

不管怎样，在德意志银行看来，附加担保并不是一件大事。“当李普曼提出付款要求的时候，”一位德意志银行的高级经理人说，“就像为了维持业务的正常运行一样，我们需要尽力去做所有事项中的最后一项。摩根士丹利有 700 亿美元的资金，我们知道钱就在那里。”

对于李普曼的价格是否准确的问题，连德意志银行内部的人都有不同意见。“这个数字是如此巨大，”参与讨论的一个人说，“以至于很多人都说这根本不可能是正确的，摩根士丹利不可能欠我们 12 亿美元。”

然而，摩根士丹利确实欠了这么多。这只是一系列问题的开始，这些问题将在几个月之后，在摩根士丹利首席执行官和华尔街分析师之间的一次电话会议之后结束。断供的情况在增加，债券的崩溃随处可见，紧随其后的就是由这些债券组成的担保债务权证产品。经历了几波下跌之后，德意志银行给摩根士丹利提供了退出交易的机会。格雷格·李普曼第一次给豪伊·许布勒打电话，告诉他可以以 12 亿美元的价格，退出与德意志银行 40 亿美元的交易；李普曼在第二次电话中报出的退出价格提高到了 15 亿美元。每一次，豪伊·许布勒或者他的交易员都会在价格问题上争论不休，并拒绝退出。“我们是与他们一路拼杀下来的。”德意志银行的一名交易员说。

德意志银行的收账员意识到，摩根士丹利的债券交易员错误地理解了他们的那些交易。他们没有撒谎，他们真的是没有理解次级担保债务权证的本质。3B 级次级贷款债券之间的相关性不是 30%，而是 100%。当其中一只崩溃的时候，其他所有债券都会随之崩溃，因为它们都受到同样的经济力量的驱动。最后，对于一只担保债务权证，从 1 美元降到 95 美分，再降到 77 美分，或者又降到 7 美分，其实并没有太大的差别。次级债券的基础要么都是坏的，要么都是好的。担保债务权证要么值 1 美元，要么一文不值。

最大的单一交易亏损

在价格降到 7 美分的时候，格雷格·李普曼允许摩根士丹利退出交易。豪伊·许布勒的160亿美元中的第一笔40亿美元，亏损了大约37亿美元。到了这个时候，李普曼不再跟豪伊·许布勒说什么了，因为豪伊·许布勒不再是摩根士丹利的雇员了。“豪伊请了几周假，”他团队中的一名成员说，“然后就再也没有回来。”2007年10月他获准辞职，“带走了2006年年底公司为防止他辞职承诺给他的几百万美元。他留下的债务，按照向摩根士丹利董事会报告的数字，大约为90亿美元，这是华尔街历史上最大的一笔单一交易亏损。其他公司的亏损可能远不止如此，而且，那些亏损基本上都与次级抵押贷款债券有着千丝万缕的关系。在市场崩溃的时候，花旗集团和美林以及其他公司还持有大量此类产品，但是这些都只是它们的担保债务权证机器的副产品。它们持有次级抵押贷款支撑的担保债务权证产品并不是为了兴趣，而是为了卖出这些产品时可能收取的费用。豪伊·许布勒的损失是简单押注的结果。许布勒和他的交易员认为自己很聪明，他们来到地球上就是为了利用市场的无效率。然而事实恰恰相反，他们的所作所为只是贡献了更多的无效率而已。

辞职之后回到新泽西的豪伊·许布勒没有把电话号码留给任何人，唯一能够让他聊以自慰的是，他还不是赌桌上最蠢的那一个。他或许没有及时放开手中的绳子，坐失了拯救摩根士丹利的最好时机，但是，随着他跌落到地面，他也可以脚踏实地地抬头看着那只气球在天上越飘越高，而且上面依然挂满了华尔街的尸体。2007年7月初，也就是在格雷格·李普曼给他打电话索要12亿美元的前几天，许布勒曾经为他的3A级担保债务权证产品找到了几个买家。第一家是瑞穗金融集团，这是日本第二大银行的交易部门。日本人曾经被这些新兴的美国金融创新产品弄得头晕目眩，并且敬而远之。瑞穗金融集团本来一直默默无闻，现在却认为自己是美国次级债券的聪明交易者，从摩根士丹利手中接下了价值10亿美元的次级债支撑的担保债务权证产品。

另外一个较大的买家是瑞银集团，它接下了许布勒手上20亿美元的3A级担保债务权证产品，另外还有数亿美元的3B级债券空头头寸。那是在2007年7月份，市场崩溃的前一刻，瑞银集团看着豪伊·许布勒的交易有些眼红，因此说，“我们也想要点儿”。豪伊·许布勒亲自购买的160亿美元的3A级担保债务权证产品缩水到接近130亿美元。几个月之后，为了给自己在美国次级贷款市场亏损的374亿美元找个借口，瑞银集团公布了一份言辞闪烁的报告，报告中披露，瑞银集团所雇用的美国债券交易员自始至终都在努力说服银行购买更多其他华尔街公司推出的次级抵押贷款债券。“如果人们知道了交易的内幕，肯定会跳起来。”一名瑞银集团债券交易员说，“在瑞银集团，这是一项非常有争议的交易，一直严格保密。很多人要是知道这项交易的存在，早就大呼小叫了。当大家都知道相关性是1（也就是100%）的时候，我们采取了相关交易措施，从许布勒的手里接了下来。”他进一步解释说，瑞银集团执行这项交易的交易员主要是受到他们自己模型的驱动——根据这种模型，在他们交易的那一刻，就意味着他们获得了 3 000 万美元的利润。

2007 年 12 月 19 日，摩根士丹利与投资人召开了一次电话会议。公司想解释清楚一次交易造成的 92 亿美元亏损如何吞噬了由其 5 万名员工所创造出来的利润。“我们今天所公布的结果令我和我的公司蒙羞，”约翰·麦克这样开场，“这是我们定息债券部门的一个交易席位做出错误判断所导致的后果，也是我们没有能够对风险进行适当管理的结果……从本质上来看，本季度的亏损全部来自一个抵押贷款业务的单独席位所进行的交易。”首席执行官解释说，摩根士丹利本来拥有针对次级抵押贷款风险的“对冲”手段，然而“在 10 月底和 11 月这种非同寻常的市场条件下，对冲没有充分发挥作用”。但是，市场条件在 10 月和 11 月并不是异常的。在 10 月和 11 月，市场首次开始准确地为次级抵押贷款风险定价，要说有什么异常，应该是那些碰巧带领着人们进入 10 月和 11 月的事情。

在麦克表示他希望“自己作为这个公司的领导人，能够保持绝对清醒，为公司的业绩负全部责任”之后，他受到了来自其他华尔街公司分析师的普遍质疑。找到困境的根源让这些分析师花了一些时间，但是最终他们找到了。4 名分析师被挑选出来，就一场华尔街历史上最大的单一自营交易亏损事件对麦克进行了调查，随后，来自高盛的威廉·塔诺纳（Wliiliam Tanona）对麦克进行了询问。

塔诺纳：再问一个有关风险的问题，我知道每个人都曾经在风险上跳过舞……请帮助我们想象一下，这种事情是怎么发生的，竟然造成了这么巨大的亏损。我的意思是，我只是自己想象，你们应该有足够的措施，明确头寸的限制范围和风险的限制范围。这让我很难想通，你们居然会有一个能够亏损90亿美元的席位。

约翰·麦克：这个问题问得不对。

塔诺纳：对不起，你能再说一遍吗？

约翰·麦克：喂。嗨。而且……

塔诺纳：我没听懂你的意思……

约翰·麦克：你看，让我们说得清楚一点。第一，这项交易是得到过认可的，而且进入了我们的账户。第二，它进入了我们的风险管理系统。这很简单。这些事情都做了，所以，我并不是强词夺理。当这些家伙强调这些头寸造成亏损的情况时，他们没有发现……我们应该会有这种程度的违约情况出现，真的。公平地说，我们的风险管理部门也没有重视那些亏损。它就是如此简单。这就是让我们深受其害的长尾风险，是的。这就是所发生的情况。

塔诺纳：好吧。这很公平。我在想我要提的其他问题。我很吃惊的一点是，尽管亏损达到这样的水平，你们公司的交易风险价值在这个季度仍然保持稳定，我想这些应该属于营业资产。你是否能够给我解释一下为什么你们的风险价值没有出现剧烈的上升？

约翰·麦克：我认为风险价值是对流动交易风险的一个非常好的阐释。但是，从……（听不清楚）方面看，等我们离开这里，我会很高兴跟你探讨这个问题，而我此刻不能回答你。

这是没有意义的对话，它无法解释摩根士丹利债券交易业务深层的复杂性。这些话语真正暴露出的是首席执行官本人没有真正理解当时的局势。约翰·麦克在他的首席执行官同僚中被广泛视为对债券交易风险有着相对清醒的认识。无论如何，他本人是债券交易员出身，而且上升到这个位置也是为了支持摩根士丹利勇于冒险的文化。然而，他不仅没有明白他的交易员们的行动方向，而且在他们执迷不悟的时候还给他们提供了支持，甚至在他们已经亏损 90 亿美元之后，他也无法解释他们都做了些什么。

最后的时刻

最后的时刻终于来了：次级抵押贷款灾难性风险的最后买家停止了买入。2007 年 8 月 1 日，股票持有人就贝尔斯登对冲基金的暴跌问题，提起了他们针对贝尔斯登的首次诉讼。在这次诉讼不太明显的影响中，有一项是给康沃尔资本管理公司三位持有巨额而且大多数购自贝尔斯登的信用违约掉期产品的年轻人敲响了警钟。自从拉斯韦加斯会议以来，查理·莱德利对他们所经历的这些事件的重大意义的认识就不曾动摇过。本·霍克特是三个人当中唯一一个在华尔街大企业工作过的人，他心里开始时时闪现某种灾难性结局的画面。而加米·麦只是认为华尔街上的很多人都是卑鄙小人。三个人担心的是贝尔斯登或许会破产，而他们无法拿到他们在赌局中所赢得的好处。“会有这么一个时刻，你不能再与华尔街公司进行任何交易。”本说，“到时候，情况就是那样。”

2007 年 8 月的第一周，他们东奔西走，试图正确认识双 A 级担保债务权证产品的价格，仅在几个月之前，这个产品还一直在以一个没有任何风险的价格交易。“相关债券在暴跌，所有与我们交易的人都说可以给我们两个点。”查理说。到 7 月底的时候，贝尔斯登和摩根士丹利还在说，每一美元面额的双 A 级担保债务权证产品值 98 美分。豪伊·许布勒和格雷格·李普曼的争论在市场上不停地重演。

康沃尔资本管理公司持有针对 20 种垃圾担保债务权证的信用违约掉期产品，但是每一种产品的情况都有所不同，所以，要准确地判断它们所处的位置是一件非常困难的事情。但有一件事情是清楚的：他们的高风险赌注已经不再是高风险的了。华尔街交易员曾经不停地告诫他们，他们永远也不可能从这些针对双 A 级担保债务权证的信用违约掉期产品中脱身。但是，市场陷入了恐慌，而且似乎每个人都迫切地要给与次级抵押贷款债券有关的所有产品购买保险。现在计算公式变了：如果发生什么事情导致市场反弹，比如说美国政府出面为所有的次级抵押贷款担保，他们就将眼睁睁地看着自己失去大笔的钱。当然，如果贝尔斯登破产，他们也将颗粒无收。这是对灾难可能性的奇怪的警示，他们现在觉得自己暴露在某种灾难性风险的中心地带。他们迫切地想要拯救自己，找到某个买家来购买他们手上大量新近才热门起来的保险单。

这项工作落到了本·霍克特的肩上。查理·莱德利曾经尝试过几次，想扮演交易员的角色，但是都失败了。“到处都有规矩，”查理说，“你必须知道该说什么，如果你没做对，每个人都不会理睬你。我以为我会说‘卖出’，而实际上我在说‘买入’。我终于痛苦地认识到，我做不了交易。”本曾经靠交易谋生，而且是三个人中唯一一个知道该说什么和怎么说的人。然而，他正在英格兰南部与他妻子的家人一起度假。

本·霍克特出现在英格兰德文郡埃克斯茅斯市的一家名叫药猴儿的小酒吧里，坐在那里寻找针对双A级夹层次级担保债务权证的价值2.05亿美元的信用违约掉期产品的买家。药猴儿酒吧提供这个小镇上不多见的无线互联网接入服务，没有任何一位热情洋溢的英国酒客会关心，甚至都不会注意坐在角落的那个美国人，他一会儿摆弄他的彭博终端机，一会儿用他的手机打电话，从下午两点一直折腾到午夜11点。最终，只有三家华尔街公司——贝尔斯登、德意志银行和摩根士丹利确认愿意与康沃尔资本管理公司交易，而且提供了国际互换与衍生品协议。“本过去总是告诉我们，没有国际互换与衍生品协议，做交易也是可能的，但这不是典型的做法。”查理说。现在也不是典型的时刻。8 月 3 日，星期五，本给每一家华尔街大公司都打了电话，说：“你不认识我，而且我知道你无法给我们一份国际互换与衍生品协议，但是我有针对次级抵押贷款支撑的担保债务权证产品的保险，我愿意出售。没有国际互换与衍生品协议，你们愿意跟我们交易吗？”“通常的回答是不愿意，”本说，“而我会说，‘问一下你们负责信贷交易的头儿和负责风险管理的头儿，看看他们是不是会有不同的想法’。”那个星期五，只有一家银行想跟他进行交易，这家银行是瑞银集团，而且非常急切。最后一个执着于氦气气球的人刚刚放掉了他手里的绳子。

8 月 6 日，星期一，本回到了药猴儿酒吧，开始进行交易。对于价值 0.5% 的保险单，瑞银集团报出了愿意加 30 个基点的价格，也就是说，康沃尔资本管理公司 2.05 亿美元的信用违约掉期产品，他们买入时花了大约 100 万美元，忽然之间它们的价值就超过了 6 000 万美元（2.05 亿美元的 30%）。然而，瑞银集团不再是唯一一家对此有兴趣的公司了，花旗集团和美林以及雷曼兄弟在星期五的时候还表现得不屑一顾，但到了星期一也变得迫切起来。所有人都满头大汗地为他们公司开发出来的这些担保债务权证产品的风险定价。“对我来说很容易，因为对方必须看清楚每一个交易的细节，”本说，“而我只要钱。”康沃尔资本管理公司拥有 20 种单独的头寸可供销售。本的互联网连接时断时续，手机接收信号也是一样的情况。而这些华尔街公司的急迫心情没有稍许的停顿，它们在近乎绝望地为正在熊熊燃烧着的房子购买火灾保险。“这是我们第一次看到价格反映了其真实的价值。”查理说，“我们所持有的头寸中，有的曾经被贝尔斯登估值为 60 万美元，而第二天我们就将其卖到了 600 万美元。”

到星期三晚上 11 点的时候，本收工了。这一天是 2007 年 8 月 8 日，法国巴黎银行宣布由于美国次贷危机导致的问题，它将停止货币市场基金投资人的取款业务。本、查理和加米不清楚，为什么他们赌注中的 3/4 会被一家瑞士银行买走。瑞银集团这个名字在康沃尔资本管理公司内部很少被提及，直到有一天，这家银行开始不断地请求购买这些现在定价已经非常高的次级债保险。“我没有任何理由想到瑞银集团也会进入次级债业务。”查理说，“回想起来，我无法相信我们居然没有转过身去做空瑞银集团。”在买走康沃尔资本管理公司的信用违约掉期产品之后，无论是瑞银集团还是其他任何一家华尔街买家都没有意识到，它们现在正处于导致贝尔斯登倒闭的同样的风险之中。这种想法在华尔街大公司的内部仍然被认为是无法想象的。康沃尔资本管理公司在 4 年半前以 11 万美元起家，从 100 万美元的赌注中净赚了 8 000 万美元。“令我们感到安慰的是我们不是赌桌上的那个傻瓜。”加米说。他们不是赌桌上的傻瓜，高风险的赌注最终获得了 80 : 1 的收益。而在药猴儿酒吧里，根本没有人问本他在做什么。

他妻子的那个英国大家庭里当然会有人在想他跑去哪里了，他也尽量进行了解释。他认为，正在发生的这一切非常重要，银行体系正在瓦解，这预示着某种剧烈动荡将会出现。当银行停摆，信贷就将停摆；当信贷停摆，交易也将停摆；当交易停摆，芝加哥城用于供水的氯气就只有 8 天的储备量，医院也将没有药品。现代社会所设定的模式是先消费，后付款。“我在午夜回家，想跟我的内弟谈谈我们孩子的未来。”本说，“我让家里所有人确保他们在汇丰银行的账户的安全。我告诉他们，留点儿现金在手上，因为我们或许会面临某种崩溃的局面。但是，要完全解释清楚原因却非常困难。”你怎么向一群生活在自由世界中的无辜的公民解释针对双 A 级次级担保债务权证的信用违约掉期产品的重要性？他尝试过，但是他的英国内弟用奇怪的眼神盯着他。他们能够理解某些人刚刚亏损了一大笔钱，而本刚刚赚了一大笔钱，但是他们的理解仅限于此。“我无法真正地跟他们讲这些，”他说，“他们是英国人。”

2007 年 8 月 31 日，迈克尔·巴里开始认真地抛售他的信用违约掉期产品，这些东西的价值已经是当初买入时的两倍了。仅在几个月之前，巴里拿到的信用违约掉期产品的报价是 200 个基点，或者说是本金的 2%，最高的时候多达 19 亿美元。现在他拿到的报价是 7 580 和 7 585 个基点，报出这些价格的华尔街公司绝望地想在下跌中得到一些缓冲。在这个季度末，巴里报告说他的基金上涨了 100%。到年底，在一个不到 5.5 亿美元的投资组合上，他实现的利润已经超过了 7.2 亿美元，但他仍然没有从他的投资人那里听到什么好话。“尽管一切都已经明朗，今年是一个丰收年，而且事实也已经证明我是对的，但我们内部还是没有胜利的气氛。”他说，“赚钱与我们想象中的情况一点儿都不像。”对于他的创业投资人戈坦资本公司，他发了一封只有一句话的邮件：“欢迎你们。”他已经决定把戈坦资本公司踢出基金，而且坚持要它出售所持有的股份。当它要求他报出价格的时候，他回答说：“你们拿走去年几乎被你们搅黄的那几千万美元，然后我们和平分手，如何？”

在他刚开始做投资的时候，他曾经决定不向他的投资人收取通常的 2% 的管理费。在他没有赢利的那一年，不收费意味着他只能解雇员工。现在他给他的投资人写了一封信，告诉他们自己改变了政策，这足以让他的投资人再次对他怒目相向，尽管这时他已经让他们变得很有钱了。“我只是想不明白，你是怎么找到这些令别人厌恶你的办法的。”他的一位笔友在邮件中告诉他，“你在这方面真的很有天分。”

自从知道自己是一名阿斯伯格综合征患者以来，他学到的有关阿斯伯格综合征患者的事情之一，就是他对扮演角色具有强烈的兴趣。这些角色是一个安全地带，让他从一个充满敌意的世界中逃离出来。这就是患有阿斯伯格综合征的人要如此剧烈地折腾自己和无法控制自己的原因。“我的医生帮助我找到了这些问题，”他在一封邮件中写道，“当我回顾我的整个人生时，我从中获得的启发良多：

> 你可以做得很好——当医生这样说的时候，总是让我觉得非常中听。嗯，如果你与一位很难融入社会的人相处，这个人

经常感觉被误解、被忽视，因而很孤独，你会看到强烈的兴趣会让他形成一种传统意义上的自我。患有阿斯伯格综合征的孩子可以将注意力集中在他们所喜欢的科目上，很快地增加他们在这方面的知识量，通常水平远远超过其他小伙伴。自我强化是一个令人欣慰的过程，它给患有阿斯伯格综合征的孩子提供了某些不常见的体验。只要兴趣还能够提供那种自我强化，变化的风险就几乎不存在。但是，当兴趣遭遇了坎坷，或者他在兴趣中经历了失败，消极的感受就会非常强烈，特别是当这种感受来自别人的时候。在这样的情况下，兴趣就会变得跟那些阿斯伯格综合征患者力图逃避的一切一样，比如显而易见的困扰、误解、排斥他人。于是，患有阿斯伯格综合征的人就不得不寻找其他的兴趣来建立并维护这个自我。

在2006年的大部分时间里和2007年年初，迈克尔·巴里所经历的就是一个私密的噩梦。在一封电子邮件里，他写道："我最亲近的合作伙伴变得极端地仇恨我……这些生意扼杀了我生命中不可或缺的一部分。问题在于，我还没有鉴别出来它们扼杀的是哪一部分。但是，它是我内心死去的某种非常重要的东西，我能够感觉到它。"随着他对金融市场的兴趣逐渐消失，他买了一把吉他。这种感觉很奇怪：他不会弹吉他，而且也没有天分，他甚至都不想玩儿吉他。他只是想了解用来制作吉他的各种类型的木材，只是想购买吉他和弹片以及放大器。他只是需要知道所有有关吉他的事情。

他为他的兴趣之死选择了一个聪明的时刻。这是一个书写结尾的时刻。在这一刻，没有任何东西留下来，因此用不着阻止。从这一刻起的6个月里，国际货币基金组织将发端于美国的与次级债有关的资产损失估值为1万亿美元。亏损的1万亿美元由美国的金融家们凭空虚构出来的产品造成，并深深地植根于美国的金融体系。每家华尔街公司都持有这些损失中的某些份额，但是对避免损失却束手无策。没有哪家华尔街公司能够全身而退，因为不再有任何买家存在。仿佛各种规格的炸弹已经被置于每一家主要的西方金融机构内部。引线已经被点燃，无法熄灭。仍然未知的，只是发生爆炸的时间早晚，以及爆炸的当量。

THE BIG SHORT

第十章

投行业的黑暗面

事实上，没有任何人——那些房屋所有者、金融机构、评级机构、监管机构以及投资者——能够预测到将要发生的事情。

——蒂文·沙玛，标准普尔总裁

在美国议会作证时的发言

2008 年 10 月 22 日

教皇本尼迪克特十四世是预言全球金融系统危机的第一人……意大利财政部长朱里奥·特雷蒙蒂说。“不受约束的经济会由于自身的规则而崩溃的预言”可以在本尼迪克特 1985 年所写的一篇文章中找到，特雷蒙蒂昨天在米兰的卡托里卡大学说。

——彭博新闻社，2008 年 11 月 20 日

末日对决

格雷格·李普曼曾经把次级抵押贷款市场想象成一场拔河比赛：一端是华尔街的公司，它们制造、包装债券，把最差的债券打包成担保债务权证产品，在它们用完贷款之后，又凭空制造出一些虚假的贷款；另一端是他自己的对赌这些贷款的空头团队。乐观主义者对阵悲观主义者，错的一方对阵对的一方。这个比喻是恰当的，而且一针见血。现在的情况则可以被比喻成：一条船上有两个人，他们被一条绳索捆在一起，以命相搏。其中一人杀了另一人，把他的尸体扔向海里，但这样的做法只会把自己也拖下水。“2007 年做空并从中赚钱是很好玩儿的，因为我们是在做空那些坏蛋。”史蒂夫·艾斯曼说，“2008 年的情况则是整个金融体系都岌岌可危，我们仍然在做空，但是我们不希望这个体系崩溃。这就像洪水就要到来，而你是诺亚，你在船上。是的，你不会有问题，但是，看着洪水泛滥你不会感到高兴。这不应该是诺亚的幸福时光。”

到 2007 年年底的时候，前点合伙公司押在次级抵押贷款上的赌注获得了巨额回报，基金的规模翻倍了，从 7 亿美元多一点儿变成了 15 亿美元。形势在这一刻已经变得非常明朗，前点合伙公司的人赚到了连自己都觉得不可思议的巨额资产，丹尼和文尼都想要兑现他们的赌注。他们两人从来都没有完全相信过格雷格·李普曼，他们的不信任甚至扩展到了他送给他们的这份令人目眩的大礼上。“我从来没有从李普曼那里买过一辆车，”丹尼说，“但是我从他那里买了价值 5 亿美元的信用违约掉期产品。”文尼对能如此快地赚取如此巨额的金钱几乎产生了一种宿命论的想法。“这是命中注定的交易，”他说，“如果我们因为贪婪而放弃了这场命中注定的交易，那我可能会把自己杀了。”

他们所有人，包括艾斯曼自己，全都认为艾斯曼的性格并不十分适合进行短期的交易判断。他很情绪化，而且受制于自己的情绪。他押在次级贷款债券上的赌注对他来说不仅仅是赌注，他还把它们当成给对手的羞辱。每当华尔街的人试图辩解——他们常常会这样——次级贷款问题是由谎言和普通美国人不负责任的金融行为所造成的时候，他会说：“什么？全体美国人在某个早晨醒来，说，‘我要在我的贷款申请上撒谎？’是的，他们撒谎了。他们撒谎是因为有人要他们撒谎。”这种激起他赌博想法的愤慨，不是针对整个金融体系，而是针对居于这个体系上层的那些人。这些人了解得更多，或者说应该了解得更多，他们就是华尔街金融公司内部的那些人。“这不只是一场争论，”艾斯曼说，“这是一场道德层面的讨伐。这个世界完全黑白颠倒了。”他认为，居于这场赌局底部的次级贷款是毫无价值的，而且，如果贷款没有价值，那么，他们所拥有的那些针对这些贷款的保险的价格就必然会上涨。因此，他们决定继续持有信用违约掉期产品，等待更多贷款违约情况的出现。“文尼和我应该做了 5 000 万美元的交易，赚了 2 500 万美元。”丹尼说，“艾斯曼做了 5.5 亿美元交易，赚了 4 亿美元。”

这场对巨额财富的角逐，导致众多公司暴露在次级贷款风险之下。到 2008 年 3 月 14 日，他们实际上已经卖空了每一家以任何方式与末日机器有关联的金融公司的股票。“我们做好了末日对决的准备，”艾斯曼说，“但是，有一句话总是浮现在我们的脑海里，要是末日对决不出现，会怎么样？”

3 月 14 日，这个问题的答案明朗了。贝尔斯登的次级对冲基金破产了，2007 年 6 月，市场开始质疑贝尔斯登。在过去的 10 年间，像所有其他的华尔街公司一样，贝尔斯登加大了它押注的规模，用尽了它全部的资本。仅在过去的 5 年间，贝尔斯登的账务杠杆比例就从 20∶1 提高到了 40∶1，美林则从 2001 年的 16∶1 提高到了 2007 年的 32∶1。摩根士丹利和花旗集团此时是 33∶1，高盛看上去要保守一点儿，是 25∶1，但是当时高盛拥有一种伪装真实账务杠杆比例的手段。要让这些公司中的任何一家破产，所需要的只是它们资产价值的轻微下降。问题是，那些资产是什么东西？一直到 3 月 14 日之前，股票市场都给了华尔街大公司暂不追究的宽大处理。没有人知道贝尔斯登、美林以及花旗集团内部正在发生什么，但是，这些公司的人曾一度被看成赚钱高手，因此他们的赌注也应该是高明的赌注。3 月 14 日，市场改变了它的看法。

一溃千里

那天上午，艾斯曼被德意志银行杰出的银行分析师迈克·马约临时邀请去给一屋子的大投资者做报告。在德意志银行华尔街总部的大礼堂里，艾斯曼被安排在美联储前主席艾伦·格林斯潘之前讲话，与著名的投资人比尔·米勒（Bill Miller）配合，比尔·米勒恰巧持有2亿美元以上的贝尔斯登股票。艾斯曼显然认为，任何人把巨额的资金投入任何华尔街公司的做法都是荒唐的。在他眼里，格林斯潘甚至都不值得他藐视。“我认为艾伦·格林斯潘将成为美联储历史上最糟糕的主席，”只要有机会，他都会这样说，“他长期维持过低利率的做法是其中最微不足道的错误。我认为我对次级债领域所发生的事情是心知肚明的，而他却忽视了，因为被压榨的消费者不是他关心的对象。我有点儿可怜他，因为他真的是一个非常聪明的人，但却从根本上把所有的事情都做错了。”

现在，在华尔街有头有脸的人物中，很少有没被艾斯曼辱骂过的。在中国香港的一次公开活动中，当汇丰银行主席宣布汇丰银行的次级债损失在“可控制的范围之内”时，艾斯曼举起了手，并且说：“你自己实际上并不相信这个说法，对吧？因为你们的整个账簿都是混乱的。”艾斯曼曾经邀请看多次级债的贝尔斯登分析师吉安·辛哈（Gyan Sinha）到他的办公室，对他进行了无情的折磨。事后，一名贝尔斯登的销售员打来电话，怒气冲天。

“吉安很伤心。”他说。

“告诉他不要那样，”艾斯曼说，“我们都很高兴！”

尽管如此，2007年年底，贝尔斯登还是邀请艾斯曼去与它新上任的首席执行官艾伦·施瓦茨进行了一场热情而做作的会晤。与熊[①]一起过圣诞节，他们这样来描述这件事。施瓦茨告诉艾斯曼次级债券市场有“多疯狂”，因为它的内部似乎没有任何人会同意任何指定债券的价格。

“这是谁的错？”艾斯曼脱口而出，“这是你们这帮家伙造的孽，只为了啃噬你们的客户。”

对此，这位新任首席执行官回答说：“我不想加罪于任何人。”

2008年3月14日，艾斯曼应邀参加有华尔街银行界最著名的牛市投资人以及一位杰出的美联储前主席出席的活动。这是整个市场非常忙碌的一天，因为有传言说贝尔斯登可能会有麻烦，但是，如果要在市场和观察艾斯曼之间做个选择的话，丹尼·摩西、文森特·丹尼尔和波特·柯林斯不会有任何犹豫。“我们大家都诚实一点儿，”文尼说，“我们去就是为了娱乐，就像去看阿里与弗拉西尔的拳击比赛一样。你们怎么会不想去呢？”他们驱车去看这场比赛，但是选了个非常靠后的位置以便躲避其他人。

艾斯曼坐在一张长条桌旁，身边是充满传奇色彩的比尔·米勒。米勒说了大约有3分钟，解释他投资贝尔斯登的原因。“现在，欢迎我们的熊，”迈克·马约说，“史蒂夫·艾斯曼。”

“为了这个说法，我得站起来说话。”艾斯曼说。

---

① 贝尔斯登的名称中有“熊”（bear）的意思，而在证券市场，熊又代表着下跌，因此，空头方又被称为“熊”。——译者注

米勒在发表他的简短讲话时一直是坐着的。这个活动原本是偏重小组讨论，而不是演说，但是，艾斯曼走到了讲台上。他看到他的母亲坐在第三排，却没有看到他那些坐在后面的伙伴，以及另外20个已经被他的伙伴劝告过的人（免费观赏阿里对决弗拉西尔）。艾斯曼对美国金融体系进行了有理有据的无情剖析，他演讲的题目是“这次为什么是不同的”——尽管到目前人们还不清楚，他为什么会发表如此正式的一次演讲。“我们将进行金融行业历史上最大的一次削减债务的行动，而且这个行动将会一直持续下去。”他说，“除了时间，我们没有任何解决办法。就让时间来抚平伤痛……”

当艾斯曼站起来的时候，丹尼本能地缩进椅子里面。“尴尬的情况随时都有可能发生。”丹尼说，“但是，就像目睹撞车一样，你又无法不去看。”周围的人都在摆弄黑莓手机，虽然他们都想听听艾斯曼会说什么，但是股票市场分散了他们对这场演说的注意力。9点13分，当艾斯曼结束演讲走下台寻找座位的时候，贝尔斯登公布了它从J·P·摩根获得一笔贷款的消息。9分钟之后，当比尔·米勒解释为什么持有贝尔斯登股票是一个好想法的时候，艾伦·施瓦茨已经签发了一份新闻通稿，这份新闻稿开头的一句话是：“贝尔斯登是大量有关我们流动性谣传的受害者。”当一名经理说他的银行拥有充裕的流动性时，他真正的意思就是没有。

9点41分，大约就是艾斯曼站起来走向讲台的时候，丹尼卖出了一些贝尔斯登的股票，这些股票是艾斯曼在头天下午很蹊跷地以每股 53 美元的价格买入的。他们小赚了一笔，但艾斯曼为什么不顾所有人的反对买入了这些股票，至今仍是一个不解之谜。艾斯曼随时随地都会做出一些规模非常小但与他们的投资理念完全矛盾的短期交易。丹尼和文尼都认为，这次事件的关键在于艾斯曼对贝尔斯登的私人好恶。华尔街最令人痛恨的公司，以其对竞争对手的意见充耳不闻而出名，对此，艾斯曼完全认同！“他总是说永远都不要去购买贝尔斯登的股票，因为这个公司的文化永远都无法接纳其他的任何东西，”文尼说，“我认为他从贝尔斯登身上看到了他自己的影子。”艾斯曼的妻子瓦莱丽有她自己的一套理论。“他就是用这种怪异的方式来支持他的‘世界行将毁灭’的理论的。”她说，“随时随地他都会表现出这种怪异的多头想法。”

无论艾斯曼这种突然出现的念头的根源是什么，在头一天下午买入一些贝尔斯登的股票这件事，竟然让丹尼兴致盎然。艾斯曼现在正在解释世界为什么将要毁灭，而他的伙伴们则有些心不在焉……因为金融世界就要毁灭了。“艾斯曼开始讲话的时候，”文尼说，“股市开始下跌。”正当艾斯曼解释为什么任何神志清醒的人都不会持有他在 16 小时之前买入的股票时，丹尼快速地给他的伙伴发出了短信。

9 点 49 分，啊，天——贝尔斯登，47 美元。

“如果（美国的金融体系）听起来像一个循环的庞氏骗局，是因为它本来就是。”

9点55分，贝尔斯登，43美元，天哪！

“美国的银行刚刚开始关注它们大规模的贷款问题。举个例子来说，我没有持有佛罗里达州任何一家银行的股票，因为我认为这些银行都将离我们而去。”

10点02分，贝尔斯登，29美元！！

“这个国家的上层阶级在蹂躏这个国家，他们压榨人民，建立了一座城堡来掠夺人民。在这些年当中，在华尔街的大公司里，我一次都没有碰到过有危机意识的人。从来没有人说‘这是错误的’，也没有谁对我说过的那些话表现出一丁点儿的关注。”

事实上，艾斯曼那天早上并没有真正说出最后那几句话，他只是反复地在自己心里念叨着。而且，他并不知道股票市场上正在发生什么。这一次，他无法查看他的黑莓手机，因为他正在发表演讲。但是，在他讲话的同时，一家华尔街投资银行正在破产，基于一个不是欺诈的理由。那么，一个显然的问题是，原因究竟是什么？

贝尔斯登的倒闭后来被归结为银行间竞争的结果，从某种意义上说，这种说法是正确的——其他银行拒绝跟它有业务往来，对冲基金转移了它们的交易账户。然而，这个事件提出了一个问题，这个问题6个月后还会再次被提出来：为什么市场忽然之间失去了对华尔街大公司的信任，而这些公司在不久之前还被认为坚如磐石？在2007年3月的时候，贝尔斯登的死亡似乎是难以想象的，康沃尔资本管理公司还以不到0.3%的价格为它的倒闭买过保险，他们押下30万美元对赌的标的价值1.05亿美元。

“财务杠杆比率”是艾斯曼在这一天给出的答案。为了产生利润，贝尔斯登与其他所有华尔街公司一样，把其资本中每一美元赌注的投机性抬得越来越高。但是，问题显然要比这复杂得多，那些投机性赌注的性质也是一个问题。

次级抵押贷款市场至少经历了两个截然不同的阶段。在第一个阶段，美国国际集团承担了大部分市场崩溃的风险，这个阶段一直持续到2005年年底。当美国国际集团突然改变主意之后，美国国际集团金融产品部的交易员曾经猜想，他们或许要彻底关闭次级抵押贷款市场了。当然，实际情况并不是这样。华尔街已经利用担保债务权证产品将3B级次级债券改头换面为理论上完全没有风险的3A级债券，并从中赚取了巨额利润，因此他们很难轻易地收手。那些在各个公司中负责开动担保债务权证机器的人获得了太多的权力。在第二个阶段，即从2005年年底到2007年年中，华尔街公司推出了2 000亿～4 000亿美元的由次级债支撑的担保债务权证产品。没有人能够确切地知道实际数字到底是多少，我们假定是3 000亿美元，其中大约有 2 400 亿美元是 3A 级的，从会计角度来说没有任何风险，因此没有必要进行披露。如果不能说全部的话，起码是大多数风险没有反映在资产负债表上。

到 2008 年 3 月，股票市场终于明白了所有抵押债券销售员很久以前就知道的事情：有人已经亏损了至少 2 400 亿美元。但是是谁呢？摩根士丹利仍然持有 130 亿美元左右的担保债务权证产品，这要感谢豪伊·许布勒。德国人持有一些，赵文和像他那样的担保债务权证经理持有的更多，尽管他们用来购买这些债券的钱是谁的仍然不明确。安巴克金融集团和 MBIA 公司，这两家长期以来靠为地方政府债券提供保险为生的公司接下了美国国际集团留下的那部分债券，每家持有的价值大约为 100 亿美元。真相是，没有谁会知道这些损失有多大，或者谁在承担这些损失。大家知道的只是任何深陷次级贷款市场的华尔街公司所遭受的损失都要远远大于它们所承认的。贝尔斯登已经深陷次级债市场的泥沼，它所拥有的资本中，每一美元都背负着押注在次级抵押贷款债券上的 40 美元。问题不是贝尔斯登怎么会破产，而是它怎么可能侥幸过关。

在发表完演讲向他的座位走去的时候，史蒂夫·艾斯曼经过比尔·米勒的身边，艾斯曼拍了拍他的背，一副悲天悯人的样子。在随后的问答环节，米勒指出了贝尔斯登不可能破产的理由，那就是目前华尔街的大型投资银行只有在实施犯罪时被当场抓住才可能破产。艾斯曼脱口而出：“现在才 10 点 5 分。还有时间。”除此之外，他那天堪称礼貌。在房间的后面，文尼和丹尼有一种混杂着宽慰和失望的奇怪感觉，就像紧追着与这座大城市擦肩而过的龙卷风时的感觉一样。

破坏氛围的不是艾斯曼，而是坐在后排的某个年轻人。他看起来刚满 20 岁，而且他像所有人一样，在米勒和艾斯曼讲话的时候不停地摆弄着他的黑莓手机。“米勒先生，”他说，“从你开始讲话的时候起，贝尔斯登的股票已经下跌了 20%。你现在还会加仓吗？”

米勒大惊失色。“他显然没有想到会发生这样的情况，”文尼说，“他只是说，‘是的，我肯定会加仓’。”

话音刚落，屋里的人全都冲向出口，显然是去抛售他们手中的贝尔斯登股票了。这个时候，艾伦 · 格林斯潘到了，并且开始讲话，几乎没有人注意听他在说什么。听众走了。到星期一，贝尔斯登也退场了，它被以每股 2 美元的价格卖给了 J · P · 摩根。

危机大爆发

早上 6 点 40 分，从麦迪逊大街和 47 街东北角的那个地下通道出口涌出的人流能告诉你很多事情，当然前提是你要善于观察。比如，在那个时间出现在那个地方的人，很可能是在华尔街工作。从佩恩站周围的那些出口钻出来的人，就不太容易猜了，文森特 · 丹尼尔的火车在这一刻到达这里。“文尼的早班火车上只有 55% 的人是金融界人士，因为从这个出口出来的主要是建筑工人，”丹尼 · 摩西说，“我乘的火车上金融界人士的比例是95%。”对于那些没有受过专门训练的眼睛来说，从康涅狄格郊区赶到纽约市中心的这些人没有什么差别，但是在这群人里，丹尼注意到了很多细小而重要的区别。如果是拿着黑莓手机的人，他们或许是做对冲基金的，正在查看他们在亚洲市场的损益。如果是在火车上睡着了，那他们很可能是属于销售部门的——经纪人，他们在这次游戏中毫发无损。提着手提箱或者大包的人应该不是经纪人，因为背着大包的唯一理由就是带着大量研究资料，而经纪人不会阅读他们自己的报告，至少不会在他们的业余时间阅读。带着一份《纽约时报》的人或许是律师，或者是后勤人员，也有可能是在金融市场工作而没有真正身陷市场沼泽的人。

他们身上的衣服也会告诉你很多事情。那些管理着资金的人穿得就像是要去观看扬基队的比赛，他们的金融绩效就是他们的一切，所以，如果他们穿得太好，可能会引起怀疑。如果你看到某个属于买方的家伙穿着正装，那通常意味着他遇到了麻烦，或者他要去见某个给他钱的人，或者两者兼而有之。除此之外，很难从穿着上看出一个买方人士更多的信息。另一方面，卖方也会穿戴着他们的“业务名片”：身穿运动服和卡其裤的，是一个在二流公司做经纪人的家伙；身穿价值3 000美元的正装，而且头发梳得一丝不乱的，是一名投资银行家，在J · P · 摩根或者类似的其他公司工作。丹尼还可以通过他们在火车上坐的位置大致猜出他们工作的地方。高盛、德意志银行和美林的人通常侧身对着火车的前方——尽管当丹尼研究这个问题的时候，高盛的人其实已经很少乘火车了，他们都有私人汽车。像他这样的对冲基金经理在上城区工作，所以在中央车站下车，向北走，那里的出租汽车随处可见，就像鱼塘里的虹鳟鱼争食玉米粒。雷曼和贝尔斯登的人通常都走向与他同样的出口，但是他们的工作已经彻底结束了。这也是 2008 年 9 月 18 日早上 6 点 40 分在 47 街和麦迪逊大街东北角的人流比 2007 年 9 月 18 日少的一个原因。

丹尼注意到了他的那些货币金融业同事身上的很多细节——从某种意义上说，观察那些细节是他的工作。艾斯曼是一个有大局观的人，文尼是分析师，丹尼作为首席交易员，是他们在市场上的眼睛和耳朵。丹尼寻找那些从来没有广播过或者发表过的信息的来源：传言，卖方经纪人的行为，屏幕上的图案。他的工作是随时把握细节，对数字的反应要快，以避免被欺骗。

为此，他的桌子上摆放着 5 台电脑显示器。一台滚动播放新闻，一台显示着他们的投资组合内部的实时变化，另外 3 台滚动显示丹尼与几十名华尔街经纪人和投资人的对话。他的电子邮箱一个月能收到 33 000 封邮件。对于一个局外人来说，这些关于金融市场的琐碎信息可能令人无所适从，但对于他来说，它们都各有意义。丹尼是一个从微观上关注具体事务的人。

2008 年 9 月 18 日，星期四，宏观局势已经变得非常不稳定，这些微观的具体事务也开始变得不连贯。这一周的星期一，雷曼兄弟申请破产，美林宣布在次级债券支撑的担保债务权证产品上亏损 552 亿美元，并被美国银行收购。美国股票市场的跌幅超过了世界贸易中心遭到袭击后第一个交易日的水平。星期二，美联储宣布向美国国际集团提供 850 亿美元，以清偿美国国际集团因为向华尔街银行出售次级信用违约掉期产品而造成的亏损——其中最大的一笔是美国国际集团欠高盛的 139 亿美元。如果加上美国国际集团已经以担保形式支付给高盛的 84 亿美元，高盛实际上已经把超过 200 亿美元的次级抵押贷款债券风险转移给了美国国际集团，这些或多或少最后都是由美国的纳税人来埋单。

美联储和美国财政部竭尽所能安抚投资人，但是到星期三，没有谁表现出已镇静下来的样子。美国最古老的货币市场基金 Reserve Primary Fund 宣布，它在给雷曼兄弟的短期贷款上出现了巨大的亏损，投资人不可能拿回他们所有的钱，而且赎回资金也被冻结了。货币市场基金不是现金交易——它们支付利息，因而承担着风险，但是，直到这个时候，人们还把它们当成现金。你甚至不能相信你的现金。在全球范围内，企业开始把它们的资金撤出货币市场基金，短期利率出现剧烈震荡，而在此之前，这种情况从来没有出现过。道琼斯工业平均指数下跌了 449 点，跌到 4 年以来的最低点，大部分市场变动的新闻不再来自私营公司，而是来自官方。星期四上午 6 点 50 分，当丹尼到达的时候，他听说英国的金融监管当局正在考虑禁止卖空，这个决定将会把对冲基金行业赶出交易领域，但是这种做法根本不能解释现在所发生的事情。“整个世界正在以一种我在职业生涯中闻所未闻的方式崩塌。”丹尼说。

前点合伙公司为这一时刻进行了堪称完美的布局。根据它与投资者达成的协议，它的基金可以以25%的净值做空或者以50%的净值做多股票市场，而总头寸不得超过200%。比如，对于它所拥有的每1亿美元的投资，它可以净做空2 500万美元，或者净做多5 000万美元，但所有的赌注合并后不得超过2亿美元。在协议中没有任何有关信用违约掉期产品的内容，但那已经不重要了。（“我们从来没有说明怎么把它加进来。”艾斯曼说。）在两个月前的7月初，前点合伙公司已经把手里最后的合约卖给了格雷格·李普曼，它现在是纯粹的专业股票市场投资公司了。

在那一刻，前点合伙公司几乎用尽了允许它做空的全部额度，而且所有的赌注都是针对银行，即那些崩溃得最快的企业。市场开市的那一分钟，它的赢利就高达1 000万美元。空头在下跌，而多头——主要是那些从次级债市场被挤出来的规模较小的银行——跌幅小一点儿。丹尼应该感到高兴，他们曾经认为应该发生的所有事情现在都发生了。然而，他却高兴不起来，他很焦虑。10点30分，交易开始后的一个小时内，所有金融股都呈自由落体状，根本不分青红皂白。“所有信息都汇集到了我这里，”他说，“按理说我应该知道怎么处理这些信息，但是价格变动得如此之快，我根本无法处理。我感觉那就像一个黑洞，深不见底。”

自从允许雷曼兄弟破产以来，已经过了4天，而且，崩盘最严重的后果现在已经能够感觉到了。摩根士丹利和高盛的股票一泻千里，而且显然，除了美国政府，谁也救不了它们。“这种情况就像一场大地震过后，”他说，“没过多久，海啸又来了。”丹尼的交易是人对人进行的，但是这次的感觉更像是人对自然：合成担保债务权证产品成了合成的自然灾难。“通常情况下，你觉得你有能力控制你周围的环境，”丹尼说，“你干得不错，因为你知道正在发生什么。但是现在，我知道什么或者不知道什么已经无关紧要了，感觉我们早就被扔到窗子外面了。”

他们拥有大约70种不同的赌注，押在世界各地不同的股票市场上，全部都是针对金融机构的。丹尼试图保持对这些赌注的控制，但是做不到。他们持有KeyBank（一家美国银行）的股票，并卖空美国银行的股票，这两种做法都是他们从来没有采取过的。“市场上没有任何买方，”丹尼说，“根本就没有市场。只有到了这个时候，我才意识到有一个比我们的投资组合更大的问题存在。股票价格跟基本面没有任何关系，它只是随着人们的情绪和对政府行动的猜测上下波动。”萦绕在他心头的担忧是摩根士丹利可能会破产。他们的基金为摩根士丹利所有，虽然他们几乎跟摩根士丹利没有任何关系，他们的做法和感觉没有任何一点像摩根士丹利的员工——艾斯曼经常说的话就是，他多么希望能够做空摩根士丹利的股票。但是，如果摩根士丹利破产，它在他们的基金中所占有的股份将会作为破产程序中的清算资产。“我在想，我们已经获得了整个世界，而我们为之卖命的公司却要破产了？”

随后，丹尼意识到了某种严重的问题——关于他自己的。那天早上快到 11 点的时候，黑色的波纹线出现在他的双眼与电脑屏幕之间，屏幕好像在前后摇晃。“我感觉到头部的刺痛，”他说，“我不是头痛。我想我可能是得了血管瘤。”他开始注意他的心脏——他往下看，而且确实看到了自己心脏的跳动正击打着他的胸膛。“我整个早上都在试图控制所有的能量和信息，”他说，“而我自己却失控了。”

这种情形以前只出现过一次。2001 年 9 月 11 日，早上 8 点 46 分，他正坐在他那位于世界贸易中心顶楼的办公桌旁。“你知道，当你身处城市里，有一辆垃圾车经过时的那种感觉，那是什么啊？”直到有人告诉他，是一架客机撞到了北楼。他走到窗边，看着街对面的建筑物。按照他的思维方式，一架小客机不应该造成如此巨大的破坏，而且他应该能够看到它从建筑物的另一侧跌落下来。但是他所能够看到的全部，就是一个黑色的洞，以及从洞里冒出的黑烟。“我的第一个想法是，那不是一次意外。根本不可能是意外。”他当时还在为奥本海默公司工作——艾斯曼和文尼已经离开了，一个权威的声音在扩音器里宣布，任何人都不准离开大楼。丹尼仍然站在窗户边上。“这个时候，人们开始跳楼，”他说，“尸体开始坠落。”另一架飞机轰鸣而至。“当第二架飞机撞上来的时候，我的感觉是‘永别了，大家’。”等他跑到电梯口的时候，发现自己身旁有两名怀孕的妇女。他陪她们走到住宅区，把其中一个送到她的寓所，把另外一个送到广场酒店，然后步行回到自己位于72街的家里，陪在自己怀孕的妻子身边。

4天之后，他带着妻子和儿子离开了纽约市，或者说是逃离了纽约市。晚上他们开车奔驰在公路上，当时有一种非常确定的感觉控制了他，告诉他有棵树会倒下并砸烂他的车。这种忽然而至的恐惧让他浑身发抖、直冒冷汗。那些树在50米以外，根本不可能砸到汽车。“你需要去医院。”他的妻子说，他去了。他本来以为是心脏出了什么问题，因此做了详细的心脏检查。失去自我控制让他很尴尬，他不喜欢多说这个问题，而且在病情发作不太频繁也不太严重之后，他长长地舒了一口气。几个月后，他的症状完全消失了。

2008年9月18日，他已经无法把当时的感觉与现在的感觉联系起来了。他从桌子旁边站了起来，想找个人。艾斯曼平常坐在他的对面，但是他当时出去参加一个会议，试图筹集一些资金——这就揭示了在一个他们自认为已经做好了充分准备的时刻终于到来的时候，他们其实毫无准备。丹尼转向身边的一个同事。“波特，我想我可能得了心脏病。”他说。

波特·柯林斯笑了起来，说：“不，你没有。”作为奥运会田径运动员的经历，让波特对别人的病痛有些不太关心，因为他认为他们并不知道什么是真正的伤痛。

“不，”丹尼说，“我得去医院。”他的脸色开始变得煞白，但是他还可以自己站立着。情况能有多糟糕？丹尼总是有些大惊小怪。

“这是他能够做好他的工作的原因，”波特说，“我一直在说，你没有心脏病。然后，他就不讲了。而我说，好吧，或许你有吧。”这实际上没有任何帮助。踉踉跄跄地，丹尼转向文尼，他正坐在这张长条交易桌的另一端看着桌这边发生的事情，而且在想着是否应该叫辆救护车。

“我必须离开这里。马上。”丹尼说。

摧毁华尔街

康沃尔资本管理公司对赌次级抵押贷款债券的赌注已经 4 倍于它的资本了，从 3 000 万美元增加到了 1.35 亿美元，但是它的三位创始人却从来都没有开香槟庆祝过。“我们总是在想，怎么把我们的钱投到安全的地方？”本 · 霍克特说。以前，他们没有钱。现在，他们有钱了，但是他们担心自己没有能力保管好这笔财富。他们在考虑，那些凭感觉做对事的人（也就是他们自己）怎样才能保持这种能够使他们做出正确决策的缺乏自信、充满疑虑和不确定的性格特征。你对自己和自己的判断越是深信不疑，就越难找到由于担心自己可能做错而带来的那些机会。

高风险的赌博从某种角度看，是年轻人的游戏。查理 · 莱德利和加米 · 麦不再感觉自己很年轻，也无法表现得很年轻了。查理现在患有偏头痛，而且对接下来可能会出现的问题非常无奈。“我认为现在存在某些对我们的民主具有根本性威胁的问题。”查理说，“人们有了这么一种感觉，认为这个体系被操纵了，而我们也很难说它没有被操纵。”他和加米花费了大量的时间和精力去考虑如何打击他们认为已经彻底腐烂的金融体系。比如，他们制订了一个计划，试图对评级机构进行报复。他们组建了一个非营利性质的法律实体，其主要目的是起诉穆迪和标准普尔，并且捐钱给那些因为投资 3A 级债券而亏损的投资人。

正如加米所说，“我们的计划是去告诉每一个投资人，你们不知道自己有多么可悲，你们被欺骗了。你们真的应该起诉。”因为他们与华尔街大公司以及那些靠他们吃饭的人之间的关系一直以来并不融洽，他们不敢找纽约的律师。他们跑到缅因州的波特兰，找到了一家愿意听他们诉说的律师事务所。“他们的反应好像在说，‘你们这帮家伙就是榆木脑袋’。”查理说。缅因州的律师告诉他们，因为评级不够精确而起诉评级机构，就跟一辆汽车因车祸被撞毁后起诉为汽车做过广告的《汽车族》杂志一样。

查理认识一位研究金融危机史的著名的历史学家，那是查理过去的老师，查理给他打了电话。“这些电话通常在夜里很晚的时候才会打来，”这位历史学家说，他希望不要公布他的名字，“而且通话时间一般都会很长。我记得他劈头就问，‘你知道什么是夹层担保债务权证吗？’他开始跟我解释它的工作原理：华尔街投资银行怎么哄骗评级机构对一堆垃圾贷款给予浮夸的赞美；这种方式怎么使得借给普通美国人数万亿美元贷款成为可能；普通美国人为了获得贷款怎么高兴地编造谎言；把贷款包装成被认为没有任何风险的证券的机制又是多么复杂，复杂到连投资人都无法进行风险评估；问题怎么变得如此严重，以至于注定要以灾难性的结果收场，并且具有如此巨大的社会和政治后果。”这名历史学家说：“他想谈他的推断，而且想知道我是否会认为他是傻瓜。他问我美联储是否会购买抵押贷款，我说可能性不大。对于美联储来说，如果有了这样的想法，那将会是一场巨大的灾难。”

让这位杰出的金融史学家印象深刻的，除了那些令人警醒的事实外，还有……他居然是从查理·莱德利那里第一次听说这些事情的。“我是否可以说，查理·莱德利把它看成是自大萧条以来最严重的金融危机？”他说。不是因为查理愚蠢，而是因为查理并不属于理财圈。“以任何一种方式看，他都不是一个现实的人，”教授说，“他不是受金钱驱动的人。他会怒火中烧，他把这看成一种非常个人的方式。”

尽管如此，2008 年 9 月 18 日早晨，查理·莱德利还是被惊得跳起来了。他和加米没有像往常一样坐在他们的彭博终端前面看着新闻不停地滚动，虽然一直到前一天，17 日，星期三，这都是他们每天的日常工作。华尔街大公司宣布的在次级抵押贷款债券上的亏损开始变得巨大，而且还在不断增加。美林一开始说自己亏损了 70 亿美元，现在承认这个数字是 500 亿美元。花旗集团大约亏损了 600 亿美元。摩根士丹利的损失在 90 亿美元以上，后面还有些什么，谁也不清楚。“在对现状的解释上，我们错了。”查理说，“我们以为这些公司把 3A

级担保债务权证产品卖给了像韩国农业公司这样的企业。它们被摧毁的事实说明它们没有这样做，而是自己留下了。”

华尔街大公司的人曾经留给人们的印象是很精明、很自私，现在他们却变成了一群蠢材。那些管理这些公司的人不懂自己的业务，而监管者显然更不懂。查理和加米总是认为有一些他们不认识的成年人在负责着金融体系的运转，现在他们看出来了，根本就没有这样的人存在。“我们从来没有进入过这些野兽的肚子，”查理说，“我们看到尸体被抬了出来。但是我们从来没有进去过。”彭博社的一条新闻标题吸引了加米的视线，而且击碎了他的心：“美国参议院多数党领袖谈危机：没有人知道该做什么。”

孤独的胜利

早在其他人进入迈克尔·巴里的视线之前，他就已经注意到，把他的投资组合变成赌注押在金融体系的崩溃上让人感觉很不舒服。并不是在从崩溃中赚到钱之后，他才开始担忧他的金融战略的社会意义，并且担心其他人对他的看法是否会像做空者看金融体系一样扭曲。2008 年 6 月 19 日，贝尔斯登宣布破产三个月之后，拉尔夫·乔菲和马修·丹宁这两位导致贝尔斯登破产的次级债对冲基金管理人员被联邦调查局逮捕，他们被戴上手铐，从家中带走。那天夜晚，巴里给他的律师史蒂夫·德鲁斯金发了一封电子邮件：“从内心深处说，这件事情对我是一个很大的打击。我担心我会心不在焉地发出一些电子邮件，而里面的内容可能会给我带来麻烦，我的做法和我最后的结果是完全正确的……我无法想象我居然要在监狱中结束自己的生命。我们其实并没有做错什么，只是因为在艰难时期，思维存在随意性，因为粗心，我没有进行认真过滤，就把想法放入了电子邮件。事实上，我非常担心这个问题，我已经开始考虑是否应该关闭我的基金。”

巴里开始寻找放弃资金管理的理由，而他的投资人帮他找到了：他为他们赚了非常多的钱，但是他们完全没有表现出对他过去三年的工作感到满意的应有态度。截至 2008 年 6 月 30 日，从子孙资本公司创立起就跟它捆绑在一起的投资人，在扣除费用和支出后，赚得了 489.34% 的利润。（基金的毛利率为 726%。）而同一时期的标准普尔 500 指数只上涨了大约 2%。仅 2007 年一年，巴里就为他的投资人赚了 7.5 亿美元，而当时他所管理的资金只有 6 亿美元。他的投资人赎回资金的要求来得很坚决而且很迅速，同时没有新的投资人打来电话——一个都没有。没有人打电话询问他对世界的看法，也没有人问他对未来的预测，甚至没有人想知道，他是怎么做到了他所做的这一切。“我们并没有多么知名。”他写道。

让他义愤填膺的是，知名度更高的居然是那些整天与媒体搅在一起的人。再也没有任何业务会比资金管理更加客观了，然而，就算在这项业务里，事实和逻辑还是会被各种事情那纷繁的社会维度所淹没。“我必须说，我对这么多人站出来说他们预见到了次级债的崩溃、商品市场的繁荣以及经济衰退的到来感到震惊。”巴里在 2008 年 4 月写道，写给那些仍然留下来陪他的投资人，“他们要么大谈自己是如何具有先见之明，要么在电视访谈或者记者的采访中，夸夸其谈地说他们对接下来将要发生的事情充满信心。可以肯定的是，因为这些人对上一次发生的事情的预测错得如此离谱，所以他们永远不敢告诉你接下来会发生什么。”一家行业杂志公布了 2007 年排名前 75 位的对冲基金，子孙资本公司榜上无名——尽管它的回报可以使它排在最靠上的位置。“就像他们把一名游泳选手带到奥运会上，然后让他独自在一个游泳池里游泳一样，”巴里说，“他游出的时间可以获得金牌，但是，他没有拿到奖牌。我在认真考虑，到底是什么阻碍了我得到它。我期待着得到一些认同，但是，没有。我为参加奥运会进行了大量训练，然后他们告诉我去备用泳池里游。”有几名选择继续跟着他的投资人问他，为什么他不在社交关系上更加主动一些，因为那是生意的一部分！

2008 年 10 月初，在美国政府介入并表示将实质性地吸收金融系统内的所有亏损，以防止任何华尔街大公司倒闭的时候，巴里首次开始热情洋溢地买入股票。刺激计划将不可避免地导致通货膨胀，他想，同时也会带来股票价格上升的繁荣景象。他当然也觉得可能有点儿早，股市在上涨之前都会下跌一点儿，但是，这对他来说无所谓：价值现在就在那里，而赌注会在远期产生收益。很快，他最大的投资人开始质疑他的判断，而且威胁要赎回自己的资金，这位投资人的资金是 1.5 亿美元。

10 月 27 日，巴里在给他的一位笔友的信中写道："今晚我将要结清我的头寸。我想我遇到了瓶颈。我今天没有吃，没有睡，没有跟我的孩子说过话，也没有跟我妻子说过话，我要崩溃了。阿斯伯格综合征给了我一些美好的礼物，但是生命也由于这些礼物而显得过于艰难和漫长。" 11 月初的一个星期五的下午，他感觉胸闷，于是去看急诊。他的血压波动很大。"我感觉我正走向我短暂生命的终点。" 他写道。一个星期之后，在 11 月 12 日，他给投资人发去了最后一封邮件。"我被我自己的行动、基金的投资人和业务伙伴，甚至过去的员工一次又一次地推到崩溃的边缘。" 他写道，"但我总是能够把自己拉回来，并继续我通常的做法，过分紧张地处理这项生意。然而，现在，我面临着一个个人的问题，它已经带着我不可挽回地突破了崩溃的边界，而且，我很不情愿地意识到，我必须关闭这只基金。" 之后，他消失了，让很多人忍不住猜测到底发生了什么事情。

所发生的事情就是他当初做对了，世界做错了，而世界因此嫉恨他。因此，迈克尔·巴里在他开始的地方结束了一切——独自一人，在他的孤寂中享受着心灵的慰藉。他仍然把自己关在加利福尼亚库比蒂诺的办公室里，这个办公室足够 25 人使用，但是，基金关闭了，办公室空了。最后离开的人是史蒂夫·德鲁斯金，德鲁斯金的最后一项工作就是处理迈克尔·巴里针对次级抵押贷款债券的信用违约掉期产品。“巴里留下了几份，主要是觉得好玩儿，”他说，“只有几份。想看看我们是否能够得到足额的赔付。”他真的持有这些产品，但不是为了好玩儿，而是为了给自己一个证明：向这个世界证实，他对赌的那些投资级的债券实际上根本没有任何价值。他留下来的两份赌注是针对雷曼兄弟开发的基于 2005 年贷款的次级债券的信贷违约掉期产品。这些债券与它们的发起人同时归零了。巴里购买每份赌注的成本是 10 万美元左右，而他赚了 500 万美元。

从律师的角度看，结束一只投资基金存在的问题是，这些合同的有效期一直持续到 2035 年。多头的经纪人因此要全额付款：每 1 美元面额的债券要支付 100 美分。甚至没有哪家华尔街公司想到过向他们发送报价。“我没有接到过任何一份来自经纪人的声明，说我们在他们那里拥有一份开放的头寸，”德鲁斯金说，“但是我们确实有，好像再也没有人想要谈论这些问题了。‘就这样吧，你们已经拿到了 1 000 万美元。不要再对我大放厥词了。’”

在华尔街，律师扮演着与卫生员在战争中同样的角色：他们负责在枪战结束之后清理混乱的局面。那些具有令人意想不到的技术性的还款风险的 30 年期合同，是迈克尔·巴里最后的乱局。“经纪人把合同扔了也是有可能的，”德鲁斯金说，“三年前，没有人会想到经纪人方面会发生这样的状况，所以，也没有人接受过处理这种情况的训练。我们最多就是说一句‘我们要歇业了’，然后他们说‘好的’。”

“毁灭它是正义的行为”

当艾斯曼接到丹尼·摩西的电话，说他可能得了心脏病的时候，他和文尼还有波特正坐在圣帕特里克大教堂的台阶上。艾斯曼处于缓慢的更年期变化当中，他在2007年秋末遭遇了他的第一次潮热。到这个时候，在很多人看来，结局已经显而易见了，艾斯曼一直是对的，自己一直是错的，而且他已经富甲一方了。他去参加了由美林组织的大会，这次会议是在美林刚解雇了首席执行官斯坦利·奥尼尔，并披露了自己在次级债中亏损了200亿美元（实际有520亿美元）之后召开的。会上，艾斯曼有些不自在地坐在美林的首席财务官杰夫·爱德华身旁，这个杰夫·爱德华正是艾斯曼在几个月之前曾经讨教过有关美林风险模型问题的那一位。“你还记得我说过的关于你们风险模型的话吗？”艾斯曼说，“我猜，我当时的想法是对的，是吗？”马上，令人非常吃惊的是，他对刚刚说过的那些话立刻就感到后悔了。“我感觉非常糟糕，”艾斯曼说，“很令人厌恶。他是一个可爱的家伙，他只是做错了而已。我不再是条癞皮狗，我必须以另外一种不同的方式来引导自己了。”

当瓦莱丽·费根的丈夫犹犹豫豫，而且忽冷忽热地慢慢获得一种象征着权谋的人格特质的时候，瓦莱丽站在不远的地方惊奇地看着眼前发生的这一切。“在每件事情发生之后，都会存在一段空白。”她说，“一旦事实证明他是对的，所有的焦虑和愤怒以及精力就会离他远去，只留给他这片巨大的空白。他会以一种很自我的状态持续一段时间。他浑身上下都被自我完完全全地充满了。”艾斯曼曾经持续不断、不厌其烦地谈论有关末日的话题，因此形形色色的人都想听听他现在会怎么说。在拉斯韦加斯大会之后，他去医院检查过一次身体。当时他告诉医生，按照他的理解，金融世界行将终结。一年之后，他回去找同一个医生，做结肠镜检查。躺在检查桌上后，他听到这个医生说：“这就是那个预言了这场危机的家伙。大家进来听听他是怎么说的。”在艾斯曼结肠镜检查进行到一半的时候，一屋子的医生和护士都在讲天才艾斯曼的故事。

天才艾斯曼的故事很快就让他的妻子感到厌烦了。很久以前，她与她丈夫的医生一起建立起了“艾斯曼社会应急行动队”。“我们把他叫来，说，‘你真的不能再这样乱讲了’。他做到了，而且他开始变得很规矩。他喜欢循规蹈矩！这对他而言是一种新的体验。”从各个方面，她和其他人都发现了艾斯曼转变的重要证据。比如，他们所居住的小区要举办圣诞晚会，她本来不想让艾斯曼知道这件事，因为她不知道他会在那里做出什么奇怪的事情，或者说出什么奇怪的话来。“我正要悄悄溜出我们的寓所，”她说，“他拦住了我，而且说，要是他不去，那成什么了？”他认真的态度让她很吃惊，于是她给了他一个机会。“你可以去，但是你必须遵守规矩。”她说。艾斯曼对此的回答是：“嗯，我现在已经知道怎么为人处世了。”于是，她把他带到了圣诞晚会的现场，他尽了最大的努力，一直表现得非常和善。“他变成了一个令人感觉愉悦的人，”瓦莱丽说，“这真是难以想象。”

2008 年 9 月 18 日下午，这个新生的而且可能是改善了的艾斯曼在圣帕特里克大教堂的台阶上慢慢走向他的合伙人。要步行到达某个地方，总要花掉他很长的时间。“艾斯曼走路真够慢的，”丹尼说，“他走路就像大象那样慢腾腾的，他的步伐给人的感觉就好像大象变成了人类，但还是像以前一样走路。”天气如此美妙，难得一见的晴天，蓝蓝的天空，阳光透过建筑的从林倾泻到地上，温暖着大地上的生灵。“我们坐在那里，”丹尼说，“看着熙熙攘攘的人群。”

他们一起在教堂的台阶上坐了一个小时左右。“我们坐在那里的时候，感觉出奇的平静。”丹尼说，“我们感觉自己已经与现实的市场完全绝缘了。这是一种灵魂出窍的体验。我们只是坐着，看着人们从我们面前经过，谈论着接下来可能会发生的事情。这些人中有多少会失去工作？在所有的华尔街公司破产之后，还有谁会来租住这里的房子？”

波特 · 柯林斯认为：“就像是世界停止了。我们正看着所有这些人，说，这些人当中要么是已经被毁灭的，要么是即将被毁灭的。”除了在这一点上的认识高度统一之外，前点合伙公司内部并不是铁板一块。这是他们一直在等待的时刻：金融市场完全崩溃。

“投资银行业该死，”艾斯曼 6 周以前曾经这样说过，“这些家伙刚开始明白他们有多该死。就像一个生于牛顿之前的经院学者，当牛顿出现后，某天早上这个学者醒来发现，‘天哪，我错了！’”雷曼兄弟消失了，美林缴械了，高盛和摩根士丹利作为投资银行的日子也只剩一个星期了。投资银行家不只是该死，他们甚至应该被消灭。“华尔街应该灭亡，因为毁灭它是正义的行为。”艾斯曼说。他们当中唯一一个对自己的角色——通过对赌社会而赚取财富——在感情上还有点儿挣扎的人是文森特·丹尼尔。“来自皇后区的文尼需要看看每个事物的黑暗面。”艾斯曼说。

对此，文尼的回答是：“我们思考这个问题的方式是，通过做空这个市场，我们创造了流动性，以维持市场的运行。但其实我们并不喜欢这样的思考方式。”

“就像喂养怪兽，”艾斯曼说，“我们喂养着怪兽，直到它发疯。”

怪兽开始发疯了。然而在曼哈顿的街上，看不出刚刚发生过什么重大事件的痕迹，将要影响人们整个生活的那股力量避开了人们的视线。这是与钱有关的问题：人们用钱所做的事情会产生后果，但是后果距离行动的时间如此遥远，以至于人们很难将它们联系在一起。你为那些无力赔付的大众提供的诱惑利率贷款将出现问题，但这种问题不会马上出现，而是在两年以后出现，因为到那时它们的利率水平会提高。你基于那些贷款开发出来的各种债券也将出现问题，不是随着贷款出现问题而出现问题，而是会有几个月的滞后期，在出现大量丧失抵押品赎回权、破产以及被迫甩卖之后出现问题。你从这些债券中开发出的各式各样的担保债务权证产品也将出现问题，不是在债券出现问题的时候，而是在某些受托人弄清楚是否有足够的现金去支付这些款项之后。于是，这些担保债务权证产品的最终持有者将收到一张小纸条，上面写着：阁下，我们很遗憾地通知您，您的债券不复存在了……但是，罪大恶极的罪犯就在那里，大摇大摆地走在大街上。让这些行走在圣帕特里克大教堂前面的人们明白刚刚发生在他们身上的这一切，还需要多长时间呢？

万事万物皆关联

几乎就在艾斯曼和他的伙伴们坐在圣帕特里克大教堂台阶上的同一时刻，我坐在东边的一条长椅上，等着我以前的老板约翰·古特弗罗因德一起去吃午饭。我当时在想，为什么在那些餐馆里，两个彼此没有丝毫好感的男人会面对面地坐下来。

当我出版我那本有关20世纪80年代金融行业的书时，20世纪80年代的那场金融危机据说已经接近尾声。我收到了大量称颂我作品时效性的溢美之词。由于储蓄和贷款行业的崩溃以及恶意并购和杠杆收购所造成的社会裂痕，迅猛发展之势开始让位给一个短暂的反思时期。正当俄亥俄州立大学的绝大多数学生把《说谎者的扑克牌》当成一本操作指南来读的时候，大多数电视和电台主持人把我定位为一个揭秘者。（杰拉尔多·瑞弗拉是一个例外。他把我安排在一档节目中，跟一些已经成为瘾君子的童星一起出现，节目的名称是"生活中过早成名的人"。）当时，反华尔街的情绪非常高涨，高涨到足以让鲁道夫·朱利安尼以此作为其政治生涯的重要契机，但是结果就像一场闹剧，而不是一场对金融秩序的诚实检讨。公众对迈克尔·米尔肯，以及紧随其后的所罗门兄弟首席执行官古特弗罗因德的声讨，主要是因为他们没有处理好那些支撑着他们平步青云的令人不安的力量。基于同样的理由，华尔街的交易文化也受到了清洗。华尔街公司不久之后将对亵渎神灵的说法嗤之以鼻，强迫它们的男性员工平等对待女性，并且随意地大批解雇交易员。2008 年的贝尔斯登和雷曼兄弟，比 1985 年前后的任何一家华尔街公司都要更接近拥有稳固的美国中产阶级价值观的正常公司的标准。

变化是在悄无声息中进行的。它们将局外人的注意力从真正亵渎神灵的事件上引开：那些在金融风险中交易的群体与更广泛的群体之间存在着利益不对称的情况，而且愈演愈烈。水池的表面泛起了一些波纹，但是在底下更深的地方，红利池里仍然波澜不惊。

美国金融文化的变革如此难以推进，就算在次级抵押贷款灾难之后，强制要求它改变的政治进程亦缓慢无比，原因就在于建立它花了太长的时间，而且它的各种假设已经被深深地嵌入社会文化之中。有一条脐带，从发疯野兽的肚皮连接到20世纪80年代的金融业。2008年的金融危机，其根源不只在于2005年发放的贷款，还有1985年就开始孕育的那些思想。我在所罗门兄弟公司培训班上认识的一位朋友在1986年创造了第一只抵押贷款衍生产品，那一年我们刚离开培训班。（"衍生产品就像枪，"他仍然喜欢说，"问题不在于工具，而在于使用工具的人。"）担保债务权证由迈克尔·米尔肯于1987年在德崇证券的垃圾债券部门发明。第一只由抵押债券支撑的担保债务权证于2000年由一位交易员在瑞士信贷银行创造出来，这位交易员的职业生涯在20世纪80年代和90年代初开始于所罗门兄弟公司的抵押贷款部门。他的名字是安迪·斯通，与他的思想及次贷危机同时联系在一起的，还有一个私人的问题：他是格雷格·李普曼在华尔街的首位老板。

自从我离开华尔街以后，我一直都没有见过古特弗罗因德。我曾经在交易大厅里遇到过他几次，当时心里非常忐忑。在我辞职前的几个月，我的老板要求我向我们的首席执行官解释一下当时我在与欧洲对冲基金做的衍生品交易中那些似乎有毒的交易，我尽我的能力说明了。他声称自己不够聪明，对我所说的一点儿都听不明白，而我认为那是华尔街的首席执行官表示他们是老板，不屑于了解这些琐碎细节的方式。他没有任何理由记住我们的任何一次见面，而且他也的确没有记住。当我的书出版，而且对他来说成了一种公共关系方面的麻烦之后，他告诉记者，我们从来都没有碰过面。在这些年间，我零零星星地听到过一些有关他的消息。我知道，在他被迫从所罗门兄弟公司辞职之后，他陷入了困境。后来，我听说，在我们共进午餐之前的几年间，他加入了哥伦比亚商学院一个有关华尔街的专门小组。当轮到他讲话的时候，他会劝告学生们去找一些比在华尔街工作更有意义的事情做。在他描述自己的职业生涯时，他经常会失控，放声痛哭。

当我给他发电子邮件邀请他共进午餐的时候，他表现出来的礼仪堪称完美，甚至可以说是非常亲切。这种态度一直持续到他走到餐桌旁，与餐厅老板寒暄，并点好了自己的菜之后。他走错了半步，便因此对他的行动更加在意，否则他将完全暴露在众目睽睽之下。同样谦恭的表情之下，掩盖着同样的动物性冲动：按它的方式看世界，而不是按应有的方式看世界。

我们花了大概 20 分钟，确定我们出现在同一张餐桌旁不会造成地球爆炸。我们发现了一个共同的朋友。我们都认为，华尔街的首席执行官没有能力控制他公司内部出现的疯狂的金融创新。（“我不清楚所有的产品线，其他人也不可能清楚。”）我们还认为，华尔街投资银行的首席执行官对他们的副手几乎毫无控制力，这种情况令人胆战心惊。（“他们对你阿谀奉承，然后随心所欲地做他们想做的任何事情。”）他认为，造成金融危机的原因非常“简单，双方都贪婪——投资人贪婪，银行家也贪婪”。我却认为原因要更为复杂一些。在华尔街，贪婪是应该的，几乎可以算是一种义务，而问题出在制造这些贪婪的那些激励机制上。

赌博和投资之间的那条线是人为的，而且非常细。最稳健的投资也有着一定的赌博性质（你在多赚一点儿的期望中失去所有的金钱），最胆大妄为的投机也具有明显的投资特点（你或许可以拿回你的本钱，还有利息）。或许“投资”最好的定义是“赔率对你有利的赌博”。次级抵押贷款市场的空方就是在以对他们有利的赔率赌博，而另一方的人——本质上是整个金融体系——则是在以赔率对他们不利的情况下进行赌博，从这一点来说，大空头的故事非常简单。然而，它的奇怪和复杂之处在于，赌桌两边的重要人物在离场时都拿着大把的钱。史蒂夫·艾斯曼和迈克尔·巴里以及康沃尔资本管理公司的几个年轻人，都为自己赚了数千万美元。格雷格·李普曼在2007年分到了4 700万美元，尽管其中有2 400万美元是限制性股票，他只有继续为德意志银行服务几年才能拿到手。但是，所有这些人都是做对了的人，他们理应成为赌局的胜方。赵文的担保债务权证管理业务破产了，但是，他离开的时候也拿着数千万美元，而且还企图新建一家公司，廉价收购那些次级抵押贷款债券，而在这些债券上，他亏掉了数十亿美元别人的钱。豪伊·许布勒亏掉的钱是华尔街历史上单个交易员亏损最多的，然而，他也可以拿走他之前赚到的数千万美元。每个华尔街大公司的首席执行官都在赌局中站错了边，他们中的所有人，要么是导致一家上市公司破产，要么就是被美国政府从破产中捞了出来，没有一个例外。但他们也都非常富有。

如果他们不需要做出聪明的决策，如果他们做出愚蠢的决策也能很富有，那么人们做出聪明决策的概率会有多大？华尔街的激励机制是完全错误的，但是我没有与约翰·古特弗罗因德争论。就像你回家看望父母的时候会回到9岁时的状态一样，当你与你的前首席执行官相处的时候，你会回到做下属的时候。约翰·古特弗罗因德仍然是"华尔街之王"，而我仍然只是一个土包子。他说话时是一种宣布决定式的口气，而我是迟疑不决的口吻。但是，当他讲话的时候，我的眼睛会盯着他的手，他的那双惊人的厚实且充满肉感的手。它们不应是一双华尔街银行家的手，而应该是拳击手的手。我向上看，拳手在微笑，尽管不太像微笑，而更像是一种能掌控局面的表情。他字斟句酌地说："你……的……书。"

我以微笑相迎，尽管那也不太像微笑。

"你为什么叫我来吃饭？"他问，尽管很友善，但他真的很好奇。

你无法对某个人据实以告，你叫他来吃饭，是想让他知道你没有把他看成魔鬼。你也无法告诉他，你叫他来吃饭是因为你认为你可以从他曾经做出的决策中找出造成世界历史上最大的金融危机的蛛丝马迹。约翰·古特弗罗因德对华尔街的社会秩序造成了强烈的破坏，这还让他获得了"华尔街之王"的称号。当时，在1981年，他将所罗门兄弟公司从一个私人合伙企业变成了华尔街的第一家上市公司。他忽略了所罗门公司的退休合伙人的愤怒。（"他的物质主义令我作呕。"威廉·所罗门告诉我，他是公司创始人之一所罗门的儿子，在古特弗罗因德发誓永远不会出售公司后，扶持他当上了首席执行官。）古特弗罗因德在华尔街首席执行官同事的千夫所指面前竖起了中指。他抓住了机会，他和其他合伙人快刀斩乱麻，把金融风险从自己身上转移给公司的股东。最终，他们并没有为股东做什么贡献。（在我到所罗门公司交易大厅那年，1986 年，以当时的市场价格每股 42 美元买的一股所罗门兄弟公司股票，大约相当于今天的 2.26 股花旗集团股票，花旗集团股票在 2010 年的第一个交易日合并后的市值为 7.84 美元。）但是，对于债券交易员来说，他们的行为却有着极大的好处。

从那一刻起，华尔街公司成了一个黑箱。那些为风险承担者提供资金的股票持有人并不能真正理解风险承担者在做什么，而且，随着风险承担的过程变得前所未有的复杂，他们仅存的一点儿理解也消失殆尽了。最显而易见的是，那些进行了复杂押注的聪明人获得的利润，淹没了所有服务客户或者投资于生产率更高的企业所获得的收益。客户都变得无关紧要了。（是否应该认为，在债券市场中买方不信任卖方，说明当一个卖家——格雷格·李普曼向买方报价的时候，买方看不到一个快速致富的计划？）在 20 世纪 80 年代末以及 20 世纪 90 年代初，所罗门兄弟公司进入了全盛时期——伟大的时期！其间，5 名产权交易员——豪伊·许布勒的精神前辈——所创造的利润超过了公司全年的利润。也就是说，公司 1 万名左右的员工，作为一个整体，其实都在亏损。

当所罗门兄弟公司展示将一家投资银行转变成上市公司的潜在利润，并用有毒的风险提高其资产负债表的负债率时，华尔街的心理基础转变了，从相信到盲目信任。没有一家由员工自己所有的投资银行会将财务杠杆比率放大到35：1，或者购买并持有500亿美元的夹层担保债务权证产品。我还认为，不可能有任何合伙企业会试图去戏弄评级机构，或者与贷款大鳄同床共枕，它们甚至不可能允许将夹层担保债务权证出售给客户。短期的预期利润不可能改变远期的预期亏损。

所有的合伙制企业都不会出于这个目的而雇用我或者任何一个像我一样的人。在进入并从普林斯顿毕业的能力和能承担金融风险的天赋之间，存在什么相关性吗？

在康沃尔资本管理公司押下了它对赌次级贷款的赌注之后，位于查理·莱德利所关心的名单的顶部位置的，是那些可能在任何时候介入，以防止美国次级抵押贷款借款人破产的势力。这些势力以前还从来没有这样操作过。相反，它们介入进来，是要防止那些对次级债借款人盲目大量押注，并精心策划，想让自己破产的华尔街大公司破产。

在贝尔斯登破产之后，美国政府以一个大甩卖的价格，以及为贝尔斯登最不稳定的资产提供担保的方式，鼓励J·P·摩根购买贝尔斯登。贝尔斯登的债券持有人全额收回了资金，而股票持有人却损失了大部分的资金。随后到来的是，房利美和房地美很快进行了国有化，管理层被更换，持股人的股份被稀释，而债务则原封不动，只是有了一定的不确定性。接下来是雷曼兄弟，它被简单地批准破产。自此之后，事情变得更加复杂。首先，美国财政部和美联储声称，它们允许雷曼兄弟破产，是想发出一个信号，即管理无度的华尔街公司并不是全部都能得到政府的担保。但之后，当一切失控，而且市场流动性凝固时，人们开始说，让雷曼兄弟破产是一个愚蠢的决定。于是，它们又改变了说辞，声称它们没有获得法律授权去救助雷曼兄弟。美联储给它延期发放了一笔 850 亿美元的贷款，后来很快增加到 1 800 亿美元，以弥补他们押注在次级抵押贷款债券上的亏损。这一次，美国财政部利用贷款中的大部分，将大部分的股权转至自己名下。华盛顿互惠银行紧随其后，但被美国财政部突然出手抓住，其债权人和持股人全部遭受亏损。然后，美联银行破产，美国财政部和美国联邦储蓄保险公司鼓励花旗集团买下它——又是以一个甩卖价，并让其对有毒资产提供担保。

现在正应对金融危机的那帮人，就是没有能够看到危机来临的同一批人：美国财政部长亨利·保尔森、未来的美国财政部长蒂莫西·盖特纳、美联储主席本·伯南克、高盛首席执行官罗伊德·布莱克芬（Lloyd Blankfein）、摩根士丹利首席执行官约翰·麦克、花旗集团首席执行官维克拉姆·潘迪特（Vicram Pandit），等等。有几个华尔街大公司的首席执行官由于在次级抵押贷款灾难中的所作所为而被解雇，但是，绝大多数人仍然留任了，而且变成了重要人物，他们在紧闭的大门后面操作，试图找出接下来该怎么做。跟他们搅在一起的，还有十几个政府官员——也是同样的那些本来应该对华尔街公司的所作所为知道得更多的人。所有这些人都有一个共同点：他们的所作所为证明了他们在掌握美国金融体系内部真相方面的能力，远逊于一个患有阿斯伯格综合征的有一只义眼的理财经理。

到 2008 年 9 月末，美国的最高金融官员——美国财政部长亨利·保尔森说服了美国国会，获得了 7 000 亿美元，用来从银行购买次级抵押资产，从而诞生了问题资产救助计划。资金一旦到手，保尔森就摒弃了当初所承诺的战略，将数十亿美元给了花旗集团、摩根士丹利、高盛以及其他一些非自然选择生存下来的企业。比如，美国国际集团欠高盛的 130 亿美元，完全由美国政府买单：每一美元面额的债券支付 100 美分。这些荒唐的施舍——加上因此带来的政府担保的暗示——不仅避免了华尔街公司的破产，而且让它们不用承担次级抵押贷款组合的亏损。尽管如此，就在收到首批 250 亿美元的纳税人资金之后的几个星期，花旗集团又向美国财政部伸手了——看！市场还是不相信花旗集团幸存下来了。作为回应，2008 年 11 月 24 日，美国财政部又通过问题资产救助计划给予花旗另外一笔 200 亿美元拨款，而且为 3 060 亿美元的花旗资产提供了担保。除了把钱花光的理由以及优先股的股票以外，美国财政部没有要求它采取任何行动、管理变革，或者其他行为。3 060 亿美元的担保——几乎是美国国内生产总值的 2%，大约是美国农业部、教育部、能源部、国土安全部、住房和城市发展部以及交通部预算的总和。美国财政部以一种毫不遮掩的方式送出大礼，它从来没有对危机的情况做出解释，只是为应对花旗集团的“股票价格下跌”采取了行动。

到此时，很清楚的一点是，7 000 亿美元的金额不足以覆盖华尔街债券交易员在过去几年间所收购的问题资产的金额。这个时候，美联储采取了惊人的前所未有的步骤，直接从银行手中购买出问题的次级抵押贷款债券。到 2009 年年初，与价值超过 1 亿美元的投资有关的风险和亏损，从华尔街公司转移给了美国的纳税人。亨利·保尔森和蒂莫西·盖特纳声称，由雷曼兄弟破产所造成的混乱和恐慌让他们相信，这个体系承受不起再一次的大型金融企业破产所带来的冲击。他们进一步声称，离这件事发生不过几个月的时间，他们没有获得法律授权来以一种有序的方式接管巨型的金融企业——换句话说就是将一个破产的银行赶出业界。然而，直到一年之后，他们也没有针对那项权力有过任何行动。这就有点儿奇怪了，因为他们显然是不会羞于张口索要权力的。

2008 年在华尔街发生的事件很快就被重新诠释，不仅是华尔街的领导人来解释，而且美国财政部和美联储也出来解释，这次事件被定义成“信心的危机”。一次简单的、老套的金融恐慌，由雷曼兄弟的破产而引发。2009 年 8 月，高盛总裁盖瑞·柯恩（Gary Cohn）声称，而且是在公开场合声称，高盛从来没有真正需要过政府的帮助，因为高盛一直都很强大，足以抵御任何暂时的恐慌。但是，老式的金融恐慌和 2008 年华尔街所发生的问题存在着直接的差异。在老式的恐慌中，感觉会自我实现：某人在拥挤的剧场里大喊“起火了”，观众会在涌向出口的过程中因相互踩踏而致人死亡。在 2008 年的华尔街，现实最终淹没了感觉：拥挤的剧场在大火中坍塌了，而很多人还坐在椅子上。每一家华尔街的主要公司，要么破产了，要么与破产制度纠缠不休。问题不在于雷曼兄弟被允许破产，而在于雷曼兄弟为什么曾经被允许获得成功。

这个新的王国——给资本家的自由的钱，给所有人的自由市场——加上或多或少对金融史的重写，使各色人等都卷入了争论之中，但是，在争论的热情方面，没有人可以与史蒂夫·艾斯曼相提并论。世界上最有势力而且薪水最高的金融家颜面扫地，如果没有政府的干预，他们中的每个人都会丢掉自己的工作。然而，同样是这些金融家，正在利用政府来中饱私囊。"我能够理解，为什么高盛想要参与有关华尔街该怎么办的对话。"他说，"但我无法理解的是，为什么会有人愿意听他们胡说八道。"依艾斯曼之见，美国政府不愿意让银行破产，与其说是一种解决方案，不如说是对一种深层次功能失调的金融体系的姑息。他言之凿凿，认为问题不在于银行对美国经济的成功起着至关重要的作用，而在于那些庞然大物——未知金额的信用违约掉期产品曾经在它们之间买卖。"市场对风险没有限制，"他说，"一家资本金市值 10 亿美元的银行可能会拥有价值 1 万亿美元的未到期信用违约掉期产品，没有人知道具体的数字到底是多少。比如说花旗集团的破产从经济上来看是可以承受的，它会引发花旗集团股票持有人、债券持有人和员工的损失，所涉及的金额也是大家都知道的；然而，花旗集团的破产也会引发大量未知赌注的偿付：由那些出售了针对花旗集团的信用违约掉期产品的人向那些买了这些产品的人偿付。”

这是将华尔街合伙制企业转变成上市公司的另一个后果：把它们变成了投机的目标。这不再是银行与社会和经济的相关性问题——通常被说成企业“大而不倒”，而是在它身上以巨额资金押注的数量。

我忍不住询问约翰·古特弗罗因德有关他的最大也最致命的行动的问题：清点那些从山顶崩落下来的石块。把华尔街的合伙制企业转变成上市公司的决定，看起来很像从山顶上被踢下来的第一块石头。“是的，”他说，“他们——华尔街其他公司的领导人——都说公开上市是一件多么可怕的事情，你怎么会做这样的事情。但是，当诱惑抬头，他们所有人都对它低头了。”不过，他还是同意我的说法：将合伙制转变成公司制的主要后果，是将金融风险转嫁给了股票持有人。“若出了差错，那是他们的问题。”他说。而且，显然，不只是他们的。当华尔街投资银行运营得过于糟糕，它的风险也会成为美国政府的问题。“自由放任，一直到你陷得足够深为止。”他说完后，淡淡地一笑。他已经离开了这场游戏，现在这是其他人的错误了。

当我潦草地记下他说的话时，他好奇地看着我。“这是要干什么？”他问道。

我告诉他，我认为或许值得重新探索我在《说谎者的扑克牌》里所描绘的世界，尽管它正在做垂死挣扎。

"那真令人恶心。"他说。

要他享受成为我的朋友的乐趣是一件难事，而要我不享受这个乐趣则更难：他仍然很强健，而且直爽，就像一名屠夫。他协助创造了一只怪兽，但是他身上还留有很多老华尔街人的特点，他们喜欢说"一个人说的话就是他的保证"。从这一点上看，华尔街的人不会走出他们的公司，并写一本有关他们的书而给他的前老板们带来麻烦。"不，"他说，"我想我能够接受这个事实：你的书毁了我的事业，但是成就了你。"话音未落，华尔街的前王者端起了他的开胃菜，笑眯眯地问道："你想尝尝魔鬼蛋吗？"

在此之前，我都没有注意到他在吃什么，现在我终于看到他点了这家餐馆中最好吃的东西。谁会对魔鬼蛋梦寐以求？谁会知道一个简单的鸡蛋会被做得如此复杂，而且如此诱人？我凑过身去，取了一块，不吃白不吃。它从来都没有失去它的魅力。

致　谢 || THE BIG SHORT ||

在我重新搜寻我在华尔街的足迹的时候，我那本现在处于难产中的《资产组合》的编辑凯尔·波普鼓励我动笔，于是我开始了这本书的写作。布兰顿·亚当斯慷慨地向我提供了帮助，挖掘出了很多蹊跷的事实和人物，而且他对这个选题表现得如此敏锐，令我都开始怀疑，或许应该由他而不是由我来写这本书。他发掘出来很多珍宝，包括 A·K·巴尼特－哈特（A.K. Barnett-Hart），一名哈佛的大学生。他刚完成了一篇关于次级抵押贷款支撑的担保债务权证产品的论文，此文现在来看比任何一篇华尔街对这个问题的研究报告都要有趣。马克·罗森塔尔（Marc Rosenthal）是我在次级贷款、评级机构内部运作模型这些阴暗世界里的丛林向导，他几乎倾注了他所有的时间和智慧来帮助我。作家出版社的艾尔·查克曼（Al Zuckerman）为我代理了这本书，同时还代理了我其他的书。有好几个人读了这份书稿的全部或者部分章节，而且提供了很多有用的建议：约翰·瑟奥，道格·斯顿夫、我的父亲汤姆·刘易斯，以及我的妻子塔比莎·索伦。珍妮特·拜尼认真细致地编辑了这份书稿。W·W·诺顿公司的斯塔林·劳伦斯几乎编辑了我所有的书，《说谎者的扑克牌》就是由他编辑的。

要是没有来自我的那些主角们的非同寻常的深层次合作，要想写出一篇还过得去的纪实故事来，简直就是天方夜谭。史蒂夫·艾斯曼、迈克尔·巴里、查理·莱德利、加米·麦、文森特·丹尼尔、丹尼·摩西、波特·柯林斯，以及本·霍克特允许我进入他们的生活圈子。尽管承受着某些他们所面临的无法量化的风险，但他们与我分享了他们的思想和感情。对于这一点，我没齿难忘。